1歳児保育

●あそび ●生活 ●発達 ●健康 ●指導計画 ●保育のアイディア ●保育イラスト

CD-ROM＆ダウンロードデータ付き

Gakken

1歳児の保育 もくじ

※右記の内容は、『あそびと環境0.1.2歳』『ピコロ』に掲載した記事に加筆・再構成したものです。
※青字の項目は、本シリーズの『0歳児の保育』『2歳児の保育』との共通記事です。

・子どものこころに寄り添う ★『あそびと環境0.1.2歳』2014年〜2019年
・排せつにまつわる身体と心のお話 ★『あそびと環境0.1.2歳』2018年6月号
・1歳児のせいさくあそび ★『あそびと環境0.1.2歳』2013年〜2019年
・1歳児の手作りおもちゃ ★『あそびと環境0.1.2歳』2012年〜2020年
・0・1・2歳児の発達と保育 ★『あそびと環境0.1.2歳』2022年4月号別冊付録
・病気とけが 園でのケア ★『ピコロ』2014年4月号別冊付録
・1歳児の保育のアイディア 12か月 ★『あそびと環境0.1.2歳』2014年〜2023年
・1歳児の指導計画 ★『あそびと環境0.1.2歳』2021年〜2022年
・0・1・2歳児の保育イラスト ★『あそびと環境0.1.2歳』『ピコロ』2010年〜2015年

1歳児の保育 この本の使い方

1歳児担当の保育者として知っておきたい知識や資料をコンパクトにまとめた1冊です。明日からの保育をより楽しく確かなものにするために、この本を活用してください。CD-ROMやダウンロードできるデータもついています。

P.6 1歳児の保育で大切にしたいこと
子どものこころに寄り添う

自我が芽生え、次第に自己主張が強くなる1歳児に戸惑いを感じている保育者も多いでしょう。そんな時期の子どもの心に寄り添うポイントを、さまざまな事例を通して考えます。

P.15 知っておきたい
排せつにまつわる身体と心のお話

基本的生活習慣の中でも個人差が大きく、こまやかな配慮が求められる排せつの自立。特に、排尿の自立について知っておきたいポイントを身体と心の両面から解説します。

P.24 1歳児のせいさくあそび

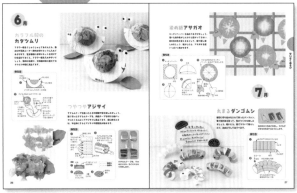

1歳児が、さまざまな素材とふれあいながら楽しめるあそびを、季節感を織り込みながら紹介します。

P.36 1歳児の手作りおもちゃ

身近な素材で作る手作りおもちゃのアイディア。子どもたちに合わせてアレンジしてください。

必ずお読みください！

安全にあそび・活動を行うために

- 紹介しているあそび・活動は、保育者のもとであそぶことを前提にしています。あそぶときは、必ず保育者が見守ってください。
- 小さな素材の誤飲に十分注意してください。
- あそぶ前におもちゃや道具に破損などがないかを必ず確認してください。
- 食材や絵の具、のりなどを使うときは、アレルギーに注意してください。口に入れないよう必ず保育者がそばにつき、使用後は手を洗ってください。
- リボンやロープ、テープなど、長いひも状の物を使うときは、首や手指に巻き付かないように注意してください。
- 壁面や天井に固定する物は落ちないようにしっかりと固定してください。
- ポリ袋や柔らかいシート状の物などを頭から被ったり、顔を覆ったりしないように注意してください。
- モールなどを使用する場合は、先端の針金が出ていないか注意してください。
- 針、糸の取り扱いや後始末に注意してください。

P.49 0・1・2歳児の発達と保育

0・1・2歳児の発達のみちすじと、それに対する援助をまとめたページです。2歳児までを見通せる内容になっています。

P.83 病気とけが 園でのケア

園での病気・けがに対する応急手当てとそのポイントを解説します。

P.97 1歳児の保育のアイディア12か月

生活、あそび、保護者支援の視点でセレクトした園発信のアイディアです。

P.147 1歳児の指導計画

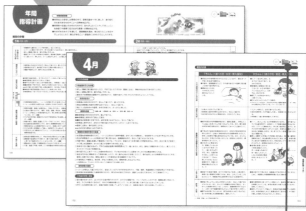

期ごとの年間計画、クラス案と個別の計画例をあわせて紹介する月の計画。データもあわせて活用してください。

CD-ROMにデータが収録されているページには、CD-ROM内のフォルダー構成を示して、探しやすくしています。

P.44 P.201 保育イラストを活用しよう 0・1・2歳児の保育イラスト

各見開きの右ページには、インデックスを表示して、目的のページをすぐ見つけられるようにしています。

毎月のクラスだよりをはじめ、お知らせや掲示、マークなど、保育のさまざまなシーンで活用できるイラスト集です。このページをコピーしても、CD-ROM、またはダウンロードデータからも使えます。データはすべて、カラー、モノクロ（1色）の両方を収録しています。

※データの使用に際しては、P.229以降を必ずお読みください。

1 歳児の保育で大切にしたいこと
子どものこころに寄り添う

自我が芽生え、次第に自己主張を強める1歳児は、保護者はもちろんのこと、保育者にとっても、
どうかかわろうかと迷いや戸惑いを感じさせる時期です。
そんな時期の子どもの心に寄り添うポイントはどこにあるのでしょう。
子どもの「泣き」や「だだこね」を通して考えていきます。

指導●帆足暁子
(公認心理師、臨床心理士／「親と子どもの臨床支援センター」代表理事)

はじめに 「自己主張」と「再依存」の間で揺れる子どもを受容する

　自分の思いを言葉で十分に伝えられない1歳児は、感情の調整が難しい時期でもあり、ときには大きな声で泣いて訴えることがあります。「いやいや期」「だだこね」なども1歳児の保育でよく取り上げられるワードです。でも、子どもはやみくもに「いやいや」と反抗しているわけではありません。そこには、必ず理由があり、言わずにはいられない必然性があるのです。

　また、「いやいや期」は、自分の感情が明確に育ってくる時期であると同時に、とても不安になる時期でもあります。つまり、「いやいや」と強く主張するものの、その主張が保育者の思いと対立していることを直感的に感じて、これまで保育者と築いてきた安定した愛着関係が崩れてしまうのではないかと不安になり、甘えてくる再依存の時期でもあるのです。

　保育者は、発達のプロセスとして子どもの揺れる心のありようを理解するとともに、「いやいや」を言わなくてはならない必然性も理解することが必要です。そのうえで、子どもの感情に巻き込まれずに、丸ごと受け止めるかかわりが、子どもが自分で気持ちを切り替えようとする姿につながります。

子どもの 泣き に寄り添う

自己主張としての「泣き」を受けとめて

1歳児になると、子どもの「泣き」は、0歳児の「不快を訴える生理的欲求」を表す泣きとは違うことがあります。
どう捉え、かかわることが「寄り添う」ことにつながっていくのでしょうか。
まずはアンケート結果から1歳児の「泣き」の特徴を探ってみましょう。

 保育者の思い

「泣きたい気持ちに応えたい」

Q 子どもの泣き声が気になりますか?

1歳児	はい 50% / いいえ 50%
0歳児	はい 50% / いいえ 50%
2歳児	はい 65% / いいえ 35%

Q よく泣くと思う時間帯や場面はいつですか?

1歳児 1位=登園時 2位=夕方 3位=あそんでいる途中

0歳児 1位=登園時 2位=授乳前 3位=夕方

2歳児 1位=登園時 2位=あそんでいる途中 3位=午睡明け直後

Q 泣く理由として多いのはどんなことですか?

1歳児 1位=友達とのトラブル 1位=甘え 1位=眠い（同数3件）

Q 泣いたときにどんな対応をしますか?

1歳児 1位=話しかける 2位=だっこ 3位=体を触る

0歳児 1位=だっこ 2位=話しかける 3位=おむつを調べる

2歳児 1位=話しかける 2位=だっこ 3位=しばらく様子を見る

※このアンケートは、『あそびと環境0.1.2歳』2014年5月号の記事から引用したものです。

「ぐちゃぐちゃしている、なんだか嫌」な気持ち

　子どもが泣く理由はさまざまです。特に自我が芽生える1歳児の頃は、「ぐちゃぐちゃでわからない」自分の気持ちを整理できずに泣いている場合があります。例えば、あそびから片づけに場面が切り替わるとき、子どもの気持ちと場面の切り替えのタイミングが合わないと、"なんだか嫌"と泣いて訴えることがあります。また、砂あそびや水あそびの後、保育者から「着替えようね」と言われて、泣いて嫌がることもあります。保育者にしてみれば、「こんなに汚れているんだから、着替えなきゃ」と思うのですが、「ほかでもない自分」を意識しはじめた子どもの気持ちとしては、"自分で決めたい"思いが膨らみ、"なんだか嫌"な気持ちなのです。

　そんな「ぐちゃぐちゃした気持ち」を丸ごと受けとめてもらうことで、子どもは「受けとめてくれた」「わかってくれた」と安心し、守られる実感をもつようになります。この経験の積み重ねが愛着関係の形成にもつながります。大人はどうしても泣き声に反応しますが、子どもにとっては、泣くことも笑うこともあたりまえの気持ちの表現です。

　保育者との愛着関係が不安定だと、不安感が高まり、だっこしていないと泣き続ける場合もあります。子どもは、「泣き続ける」ことで、どうにもできない自分を丸ごと受けとめてもらい、だっこし続けてもらおうとします。こういう姿は「愛着関係を深める泣き」と考えられています。

子どもの こころに 寄り添う

事例を通して 考えよう

「だだこね」にまつわる 5つの場面

１歳児でよく見られる「だだこね」について、
「子どものこころに寄り添う」という視点で考えてみましょう。
現場から寄せられた報告から、よくある場面例をピックアップ。
保育経験２年目のDさんが考えた対応例を基に、
寄り添うポイントを提案します。

場面例1 A（1歳8か月）ちゃんの場合

だっこを要求

散歩の帰り道、軽快に歩いていたのに、突然道に座り込むAちゃん。「Aちゃん、帰ってご飯食べよう」と声をかけると、Aちゃんは「だっこして」と両手を上げてアピール。保育者は「お願い、歩いて〜」とお願いしますが、両手を上げたまま泣き出してしまいました。

私ならこうする

結局だっこするかも

歩いて帰ってほしいけれど、昼食の時間も迫っているし、結局だっこして帰る。

アドバイス

だっこして帰りましょう

　おなかもすいてきたし、疲れてしまったのでしょうね。「だだこね」というよりは、Aちゃんの素直な気持ちではないでしょうか。「わがままになる」など、ついつい子どもとたたかってしまいがちですが、この場面では必要ないでしょう。また、いらいらしながらのだっこでは、子どもも安心できなくて、だっこしているのに、泣きやまないという姿になるかもしれません。ここは保育者が気持ちを切り替えて、Aちゃんを穏やかに受けとめる余裕をもって対応してほしいと思います。

場面例2

Uちゃんの場合 （1歳9か月）

着替えを嫌がる

手洗いがいつの間にか水あそびになって、着ていたTシャツはびしょびしょです。「冷たくて気持ちが悪いね」と声をかけて、着替えさせようとしますが、「いやいや」と首を振り、泣いて拒否します。

私ならこうする

しばらくそのままにして様子を見る

着替えが嫌なのか、手洗いを止められたことが嫌なのか、子どもの気持ちをイメージするのに少し迷う場面かも。泣いて嫌がっているのなら、子どもがどうしたいかを知るためにそのまま様子を見る。

アドバイス

言葉にとらわれすぎないように

　以前、同じような場面に出あったことがあります。そのとき、興味深かったのは、言葉では「いやいや」と拒否しているのですが、両腕を前に伸ばし、体をだんだん開いて、着替えを受け入れようとしている姿でした。言葉が出てくると、保育者はどうしても言葉でやり取りしようと思ってしまいますが、この時期の子どもは、言葉と心が一致しないことがあります。子どもの気持ちを知るために「様子を見る」ことは大切なことですが、言葉には表現できない子どもの気持ちを、受けとめることがとても大事です。

場面例3

Fちゃんの場合 （1歳10か月）

部屋に入らない

散歩を終えて、園の玄関についた途端、Fちゃんは"入りたくない"と言わんばかりに大声を上げ、戸口を押さえて全身に力を入れて抵抗します。

私ならこうする

後のことをほかの人にお願いする

しばらく様子を見る。ただ、ほかの子は部屋に入れなくてはいけないので、園長や主任に頼んで、Fちゃんの様子を見てもらう。

じぶーん！

Lちゃんの場合（2歳）

着替えがスムーズにいかない

ズボンをはくことに抵抗して、紙おむつで走り回るLちゃん。でも、あるときは、「じぶーん！」と、大きな声で手伝いを拒み、自分ではこうとします。

私ならこうする

き然とした態度で対応する

多分いつもこういう感じなのだと思う。こちらが振り回されないように、き然とした態度で対応する。

そうか、Lちゃんは自分でやりたいのね。でも、困ったなあ。もうご飯の用意をしないといけないの。どうしようか。

アドバイス

たたかう必要はないけれど、こちらの気持ちも伝えてみて

Lちゃんのような行動に対して、保育現場では、長い時間、Lちゃん一人にかかりきりにはなれません。危険でなければ、走り回っている間はそのままにしておきましょう。その間に、ほかの子の介助をして、その後、Lちゃんと向き合う時間を作ってほしいと思います。

ただ、次の予定も気になります。Lちゃんのだだこねとたたかう必要はありませんが、保育者の気持ちを伝えるやり取りもしていきましょう。2歳は、自己主張もするけれど、人の言葉も聞けるようになっていきます。Lちゃんと保育者との愛着関係ができていれば、Lちゃんは保育者の思いにも応えようとするでしょう。

アドバイス

人に頼むのはほかの子たち

保育中のだだこねの多くは、こうした場面の切り替え時に見られます。Fちゃんは楽しくてもっと外にいたかったのでしょう。ここで大事なことは、まずは、子どもの言い分を丁寧に受けとめることです。その上で、「でも、おなかもすいたね。今日のご飯は何かな」などと言葉をかけ、子どもが自分で気持ちを切り替えられるようなきっかけを作っていくことです。園長や主任には、ほかの子のヘルプをお願いしましょう。なぜなら、Fちゃんは担任の前で訴えているのですから。

そうか、わかった。でも、おなかもすいたね。

場面例5 **Kちゃんの場合** （2歳8か月）

いかないで
うごかないで

私ならこうする

**できるだけ
そばにいるようにする**

きっと何か不安定な気持ちに
なる理由があると思うので、
できるだけそばにいられるよ
うにしたい。

離れない

保育者が動こうとすると、Kちゃ
んは「いかないで。うごかないで」
と大きな声で主張します。「Kちゃ
んのせんせい（でいて）」と言う
こともあります。

用事が済んだら、
必ず戻ってくる
からね。

アドバイス
言葉の奥の子どもの思いを見極めて

「Kちゃんのせんせい（でいて）」と訴えるということは、保育者との関係に不
安が生じて離れられなくなっているのでしょう。あるいは、家庭内で何か不安が
あり、その不安を保育者で解消しようとしているのかもしれません。いずれも、
安心したいという気持ちの表現です。

一緒にいて安心できれば、それがいちばんよいです。でも、必ずしもいつもが
そうではありません。なぜなら、だだをこねて保育者を困らせていることを、子
ども自身がわかっているからです。大好きな保育者を「困らせる子ども」に自分
がなりそうなときに、それをしっかり止めてくれる保育者も心の奥では求めてい
るのです。ですから、動かなければならないときには、まずは、ギュッとハグして、
「今は、これを○○しなければならないの。でも、○○をしたら戻ってくるからね」
と、きちんと説明をして対応しましょう。

「だだこね」と
「不適切な保育」の関係

まとめ ### たたかわなくてはいけない「だだこね」とは

5つの場面例の「だだこね」は、子どもの気持ちを尊重しながら見守ることで対応できる
事例が中心となりました。あそびの場面での「だだこね」は、子どもの立場になって考え、
気持ちを受けとめていく対応が基本となります。でも、子どもの最善の利益を考えたとき、
子どもの「だだこね」とたたかわなければならないことがあります。

ある園で、1歳児クラスのDちゃんがジャム付きパンのジャムだけをなめて、ほかのもの
には手を付けずに「食べない」とばかりに皿を落とそうとしました。保育者は、何度もDちゃ
んに「おかずも食べようね」と伝えますが、Dちゃんは泣いて嫌がり、皿を落とそうとします。
さらに、別によけておいた果物を見つけ、今度は果物だけを要求します。保育者は「ほかの

おかずを食べたら、果物もあげるよ」と言いますが、Ｄちゃんは泣き叫んで果物だけを要求し、ほかの皿を落とそうとし続けました。結局、Ｄちゃんは保育者に「食べたくないなら、もう食べなくていいです」と椅子から降ろされ、泣きながら眠りました。

　なぜ、保育者はそこまでたたかったのでしょうか。実は、Ｄちゃんの家庭では子どもの要求の強さに保護者が負けてしまい、いつもＤちゃんの好きなお菓子だけを食べさせてしまっていたのだそうです。保護者には連絡帳や登降園時に望ましい食事について繰り返し伝えていましたが、状況は変わりませんでした。保育者には「なんでも食べられる子どもに育ってほしい」という願いがあり、そのためにきっちり「だだこね」とたたかったのです。

　このような「だだこね」の場面だけを切り取ると、「不適切な保育では」と感じるかもしれません。でも、この場面の保育者のかかわりは、子どもの育ちを見通した適切な保育です。なぜなら、保育者はＤちゃんの現状を把握し、そのうえで、子どもの最善の利益を保障するために、今、どのようなかかわりがＤちゃんに必要なのかを判断していたからです。

　このように、子どもの「だだこね」とたたかわなければならないときは、保育者に子どもの育ちへの見通しと願いが明確にあることが必要です。保育者は、たたかうべき「だだこね」と、たたかわない「だだこね」の意義をきちんと判断し、子どもの「だだこね」が「困ったこと」ではなく、子どもの最善の利益を保障するチャンスと捉える専門性が求められています。

「適切な保育」と「不適切な保育」

　メディアなどで「不適切な保育」がたびたび報道されるようになりました。現場からは「子どもへのかかわりに自信がもてない」「何か言われるかもしれないとどきどきする」といった声を聞きます。

　適切な保育と不適切な保育の違いはどこにあるのでしょう？　それは、保育者の言動に保育のエビデンス（根拠・裏付け）があるか、ないかです。保育は専門性に基づいて行われるものです。ですから、子どもにかかわるとき、自分の言動が子どもの育ちにどのような意味をもつのか、子どもの最善の利益を保障するかかわりになっているかを、自分の中で評価していく必要があります。

　一方、保育は瞬間的に判断が求められるものでもあります。子どもを目の前にしたら、自分の言動を振り返るような時間はないと思われるかもしれません。でも、その都度、自分の保育を客観的に振り返り、反省することを習慣的に繰り返すことが、保育の質の向上につながっていきます。この事例からもわかるように、切り取られた場面では、不適切か適切かの判断は難しいです。大切なことは、自分の保育がエビデンスに基づいて行われているかどうかという事実です。そのために『保育所保育指針』などがあるのです。自分の保育を振り返って迷いを感じたときは、『保育所保育指針』を開いてみてください。向かうべき方向を示してくれるはずです。

「ほかでもない自分」を意識する1歳児

　「だだこね」や「いやいや」は、「子どもがほかでもない自分（自我）」を意識している表れです。大人からは「困った姿」と見られがちですが、自立に向かうためには必要なプロセスともいえます。だからこそ、子どもがしっかり感情を爆発させることを保育者として認めることが大切でしょう。子どもは感情を爆発させた自分を保育者が丸ごと受けとめてくれたことで、「ありのままの自分でいいのだ」と安心したり、受けとめてくれた保育者を信頼して愛着関係を育んだりしていきます。

　また、1歳児の頃は、「○○の！」という所有意識も膨らんできます。これも、自我の芽生えに伴う大事な姿です。保育現場では、「Aちゃんは登園すると真っ先にあのおもちゃを持つ」とか、「Bちゃんはこのおもちゃをめぐって取り合いが起きやすいから、きっと大事にしているんだな」など、子どもの様子から所有意識をもてるようになってきたことを感じ取れるのではないでしょうか。ほかの子にとってはそのおもちゃでなくてもいいけれど、Aちゃんはあのおもちゃでないと落ち着かないらしいとわかれば、一時期だけそのおもちゃをAちゃんのお気に入りのおもちゃとして区別するやり方も一つの方法です。好きなおもちゃを一時期入れておける「自分だけの場所」を保障するのもいいでしょう。自分のこだわりを受け入れてくれる環境は、子どもの心に「大事にされている」実感をはぐくみ、人のものを大切にする心をはぐくみます。

排せつに まつわる 身体と心のお話

排せつの自立は、基本的生活習慣の自立の中でも、プロセスの個人差が大きく、一人一人に対してこまやかな配慮が求められます。園や保育者によって、自立までのプロセスの捉え方は様々で、保護者の認識もそれぞれです。排せつの自立、とりわけ排尿の自立について、保育者として知っておきたいポイントを身体と心の両面から紹介します。

指導

帆足英一
（ほあしこどもクリニック院長　医学博士）

帆足暁子
（公認心理師・臨床心理士・
「親と子どもの臨床支援センター」代表理事）

\テッチ/

**おしっこ
の
メカニズム**

**トイレット
トレーニング
を
考える**

**排せつに
関する
身体と心の
発達**

トイレットトレーニング

その前 - Step1 - Step2 - Step3 - 完了

排せつにまつわる身体と心のお話

おしっこのメカニズム

もともと赤ちゃんは自分でおしっこができます。
排尿の機能は生まれたときから自立しているのです。
腎臓で作られた「おしっこ」がどうやって排出されるのか、
そのメカニズムを確認しておきましょう。

トイレでおしっこが出る仕組み

1 膀胱におしっこがたまる。

2 おしっこがたまったという情報が脊髄神経を通って、大脳皮質に伝達される。

3 大脳皮質が「おしっこをしたい」と感じる。

4 大脳皮質が「おしっこを出せ」と膀胱に命令を出す。

5 脊髄神経を通って届いた命令によって膀胱の出口の筋肉が緩み、尿道を通っておしっこが出る。

大脳皮質
おしっこをしたいと感じる所
1歳～1歳半前後から、おしっこがたまった感覚がわかるようになります。最初はもやもやした不快感として認識されます。

延髄（えんずい）
反射的におしっこを出す所
排尿の反射中枢のほか、呼吸・循環・消化・嘔吐・嚥下・唾液の中枢があり、生命を維持するのに欠かせない重要な機能がたくさんあります。生後6か月頃までは、尿意を感じる大脳皮質の働きがまだ整っていないので、「おしっこがたまった」という情報が脳の入り口にある延髄に伝わると、そのまま反射的におしっこが出てしまいます。6か月を過ぎた頃から、おしっこの反射反応に抑制機能が働き、無意識に膀胱におしっこをためられるようになります。

脊髄神経（せきずい）

膀胱（ぼうこう）
おしっこがたまる所

尿道
おしっこが出る所

おいこないかな？

ない！

おいっこ！

いっしょにいこう

トイレットトレーニングを考える

「トイレットトレーニング」とは、「トイレでおしっこができるように援助する」ことです。「おしっこのメカニズム」で紹介したとおり、排尿の機能は生まれたときから自立していますが、トイレで出るようになるにはデリケートな援助が必要です。排せつにまつわる身体と心の発達に添いながら、トイレットトレーニングのプロセスを追ってみましょう。

トイレットトレーニングを始める目安

トイレットトレーニングは、「トイレに誘う」ことから始まります。誘う時期の目安として、身体の準備ができているかを確認することが大切です。

1 一人で歩く。

2 簡単な言葉を理解し、片言を話す。

3 排尿間隔が1〜2時間くらい空いている。

マンマ

ブーブ

こんなサインも見逃さずに

● おしっこが出そうなしぐさをする。

● 友達がトイレで排尿することに興味をもちはじめる。

● 出た後に教える。

トイレットトレーニング

その前
（おむつ交換）

0歳代

「参加」の意識を高める

トイレットトレーニングに入る前の保育者とのやり取りを通して、
子どもが自らかかわろうとする気持ちをはぐくみます。

できるだけ同じ場所でおむつ交換

　排尿間隔は個人差がありますが、たいていは目覚めているときに排尿があるようです。おむつ交換はおむつ交換台などを使って、できるだけ同じ場所で行うようにします。このことが、徐々に排せつと場所を結びつけることになり、「おむつ替えようね」という保育者の言葉かけに、自ら交換台に向かおうとする姿につながります。できるだけ、同じ保育者がかかわる方がいいでしょう。いつも同じ安心したやり取りが、トイレットトレーニングの土台を作っていきます。

心地よいやり取りを大事に

気持ちいいね

good

ほらほら 動かないの！

no
good

　動きが活発になってくると、おむつ交換でじっとしていることを嫌がる姿が増えてきます。おむつが外されると、締め付けからの解放感でうれしくなって、動きたくなるのでしょう。そんな子どもの様子に、保育者もつい手早く替えたくなりますが、おむつ交換は、1対1でかかわる貴重な機会です。おむつから解放されたうれしい気持ちに保育者から共感の言葉をかけられ、優しくふれてもらうことで、子どもは人の温かみを経験し、人への信頼を高め、安心感を得ていきます。こうした心地よい雰囲気の中で、保育者が言葉を添えておむつ交換をすることで、子どもは今、何をしてもらっているかを感じます。そして0歳代の後半になると、次第に次は何をするのかという見通しをもつようになります。おむつ交換のときに自らおしりを上げるなど、積極的に協力しようとする姿はその表れです。そうして少しずつ「じぶんで」の思いを膨らませていくのです。

Step 1
1歳代

トイレに誘ってみる

トイレットトレーニングに必要な身体の準備が整ったら、まずはトイレに誘うことから始めます。
トイレットトレーニングのスタートで気をつけたいポイントを紹介します。

誘っても嫌がるときはおしまいにする

トイレに誘う目安となる姿を確認しても、実際に誘ったときに嫌がるようなら、「じゃあ、また今度行こうね」と言っておしまいにします。子どもの気持ちとタイミングが合わなかったのかもしれません。繰り返し誘っても嫌がるようであれば、例えば、怖い場所というイメージをもっているかもしれません。そういうときは、ほかの子も一緒に誘ってみるのも一つの方法です。ほかの子がすることに興味をもちはじめる時期ならではのアプローチといえるでしょう。最初は、おむつのまま座っても構いません。

「トイレに行っても出ない」はOK

登園後、食後、午睡の前後など、生活の節目で、保育者が「トイレ、行ってみようか」と誘って便器に座っても、出ないことがあります。それでもOKです。座れたことを褒めて、次につながるように配慮しましょう。「出るまで一緒に待つ」といった話を聞くことがありますが、便器に座るのは、1分程度です。はじめて座るときだけは、少しやり取りする必要があるので、2分くらい必要かもしれませんが、通常は1分程度と目安を決めておくといいでしょう。

3つの「チー」を繰り返す

便器に座って偶然おしっこが出たら、3つの「チー」を体感し、「おしっこ」を認識するチャンスです。子どもがトイレでおしっこするたびに、保育者は3つの「チー」を繰り返しましょう。繰り返し体感することで、徐々におしっこの感覚が育ってきます。

を聞く

「チー、出たね」という保育者の言葉を耳で聞きます。繰り返し聞くことで、放尿感と「チー(おしっこ)」という言葉が結びつきます。

を見る

便器にたまった自分のおしっこを目で見て認識します。

が出る

おしっこが出る放尿感を体感します。

トイレットトレーニング

Step2
2歳前半

布パンツに
してみよう

トイレに誘って出る回数が増えてきたら、
布パンツに挑戦。
うまくいったり、いかなかったりする
子どもの様子をどう捉え、
どう援助すればいいのかを探ります。

Step3
**2歳後半〜
3歳頃**

誘わないで
待ってみよう

子どもが自分から「おしっこ」と
予告するのを待ってみましょう。
ここまで来れば、あと一息です。
どんなことに気をつければ
いいのでしょうか。

間に合わないことを受け入れる

　布パンツにすると、間に合わなくてもら
したときに、おしっこが足元まで伝わるの
で、おしっこが出た感覚をつかみやすくな
ります。季節によっては、布パンツに布お
むつを1枚挟んで徐々にパンツに移行する
という実践を耳にしますが、子どものトイ
レットトレーニングを考えれば、もらした
おしっこの感覚も大切にしたいものです。

淡々と穏やかに対応を繰り返す

　「じぶん」という意識が強くなり、保育者の誘いに「でない」と応
える場面も出始めます。結局間に合わなくてもらすこともありますが、
構いません。むしろ、そのときに保育者が「だから、さっき誘ったのに」
とか「また、出ちゃったの？」などと言って、不快そうな様子を見せ
ると、子どもは「おしっこをすると先生が嫌がる」「おしっこはよく
ないこと」と感じてしまい、おしっこが出なくなったり、トイレが怖
い場所になったりしてしまいます。布パンツにした後のかかわりでは、
「したくなったら教えてね」「おしっこ出てよかったね。またしたくなっ
たら教えてね」という繰り返しがとても大事なポイントです。

声をかけすぎない

　子どもは、間に合わなくてもらしたり、間に合ってトイレで出たり、一進一退の経験を重ねる中で、尿意（もうすぐ出そうな感じ）がわかるようになっていきます。いつでも間に合うようにと、保育者が声をかけすぎると、誘うタイミングが早すぎて、膀胱に尿がたまる前にトイレに行くことになるため、尿意を自覚できずに、自分からおしっこに行く体験にはつながらないことになります。一度声をかけて、子どもが「でない」と応じたら、声をかけることを控えて待ってみましょう。結果として、間に合わなかったときは、そばに行って「今度はもう少し早く行こうね」と穏やかに声をかけます。

中断するのも一つの選択

　子どもが自分からおしっこに行こうとするのを待っていても、間に合わないことが続くことがあります。「今度はもう少し早く行こうね」という言葉の繰り返しになって、どうもうまくいかないと感じるようであれば、思い切ってトレーニングを一時中断するのも一つの方法です。中断しても、一度覚えたことは、子どもは簡単には忘れません。保育者は、子どもが徐々に尿意を感じて、自分からトイレに行こうとする成長過程に寄り添いながら、見通しをもって援助するわけですが、いつも前へ進めることばかりではありません。子どもの状況や気持ちに配慮して、足踏みしてみるのも大事な援助です。

「出る前に予告」を確認

出る前に「おしっこ」と
子どもが予告をするようになれば、
トイレットトレーニングは完了です。

＊年齢は目安です。途中入園など、様々な事情で
　4歳代になる場合もあります。

一人一人に丁寧に対応する

　完了しても、安定するまで1〜2か月かかります。また、天候の影響や、環境の変化などで後戻りすることもあります。中には、神経質になって、しきりに「おしっこ」とトイレに行く子もいます。そういうときは、何か不安なことがあったり、あそびに集中できない気持ちでいたりすることが考えられるので、その子が夢中になって楽しいと充実できるあそびを見つけましょう。夢中になっているうちに安心できたり、気持ちを切り替えることができたりします。

ワンポイントmemo　便秘にも注意を

　トイレットトレーニング中は、どうしても排尿に注目しますが、排便についても回数、便の状態などをチェックすることが必要です。便秘は0歳から始まります。便秘のために、排便を嫌がり、トイレに行きたがらなかったり、トイレを怖い場所と捉えたりすることもあります。

排せつにまつわる身体と心のお話

排せつに関する身体と心の発達

身体と心の育ちは密接に関連し合っています。大まかな身体（生理的機能）の発達と、関連する心の発達、そして、保育において気をつけたい点をピックアップしました。

*月齢区分はおおよその目安です。個人差があります。

	7～9か月（はいはいの頃）	10～12か月（つかまり立ちの頃）
排せつに関連する **身体** の発達	●無意識におしっこを膀胱にためるようになる。 ●眠っている間は排尿しないことがある。 ●1回の尿量が増し、回数が徐々に減り、15～10回になってくる。	●排尿間隔が徐々に定まってくる。 ●排便の回数も1日2～1回と減少し、固形便になる。 
排せつに関連する **心** の発達	●膀胱におしっこがたまった不快感を感じるようになる。 ●おむつを替えてもらうときに、自分から足を上げようとする。	●おむつ交換時に、次にやってもらうことの見通しをもったり、保育者が声をかけると、自分でおむつ交換台まで移動しようとしたりする。
配慮	●保育者が優しく言葉をかけたり、歌をうたったりして、気分転換を図ってから、おむつ交換を行うようにする。 ●おむつ交換は、子どもと1対1でかかわる貴重な時間なので、子どもと保育者の愛着関係をより深めていくために目と目を合わせて丁寧にかかわる。 ●子どもがおむつ交換の手順を少しずつ理解し、自分から足を上げたときは、「そう、そう、あんよ上げるのね」など、子どもの行為に言葉を添える。	●子どもがおむつ交換に協力しようとする姿を待ち、子どものペースを大事に援助する。 

そうそう
あんよ上げるのね

1歳前半	1歳後半	2歳代	3歳代
（歩きはじめの頃）	（しっかり歩く頃）	（走ったり跳んだりする頃）	（片足けんけんをする頃）
●まだ排せつを我慢するなど、自ら制御することはできない。 ●排尿の間隔が1時間を超えるようになり、排尿の回数が減る。	●午睡明けにおむつがぬれていないことが増える。 ●排尿間隔に合わせて誘うと、便器に座って排尿することが徐々に増える。 	●おしっこがためられるようになることで膀胱の容量が増え、排尿間隔が一定になる。	●膀胱や肛門の調節機能が発達して、ほぼ、もらすことはなくなり、排せつへの自立が進むが、個人差がある。 ●夜間の排尿についても個人差が大きい。 ●男児は男児用便器を使って、立位で排尿する姿が増える。
●排せつ後、出たことを知らせることがある。また徐々に排せつ前に尿意や便意を感じるようになる。 	●排せつ後に言葉で知らせる。また、排せつ前に知らせようとすることがある。 ●おむつ交換について、自ら替えてもらおうと協力する。	●パンツになることを喜ぶ。 ●排せつ前に尿意・便意を感じ、「おしっこ」「うんち」と知らせるようになる。 ●便器での排せつが増え、おしっこが出たことを喜ぶ。 	●自分からトイレに行き、ズボンとパンツを下ろしたスタイルで排せつしようとする。 ●排せつ後は自分で水を流す。また、トイレットペーパーで拭いてきれいにしようとする。
●おむつがぬれていないとき、子どもの機嫌がよければ、便器に誘ってみる。 ●子どもの素振りや表情を見て、「おしっこ出たね。おむつを替えようね」と言葉をかけ、排せつ→交換を一つの流れとして捉えられるようにする。また、交換後に「気持ちよくなったね」と言葉をかけることで、排せつと清潔が結びつくように配慮する。 ●一人歩きが始まっている子に対しては、おむつ交換時に保育者が抱いて移動するのではなく、子どもが自ら歩いて交換台に向かうよう言葉をかけて誘う。	●一人一人の排尿間隔を把握し、その子のタイミングに合わせて、トイレに誘う。もし出たら、「よかったね」と一緒に喜び、確認することで、子どもが"排せつはここでする"ことを理解していくよう援助する。 ●トイレで出たときには、子どもと一緒に確認し、「おしっこ出たね」と言葉を添える。排せつする感覚を、聴覚、視覚で確認できるような言葉かけに配慮する。	●個人差が大きいので、一人一人の発達やそのときの状況に配慮し、丁寧に対応する。 ●誘ったときに、子どもが「でない」と答えたときは、無理に誘わず、待つようにする。あそびの切れ目などで誘うと、スムーズに応えることが多い。 ●便器には長く座ったままにならないように気をつける。座ってもなかなか出ないときや、嫌がるときは切り上げる。 ●排尿後、女児はトイレットペーパーで拭き、男児はおしっこを切ることを一緒にやって見せながら知らせていくようにする。	●トイレに行くと出なくて、パンツをはいたら出たり、あそびに夢中になって間に合わなかったりすることがあるが、「おしっこが出て、よかったね」と言葉をかける。子どもが「おしっこが出ることがいちばん大切」と感じられるように丁寧に援助する。 ●午睡中の排尿については、おねしょを防ごうと無理に起こして連れていくと、かえっていつまでも続くので、おねしょマットを使ってしっかり睡眠が取れるようにする。 ●排せつ後の後始末は、まだ一人では完全ではないので、必ず保育者が付き添い、適切に援助する。 

1歳児の せいさく あそび

子どもが素材にふれ、
仲よくなることから始めます。
シールをはったり、スタンプしたり、
クレヨンで描いたり、
好きなあそびを楽しみましょう。

*あそぶ前に、P.4「安全にあそび・活動を行うために」を必ずお読みください。

4月

三角スタンプのこいのぼり

大きい紙に自由にスタンプを押してあそびましょう。あそんでできた模様を生かして、保育者がこいのぼりを作ります。目とひげは、子どもが丸や半円のシールをはるといいですね。

作り方

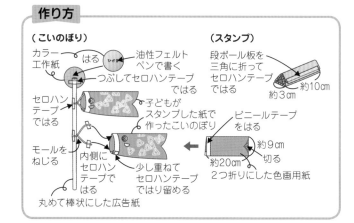

（こいのぼり）

カラー工作紙
はる
油性フェルトペンで書く
つぶしてセロハンテープではる
セロハンテープではる
子どもがスタンプした紙で作ったこいのぼり
モールをねじる
内側にセロハンテープではる
少し重ねてセロハンテープではり留める
丸めて棒状にした広告紙

（スタンプ）

段ボール板を三角に折ってセロハンテープではる
約10cm
約3cm
ビニールテープをはる
約9cm
切る
約20cm
2つ折りにした色画用紙

こいのぼりを紙を巻いた棒に付けて持ち帰れるようにしましょう。

みなみ
あきら
ひかる
まみ

5月

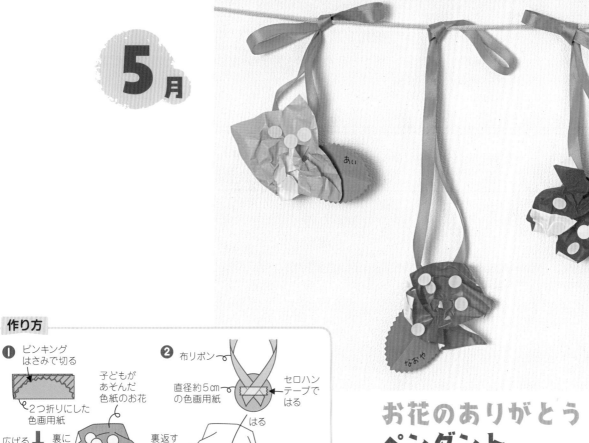

① ピンキング
はさみで切る

2つ折りにした
色画用紙

子どもが
あそんだ
色紙のお花

広げる → 裏に
はる

② 布リボン

直径約5cmの色画用紙

セロハン
テープで
はる

はる

裏返す ⟳

お花のありがとう
ペンダント

握ったり、くしゃくしゃにしたりして色紙の感触を楽しんだ後、その色紙に丸シールをはってあそびましょう。色画用紙の葉と布リボンを付けて、保護者へのプレゼントに。

つぶつぶイチゴ

折り紙のイチゴに、クレヨンでつぶつぶを描いてあそびましょう。つぶつぶを描いたイチゴは、色画用紙のお皿においしそうに盛りつけて飾ります。

①
折る   折る

15cm角の
色紙

三角に2つ折り
にして折り筋を
付ける

②
折る

③
折る   折る

折る

④
セロハン
テープで
はり留める

⑤
はる

色画用紙

裏返す ⟳

- - - - 谷折り

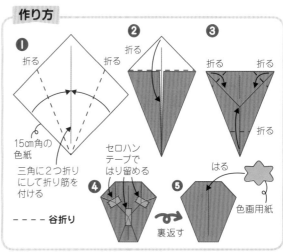

25

カラフル殻の
カタツムリ

フラワー紙をくしゅくしゅしてあそんだら、排水口や三角コーナー用の水切りネットに入れてあそびます。空き容器に水切りネットを付けて口を広げておくと、フラワー紙を入れやすいでしょう。袋の口を縛り、工作紙の体に載せてカタツムリの殻に見立てます。

作り方

❶ 半円に切り取る　切り込む　切り取る
２つ折りにしたカラー工作紙

❷ 子どもがあそんだフラワー紙
水切りネット
はり合わせる
大きさの違う丸シールをはった物
口を縛り、セロハンテープで内側にはり留める
２つ折りにしたモール
切り込みに差し込みセロハンテープではり留める

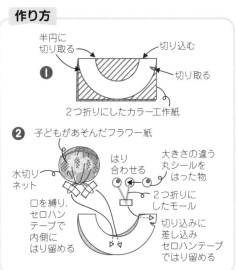

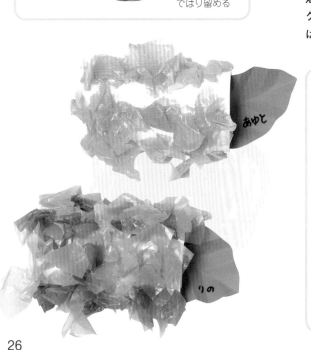

つやつや アジサイ

すずらんテープを触ったときの感触や音を楽しみましょう。短く切ったすずらんテープを、両面テープを付けた紙パックにたくさんはってアジサイに見立てます。壁に飾るときは、半立体にするとアジサイの雰囲気が出せます。

作り方

❶ 裏側に折る
1000mlの紙パック（2面分）
両面テープをはっておく
裏側に折る

❷ 子どもがあそんだ後、丸めてかまぼこ形にし、底をセロハンテープではる
約3cm

（葉）
❶ 切る　２つ折りにした色画用紙
- - - - - 谷折り
- ・- ・- 山折り

❷ びょうぶ折りにする　→　広げる
❸ 名前を書く

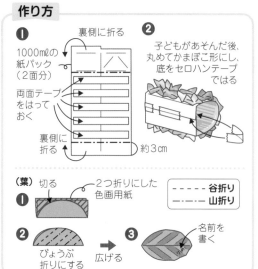

すずらんテープは、10cmほどに切り、色ごとに分けて用意します。

染め紙アサガオ

キッチンペーパーを染めてあそびましょう。溶いた絵の具がじんわりと広がってきれい。絵の具の色を変えるなどして、繰り返し楽しみましょう。乾かしたら、アサガオを壁いっぱいに咲かせます。

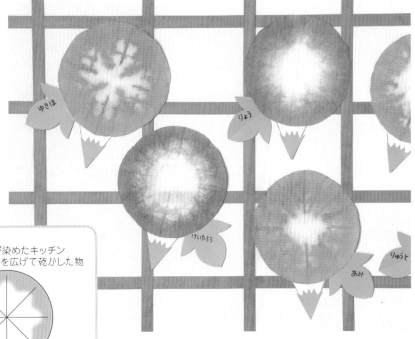

せいさくあそび

作り方

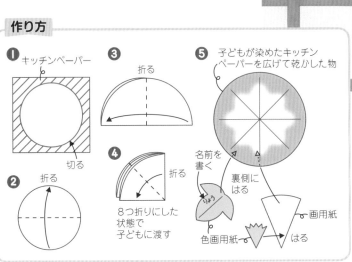

① キッチンペーパー　**切る**

② 折る

③ 折る

④ 折る　8つ折りにした状態で子どもに渡す

⑤ 子どもが染めたキッチンペーパーを広げて乾かした物
名前を書く　裏側にはる　画用紙　はる　色画用紙　はる

7月

丸まるダンゴムシ

紙芯に切り込みを入れて作ったダンゴムシ。筆で絵の具を塗って、色がつくのを楽しみましょう。乾いたら、指でつついて揺らしたり、丸めたりしてあそべます。

絵の具は3色ほど用意し、子どもが好きな色を選べるようにします。

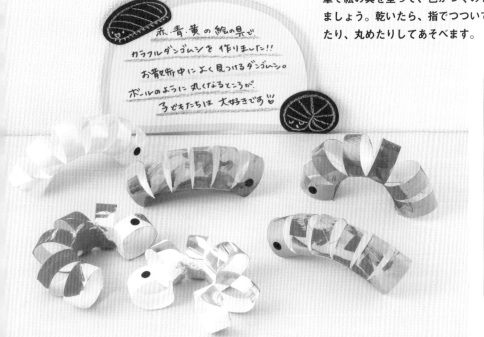

赤・青・黄の絵の具で　カラフルダンゴムシを作りました!!　お散歩中によく見つけるダンゴムシ。ボールのように丸くなるところが、子どもたちは大好きです

作り方

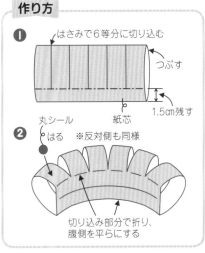

① はさみで6等分に切り込む　つぶす　紙芯　1.5cm残す

② 丸シール　はる　※反対側も同様
切り込み部分で折り、腹側を平らにする

27

8月

作り方

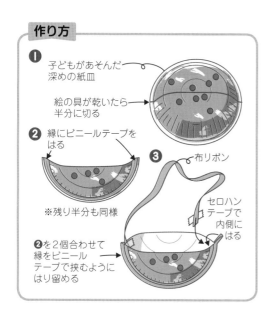

❶ 子どもがあそんだ深めの紙皿

絵の具が乾いたら半分に切る

❷ 縁にビニールテープをはる

❸

※残り半分も同様

❷を2個合わせて縁をビニールテープで挟むようにはり留める

布リボン

セロハンテープで内側にはる

スイカの手提げバッグ

ボウルタイプの紙皿の裏に絵の具を塗ってあそびましょう。丸シールをはったら、保育者が半分に切り、子どもがあそびに使えるスイカのバッグに。

しゅんすけ

風船スタンプのミニトマト

ゴム風船の中にかたくり粉などを詰めたスタンプを、お皿に見立てた画用紙に押してあそびます。スタンプした上に星形のシールをはって、ミニトマトに見立てましょう。

作り方

（風船スタンプ）

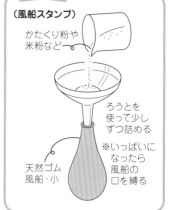

かたくり粉や米粉など

ろうとを使って少しずつ詰める

※いっぱいになったら風船の口を縛る

天然ゴム風船・小

ゆず

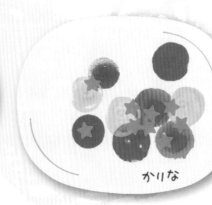

かりな

子どもが選べるように、絵の具は2～3色あるといいでしょう。各色、ゴム風船のスタンプとセットにしておきます。

ふっくらブドウ

色画用紙に丸シールをたくさんはり、クレヨンで自由に描いてあそびましょう。その色画用紙を丸めてブドウの房に見立てます。木の枝を組んだブドウ棚につるして天井飾りにしてもいいですね。

作り方

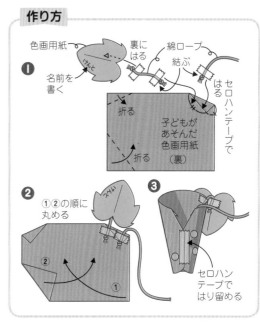

❶ 色画用紙／名前を書く／裏にはる／綿ロープ／結ぶ／セロハンテープではる／折る／折る／子どもがあそんだ色画用紙（裏）

❷ ①②の順に丸める

❸ セロハンテープではり留める

9月

コスモスのペンダント

コーヒーフィルターに水性フェルトペンで描いてから、容器に入れた水に浸して色がにじんでいく様子を楽しみます。乾かした後、端をピンキングはさみで切り、丸シールをはったり、リボンを付けたりしてコスモスのペンダントに。

作り方

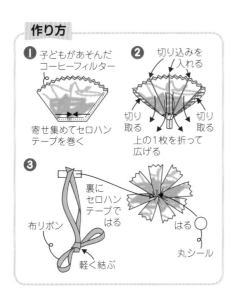

❶ 子どもがあそんだコーヒーフィルター／寄せ集めてセロハンテープを巻く

❷ 切り込みを入れる／切り取る／切り取る／上の1枚を折って広げる

❸ 布リボン／軽く結ぶ／裏にセロハンテープではる／はる／丸シール

波形の片段ボールに、ビニールテープを
はったり、クレヨンで描いたりしてみま
しょう。凸凹した面に描くおもしろさを楽
しみます。すずらんテープのつるを付け、
サツマイモ畑をイメージして飾ります。

作り方

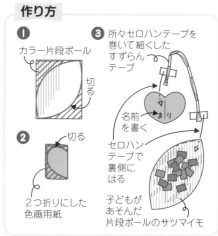

❶ カラー片段ボール 切る

❷ 切る
2つ折りにした
色画用紙

❸ 所々セロハンテープを
巻いて細くした
すずらん
テープ

名前
を書く

セロハン
テープで
裏側に
はる

子どもが
あそんだ
片段ボールのサツマイモ

10月

ハロウィンの
お化けカボチャ

紙皿をカボチャに見立てて、クレヨンで色
をつけましょう。色画用紙の目と口をのり
ではれば、ハロウィンのお化けカボチャに。
色画用紙で作ったコウモリやお菓子などと
一緒に飾って、ハロウィンの飾りにすると
いいですね。

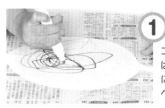

1 コーティングをはがした白い面に水性フェルトペンで描きます。

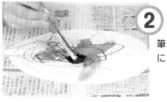

2 筆で水をつけ、にじませます。

にじみ絵の
葉っぱ

紙パックのコーティングをはがした毛羽立ちのある紙に、水性フェルトペンで描いて、水でにじませてあそびましょう。色が混ざり合うときれいです。

11月

ミノムシに毛糸を通してつなぎ、つるして飾りました。

ゆらゆら
ミノムシ

色画用紙を丸めたミノの中にミノムシさんが隠れています。色画用紙を丸めてはるところは、保育者が手伝いましょう。

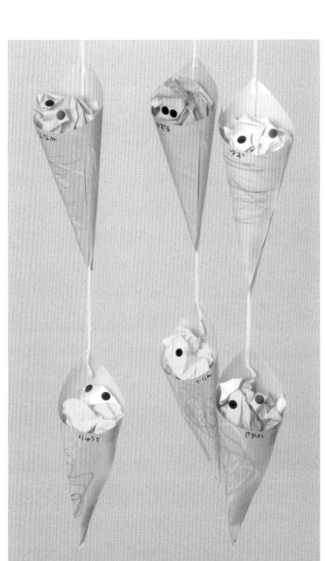

1 色画用紙に好きな色のクレヨンで自由に描きます。

2 色紙を丸めます。

3 保育者が①を丸めて円すい形にし、セロハンテープではり留めて作ります。子どもは②を入れ、丸シールの目をはります。

31

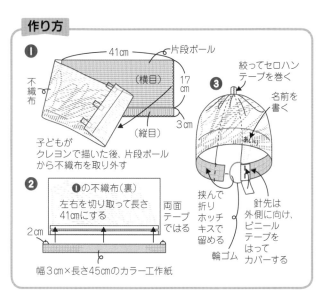

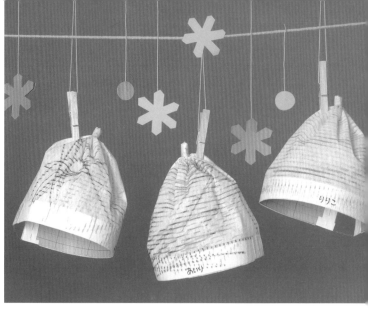

作り方

❶ 片段ボール

41cm（横目）17cm 3cm（縦目）

不織布

子どもがクレヨンで描いた後、片段ボールから不織布を取り外す

❷ ❶の不織布（裏）

左右を切り取って長さ41cmにする

2cm

両面テープではる

幅3cm×長さ45cmのカラー工作紙

❸ 絞ってセロハンテープを巻く

名前を書く

あとり

挟んで折りホッチキスで留める

針先は外側に向け、ビニールテープをはってカバーする

輪ゴム

12月

カラフルあったか帽子

片段ボールの上に不織布を重ねて、上からクレヨンで描いてあそびましょう。凸凹した面に描いたときの感触や、表面に浮き出てくる線や形を楽しみます。あそんだ後の不織布で保育者が、子どもがかぶれる帽子を作ります。

くるくる紙皿ツリー

紙皿と色画用紙を組み合わせた華やかなツリー。丸シールをはったり、クレヨンで描いたりしてあそんだ紙皿を渦巻き状に切り込み、同様にクレヨン描きを楽しんだ色画用紙を円すい形にした物にかぶせてはります。いちばん上に星を飾りましょう。

作り方

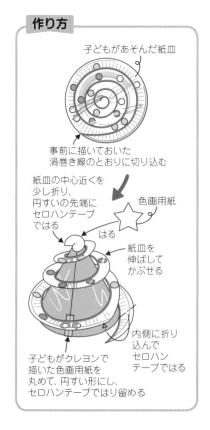

子どもがあそんだ紙皿

事前に描いておいた渦巻き線のとおりに切り込む

紙皿の中心近くを少し折り、円すいの先端にセロハンテープではる

色画用紙

はる

紙皿を伸ばしてかぶせる

内側に折り込んでセロハンテープではる

子どもがクレヨンで描いた色画用紙を丸めて、円すい形にし、セロハンテープではり留める

スタンプシロクマ

パッキングネットのスタンプの柔らかな感触を味わいながら、紙パックのシロクマに絵の具をつけてあそびましょう。絵の具が乾いたら、パッキングネットのパンツをはかせるのも楽しいですね。

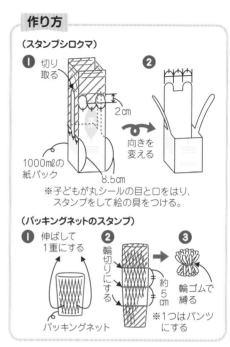

作り方

（スタンプシロクマ）

❶ 切り取る

2cm

1000mlの紙パック

8.5cm

❷ 向きを変える

※子どもが丸シールの目と口をはり、スタンプをして絵の具をつける。

（パッキングネットのスタンプ）

❶ 伸ばして1重にする

パッキングネット

❷ 輪切りにする

約5cm

❸ 輪ゴムで縛る

※1つはパンツにする

2つ折りにした色画用紙の帯をお面の裏にガムテープではり付けます。

いろいろおにお面

子どもが絵の具の色を選んで、紙皿を塗りましょう。乾かしたら、丸シールの目をはったり、色画用紙の髪の毛や角、口をのりではったりして、表情豊かなおにのお面に仕上げます。

1 正円の¼に切った画用紙にクレヨンで自由に描きます。

2 筆で絵の具を塗ってはじかせます。

3 髪の毛を描いた丸い画用紙に丸シールの目と口をはります。

ペンギンの
つるし飾り

薄めに溶いた絵の具にコーヒーフィルターを浸して、絵の具を染み込ませてあそびましょう。コーヒーフィルターの底側を少し浸すと、白い部分が残り、ペンギンらしい印象に。乾かした後、丸シールの目やくちばしをはります。

2月

おしゃれ
おひなさま

画用紙にクレヨンで描いた上から、絵の具をさっと塗ってはじかせてあそびましょう。できた模様を生かしておひなさまの着物に。顔は子どもが丸シールの目や口をはって表情をつけてもいいですね。

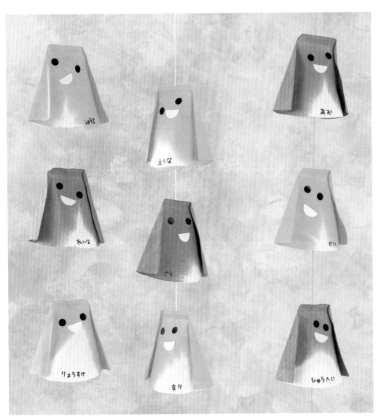

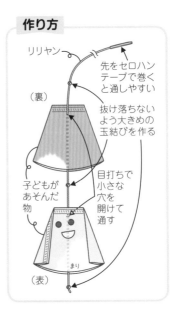

作り方

リリヤン

先をセロハンテープで巻くと通しやすい

（裏）

抜け落ちないよう大きめの玉結びを作る

子どもがあそんだ物

目打ちで小さな穴を開けて通す

（表）

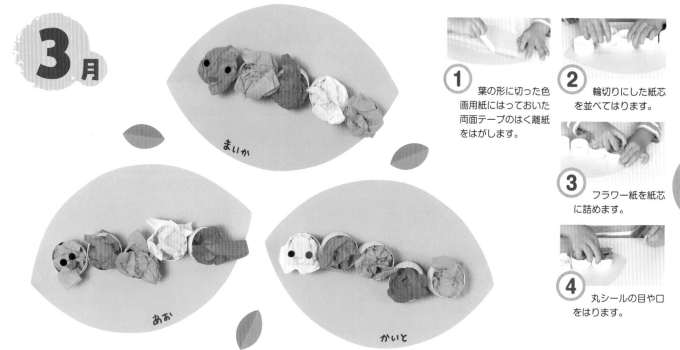

① 葉の形に切った色画用紙にはっておいた両面テープのはく離紙をはがします。

② 輪切りにした紙芯を並べてはります。

③ フラワー紙を紙芯に詰めます。

④ 丸シールの目や口をはります。

もこもこイモムシ

輪切りにした紙芯を並べてはったり、フラワー紙を紙芯の穴に詰めたりしてあそびましょう。イモムシの顔はどっちかな。子どもが、どちらかの端の輪に丸シールの目と口をはりましょう。

サクラの花びらの形に切ったスチレントレーを、ペットボトルのふたにはります。

満開 サクラの木

色画用紙の上で、花びら形のスタンプを押したり、丸シールをはったりして自由にあそびましょう。あそんだ後はサクラの木をイメージして切り取り、一人一人の作品として飾ります。

① 花びらのスタンプをスタンプ台に押し付けて絵の具をつけます。

② 色画用紙に押します。

③ 好きなところに丸シールをはります。

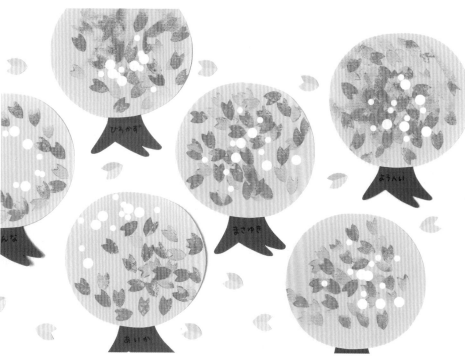

1歳児の 手作りおもちゃ

したいことや好きな物がはっきりしてくる頃。
心ゆくまでじっくりとあそべる、子どもの興味・関心に合った
おもちゃが用意できるといいですね。

●あそぶ前に、P.4「安全にあそび・活動を行うために」を必ずお読みください。

面ファスナーが付く布で
クマさんボックス

クマさんにお手玉を投げると、おなかの布にくっついてふんわり受け止めてくれます。くっつく秘密は面ファスナーと面ファスナーが付く布。

ポイント

おなかにお手玉をくっつけたり、外したりを楽しみます。子どもたちの様子に合わせて台の上に載せるなど、高さを調整してみましょう。布を外して、ボールや風船などを入れるあそびにも使えます。

布の四隅に綿ロープを縫い付けて、段ボール箱に開けた穴に通して結び留めます。

面ファスナーの硬い方を縫い付けてお手玉を作ります。中には綿を詰めています。

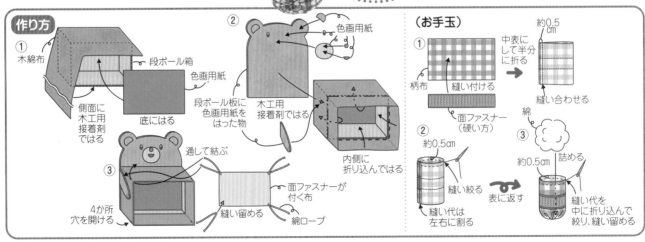

作り方

① 木綿布　段ボール箱　色画用紙　底にはる　側面に木工用接着剤ではる

② 色画用紙　段ボール板に色画用紙をはった物　木工用接着剤ではる　内側に折り込んではる

③ 通して結ぶ　4か所穴を開ける　面ファスナーが付く布　縫い留める　綿ロープ

（お手玉）

① 柄布　縫い付ける　面ファスナー（硬い方）　中表にして半分に折る　約0.5cm　縫い合わせる　綿

② 約0.5cm　縫い絞る　縫い代は左右に割る　表に返す

③ 約0.5cm　詰める　縫い代を中に折り込んで絞り、縫い留める

リングボード

セロハンテープやガムテープ、キッチンペーパーやラップなどの紙芯を使ったリング掛けです。床に置いて輪投げのようにしたり、壁に設置したり、子どもたちの様子に合わせて設置の仕方を工夫しましょう。

細いリングはセロハンテープ、太いリングはガムテープの芯を使っています。はさみで切りやすい紙芯は、切り込んで太さを調節し、ボードに付けた筒の中に入れられるようにしました。

＼ ポイント ／

壁に設置するときは、子どもが少し背伸びして届くくらいの高さにすると、体全体を伸ばしてあそべます。

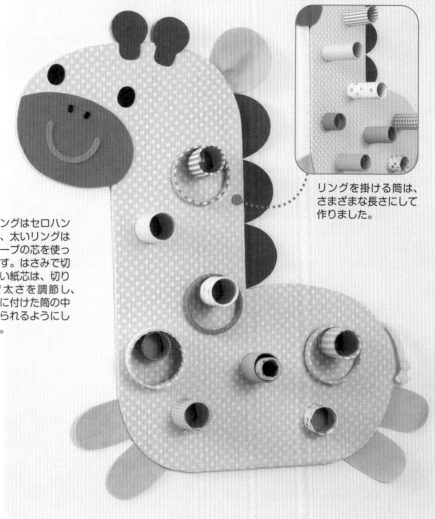

リングを掛ける筒は、さまざまな長さにして作りました。

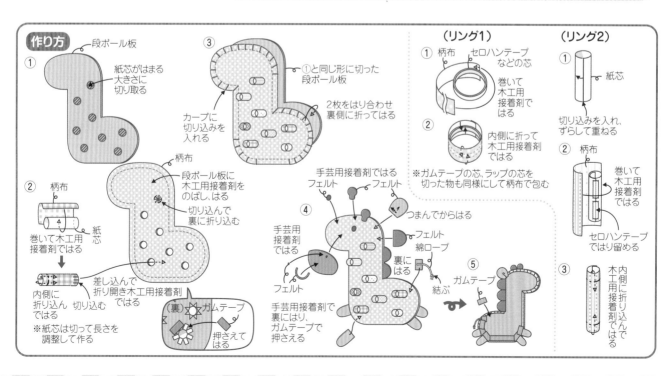

作り方

① 段ボール板
紙芯がはまる大きさに切り取る

② 柄布　紙芯
巻いて木工用接着剤ではる
↓
内側に折り込んではる　切り込む
差し込んで折り開き木工用接着剤ではる
※紙芯は切って長さを調整して作る

③ ①と同じ形に切った段ボール板
2枚をはり合わせ裏側に折ってはる
カーブに切り込みを入れる

柄布
段ボール板に木工用接着剤をのばし、はる
切り込んで裏に折り込む

（裏）ガムテープ
押さえてはる

④ 手芸用接着剤ではるフェルト　フェルト
つまんでからはる
手芸用接着剤ではる
フェルト　綿ロープ
裏にはる
結ぶ
フェルト
手芸用接着剤で裏にはり、ガムテープで押さえる

⑤ ガムテープ

（リング1）

① 柄布　セロハンテープなどの芯
巻いて木工用接着剤ではる

② 内側に折って木工用接着剤ではる

※ガムテープの芯、ラップの芯を切った物も同様にして柄布で包む

（リング2）

① 紙芯
切り込みを入れ、ずらして重ねる

② 柄布
巻いて木工用接着剤ではる
セロハンテープではり留める

③ 内側に折り込んで木工用接着剤ではる

面ファスナーで

くっつく仲良しさん

つないだ手を離したり、またくっつけたりできる仲良し人形は、面ファスナーを手にして作っています。いろいろな端切れを生かしてカラフルな洋服にすると楽しいですね。

ポイント

面ファスナーの硬い方を使った人形と、柔らかい方を使った人形とで帽子の色を変えました。体に通して手にした面ファスナーは、硬い方は表向きに、柔らかい方は裏向きに挟んであります。人形同士の手をつなげるとき、帽子の色などに気づけるように声がけしてみてもいいでしょう。

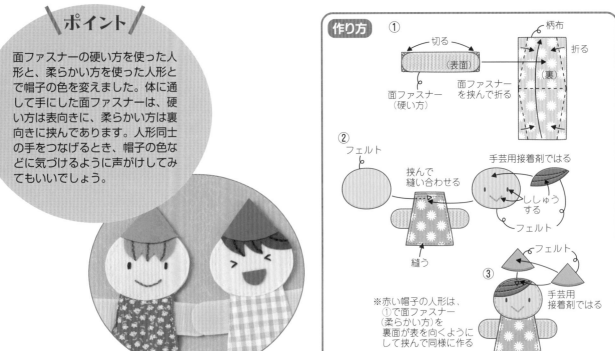

作り方

①
切る
(表面)
面ファスナー
(硬い方)
面ファスナー
を挟んで折る
柄布
折る
(裏)
②
フェルト
挟んで
縫い合わせる
縫う
手芸用接着剤ではる
ししゅう
する
フェルト
③
フェルト
手芸用
接着剤ではる

※赤い帽子の人形は、①で面ファスナー(柔らかい方)を裏面が表を向くようにして挟んで同様に作る

紙芯に布を巻いて
引っ張るおもちゃ

筒の中からウサギやヘビ、野菜を引っ張って「スポン！」。何度も繰り返してあそべるおもちゃです。

筒は握っても潰れにくいように、紙芯を2本重ねて丈夫に作ります。1本の紙芯に切り込みを入れ、もう1本にかぶせるようにして重ねます。

\ ポイント /

引っ張り出す中身は、紙芯に切り込みを入れて一回り細くして作ります。布の厚みも考慮して太さを調整しましょう。

作り方

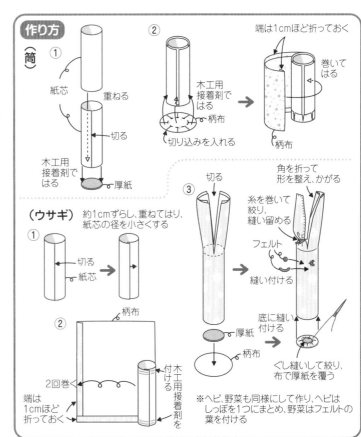

(筒)

① 紙芯／重ねる／切る／木工用接着剤ではる／厚紙

② 木工用接着剤ではる／柄布／切り込みを入れる／端は1cmほど折っておく／巻いてはる／柄布

③ 切る／糸を巻いて絞り、縫い留める／角を折って形を整え、かがる／フェルト／縫い付ける／厚紙／柄布／底に縫い付ける／ぐし縫いして絞り、布で厚紙を覆う

（ウサギ）約1cmずらし、重ねてはり、紙芯の径を小さくする

① 切る／紙芯

② 柄布／2回巻／端は1cmほど折っておく／木工用接着剤を付ける

※ヘビ、野菜も同様にして作り、ヘビはしっぽを1つにまとめ、野菜はフェルトの葉を付ける

ヘビとダイコンは太さの違うラップの芯を組み合わせました。ちょうどよいサイズがあれば、こんなバリエーションを楽しんでもいいですね。

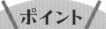

メッシュのかごで
伸びて広がる ボックス

メッシュのかごに平ゴムを
通して網目を作りました。
手でびよーんと伸ばして網
目を広げてみたり、おもち
ゃを押し込んでみたりを楽
しみます。

＼ ポイント ／

網目に指を入れて広げると、ゴ
ムが伸びて大きく開きます。平
ゴムは伸縮性がきつくない、柔
らかい物を使って作りましょう。
中から物を取り出したり、ギュ
ッと押し込んで入れたり、引っ
張って伸ばしたり、ゴムの感触
を楽しんであそびます。

かごの底に絵や写真な
どをはっておくと、「な
んだろう？」と子ども
たちの興味を引きます。

作り方

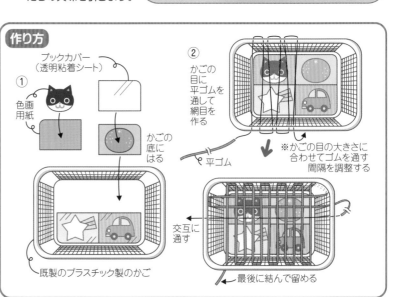

① ブックカバー
（透明粘着シート）

色画用紙

かごの
底に
はる

既製のプラスチック製のかご

② かごの
目に
平ゴムを
通して
網目を
作る

平ゴム

※かごの目の大きさに
合わせてゴムを通す
間隔を調整する

交互に
通す

最後に結んで留める

ペットボトルをカットして

スティックキャッチャー

ペットボトルをカットした物でスポンジや布のボールをキャッチ。ボールを果物に見立てたり、スポンジに魚などの絵を描いたりして、果物狩りや魚釣りの気分も楽しめます。

ペットボトルのキャッチャーをスポンジやボールにかぶせると、口にはまってキャッチできます。

＼ ポイント ／

ペットボトルの切り口は、バイヤステープを縫い付けてカバーします。ペットボトルに目打ちなどで穴を開けてからバイヤステープをかぶせ、穴に合わせて縫うと縫いやすいでしょう。持ち手の長さは子どもたちのあそぶ様子に合わせて調節します。

作り方

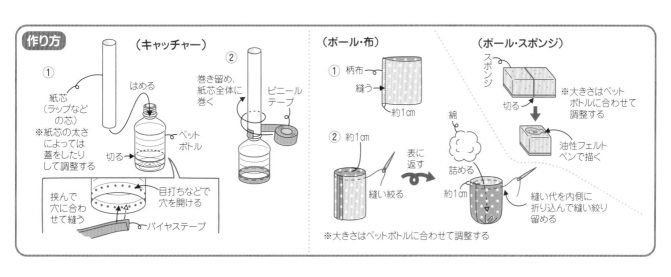

（キャッチャー）

① 紙芯（ラップなどの芯）
※紙芯の太さによっては蓋をしたりして調整する

はめる

切る→

ペットボトル

目打ちなどで穴を開ける

挟んで穴に合わせて縫う

バイヤステープ

② 巻き留め、紙芯全体に巻く

ビニールテープ

（ボール・布）

① 柄布
縫う
約1cm

② 約1cm
表に返す
縫い絞る

綿
詰める

約1cm
縫い代を内側に折り込んで縫い絞り留める

※大きさはペットボトルに合わせて調整する

（ボール・スポンジ）

スポンジ
切る
※大きさはペットボトルに合わせて調整する

油性フェルトペンで描く

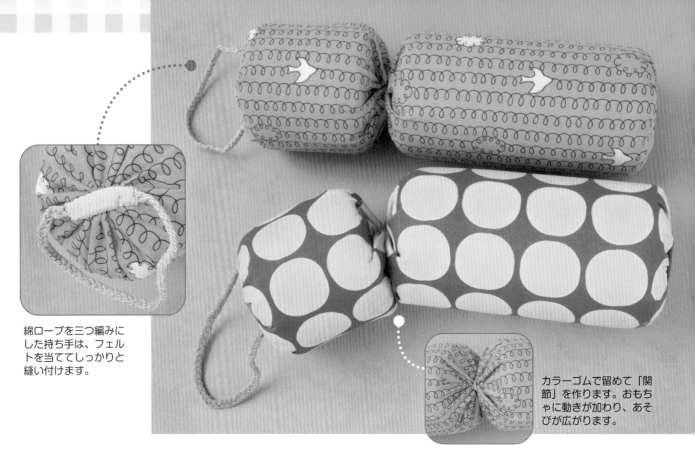

綿ロープを三つ編みに
した持ち手は、フェル
トを当ててしっかりと
縫い付けます。

カラーゴムで留めて「関
節」を作ります。おもち
ゃに動きが加わり、あそ
びが広がります。

気泡緩衝材を巻いて

ツインクッション

筒状に縫った布に丸めた気泡緩衝材を詰め、綿
ロープの持ち手を付けました。クッションのよ
うな、乗り物のような、引いたり転がしたり、
いろいろあそべるおもちゃです。

＼ ポイント ／

保育者がぶら下げて持った
クッションを揺らしてあそ
んだり、床に置いて転がし
たり。また、またがって乗
って乗り物に、持ち手を引
っ張ってお散歩にと、子ど
もたちの想像力でいろいろ
な物に変身します。

中にはしっかりと巻いた気泡緩衝材
を詰めました。太さが調節しやすく、
形も崩れにくいので便利です。

作り方

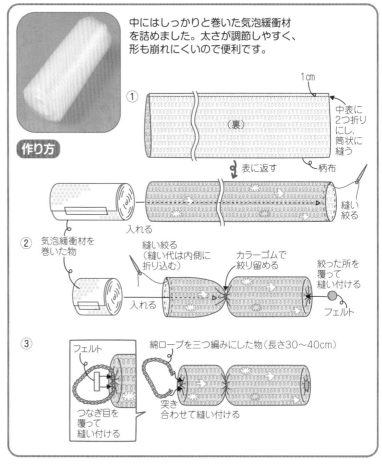

① 中表に2つ折り
にし、筒状に
縫う

1cm

(裏)

柄布

表に返す

縫い絞る

入れる

② 気泡緩衝材を
巻いた物

入れる

縫い絞る
(縫い代は内側に
折り込む)

カラーゴムで
絞り留める

絞った所を
覆って
縫い付ける

フェルト

③ フェルト

綿ロープを三つ編みにした物(長さ30〜40cm)

つなぎ目を
覆って
縫い付ける

突き
合わせて縫い付ける

パッチンボード

手指の巧緻性を育む、洗濯ばさみを使ったおもちゃです。
子どもたちの知っている動物などの形のボードを作って、
カラフルな洗濯ばさみと一緒に用意しましょう。

表と裏で表情や絵柄を変えて作ります。表裏どちらの面でも楽しめます。

裏返すと……

手作りおもちゃ

\ **ポイント** /

木製の洗濯ばさみに布をはって用意してもいいでしょう。プラスチックの洗濯ばさみとはまた違った感触、使い勝手です。

ボードの芯にはまな板シートを使っています。はさみで切れるので扱いやすく、ぬれても大丈夫な素材なので、まるごと洗えます。

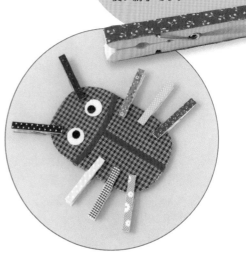

作り方（ライオン）

① カーブの部分は切り込みを入れる

まな板シートを切った物

中表に2枚重ねた柄布

返し口を開けて縫い合わせる

表に返す

入れる

② 縫い付ける

フェルト

ししゅうする

縫い付ける

まつって縫い閉じる

ひげをししゅうする

※裏も同様にしてハリネズミの顔を縫い付ける
※ほかの柄も同様に作る

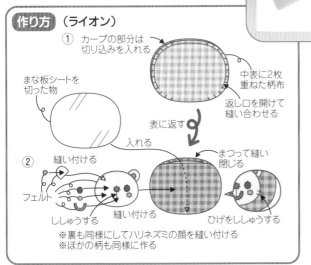

保育イラストを活用しよう

付録の CD-ROM に収録されている保育イラスト（P.201〜228）のデータは、おたよりや各種の掲示物の製作をはじめ、誕生カードやプレゼントなど、保育のさまざまなシーンで活用できます。ここではその一例を紹介します。全てのイラストデータにカラーデータとモノクロデータがあるので、使用する物に合わせて使い分けてください。また、これらのデータはダウンロードして使うこともできます。

＊ ダウンロードの方法は P.200 で詳しく解説しています。
＊ データの使用に際しては、P.229 以降を必ずお読みください。

活用例 1　プレゼントのメダルを作る

マークイラスト（カラー）をプリントして金銀の工作紙にはったメダルです。運動会のメダルなど、たくさん作らなくてはならないときには、工作紙にカラーイラストを切り抜いてはるだけの簡単メダルはいかがですか。リボンやシールで飾りをプラスすれば既製品にも負けない仕上がりになります。同様にして、誕生日のおめでとうメダルや誕生カードも作れますね。

使用イラスト　c-228-05　c-228-08　（P.228）

活用例 2

絵人形を作る

　イラストの中には、動物や子どもの動きが感じられる物もたくさんあります。データを活用してペープサートやパネルシアターの絵人形を作ってみましょう。ペープサートの場合は、写真のように2枚のイラストで操作棒を挟むようにしてはります。

使用イラスト　c-225-20　c-225-22　c-225-09　c-228-11　（P.225、228）

活用例 3

掲示に使う

　保護者向けのお願いなどは、イラストを使ってわかりやすく伝えましょう。こんなふうに使えるイラストも用意しました。Wordなどのワープロソフトを使いましょう。

名前の記入のお願い

園生活の中で、着替えることがたびたびありますが、子どもたちが脱いだ衣類に名前がないと、迷子のものが多くなります。名前が付いていないと、持ち主に戻すことができません。持ち物には、全て名前の記入をお願いします。

●シャツ、トレーナー、下着
裾部分の裏側

●ズボン
ウエスト部分の内側

●靴
内側の見やすい所

●パンツ
ウエスト部分の内側

●靴下
土踏まずの部分

※繰り返し洗濯する洋服や下着などの布製品は、洗濯するたびに名前が薄くなって読みにくくなってしまいます。ときどき、確認をお願いいたします。

使用イラスト　c-227-16　c-227-11　c-227-09　c-227-02　c-227-15　（P.227）

クラスだよりに

保育イラストをフルに使ったクラスだよりです。枠や帯のイラストをうまく使って見やすいおたよりになるよう工夫しましょう。イラストの入れ方などは P.236 ～ 239 で紹介しています。

タイトル用の大きい枠を使って。季節感のあるイラスト枠で、おたよりの名前を目立たせます。

カラー

イラスト枠ばかりを使うと、ごちゃごちゃしすぎることも。バランスを見ながら、すっきりした直線などの枠を交ぜて使いましょう。

ひよこぐみだより

○○園
4月○日
発行

ご入園おめでとうございます。花壇ではチューリップの花が、ひよこ組のお子さんの入園をお祝いしているかのようにきれいに咲いています。

ひよこ組のお子さんにとっては、みんなはじめての園生活。保護者の皆様にも安心していただけるよう、担任一同力を合わせて保育をしていきたいと思っていますので、どうぞよろしくお願いいたします。

 保育目標

●一人一人の生活リズムを大切にし、新しい環境に慣れる。
●好きなおもちゃを見つけ、あそぼうとする。

4月の予定
○日(○) 入園式
○日(○) 定期健康診断
○日(○) 避難訓練
○日(○) 誕生会

保育参観を行います!
お子さんたちが園でどのような生活をしているのかをご覧いただけたらと思います。また、親子で楽しめるふれあいあそびも予定していますので、動きやすい服装でお越しください。
保育参観終了後には、保護者会も行います。保護者の方同士の顔合わせも予定しています。ぜひご参加ください。

○月○日(○)○時～保育参観
終了後、保護者会(○時終了予定)

連絡帳のご記入のお願い
連絡帳は、ご家庭と園とをつなぐ大切なツールです。
一人一人の生活リズムを大切にしていくためには、家庭でのお子さんの様子を教えていただくことが必要になってきます。お忙しいとは思いますが、簡単で結構ですので、ご記入をお願いいたします。また、朝の検温結果や食事・排せつの様子などもご記入いただけますようお願いいたします。

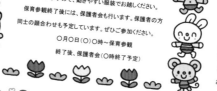

4月生まれのおともだち
5日 いとう はやと さん
11日 よしだ あおと さん
23日 もり りくさん

持ち物すべてに名前を書いてください
園では、たくさんの子どもたちが生活しています。
同じような持ち物があり、名前がないとわからなくなってしまいます。洋服やタオル、靴下など、一つ一つにわかりやすく名前(フルネーム)を書いてください。また、コップは洗っているうちに名前が消えてしまうことがありますので、こまめなチェックをお願いします。

ひよこぐみだより

ご入園おめでとうございます。花壇ではチューリップの花が、ひよこ組のお子さんうにきれいに咲いています。

ひよこ組のお子さんにとっては、みんなはじめての園生活。保護者の皆様にも安心力を合わせて保育をしていきたいと思っていますので、どうぞよろしくお願いいた

保育目標

●一人一人の生活リズムを大切にし、新しい環境に慣れる。
●好きなおもちゃを見つけ、あそぼうとする。

保育参観を行います!
お子さんたちが園でどのような生活をしているのかをご覧いただけたらと思います。また、親子で楽しめるふれあいあそびも予定していますので、動きやすい服装でお越しください。
保育参観終了後には、保護者会も行います。保護者の方同士の顔合わせも予定しています。ぜひご参加ください。

○月○日(○)○時～保育参観
終了後、保護者会(○時終了予定)

お願いいたします。

4月生まれのおともだち
5日 いとう はやと さん
11日 よしだ あおと さん
23日 もり りくさん

持ち物すべてに名前を書いてください
園では、たくさんの子どもたちが生活しています。
同じような持ち物があり、名前がないとわからなくなってしまいます。洋服やタオル、靴下など、一つ一つにわかりやすく名前(フルネーム)を書いてください。また、コップは洗っているうちに名前が消えてしまうことがありますので、こまめなチェックをお願いします。

モノクロ

「保健」のページ (P.226 ～ 227) に、子どもの衣類やグッズのイラストがあります。使い道はいろいろ。

枠イラストを使わずに、カットでタイトルを挟むという方法もあります。

イラストは大きくすると線が太くなり、小さくすると細くなります。メリハリをつけたいときにはこの法則を利用しましょう。

りすぐみだより

○○園 8月○日発行

8月に入り、毎日、暑い日が続いています。暑さに負けず、元気いっぱいのりす組の子どもたち。夏の日ざしを浴びて、水あそびに夢中です。
この時期は、夏の暑さと水あそびで体も疲れやすく、体力も消耗しやすいため、水分と休息をうまく取りながら体調管理に気をつけていきたいと思っています。

保育目標

●保育者や友達と一緒に、水あそびなどの全身を使ったあそびを楽しむ。
●保育者の読む絵本の中の言葉を繰り返すなど、保育者のまねをして、言葉のやり取りを楽しむ。

早めに休息を！

夏の疲れから体調を崩す子が増えてきました。
少しでもおかしいと感じたら、早めに休むことが大切です。しっかり休息し、元気な体作りをしていきたいですね。

ピーマンの種取りをしました

園庭の花壇で育てたピーマンがたくさん実りました。先日、半分に切ったピーマンから種を取りました。種を指先でツンツンしてみる子、思いっきり種の塊を取る子、最後の一粒まできれいに取る子など、さまざまな姿が見られました。種を取ったピーマンは、夏野菜カレーに入れて、給食で食べました。おいしかったです。

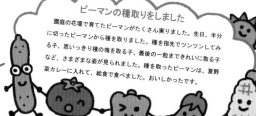

8月の予定

○日(○) 身体測定
○日(○) 避難訓練
○日(○) 誕生会
○日(○) 水あそび
　　　　 終了

8月生まれのおともだち

3日　たかはし みなと さん
21日　やまざき かんな さん
26日　やました さら さん

夏祭りのご参加 ありがとうございました！

ヨーヨー釣りや的当てを楽しんでいただけましたでしょうか。おうちの方にだっこされながらの盆踊りも曲に合わせて体を動かして楽しんでいましたね。

りすぐみだより

○○園 8月○日発行

8月に入り、毎日、暑い日が続いています。暑さに負けず、元気いっぱいのりす組の子どもたち。夏の日ざしを浴びて、水あそびに夢中です。
この時期は、夏の暑さと水あそびで体も疲れやすく、体力も消耗しやすいって、水分と休息をうまく取りながら体調管理に気をつけていきたいと思って

保育目標

●保育者や友達と一緒に、水あそびなどの全身を使ったあそびを楽しむ。
●保育者の読む絵本の中の言葉を繰り返すなど、保育者のまねをして、言葉のやり取りを楽しむ。

ず、しっかり……
作りをしていきたいですね。

ピーマンの種取りをしました

園庭の花壇で育てたピーマンがたくさん実りました。先日、半分に切ったピーマンから種を取りました。種を指先でツンツンしてみる子、思いっきり種の塊を取る子、最後の一粒まできれいに取る子など、さまざまな姿が見られました。種を取ったピーマンは、夏野菜カレーに入れて、給食で食べました。おいしかったです。

8月の予定

○日(○) 身体測定
○日(○) 避難訓練
○日(○) 誕生会
○日(○) 水あそび
　　　　 終了

8月生まれのおともだち

3日　たかはし みなと さん
21日　やまざき かんな さん
26日　やました さら さん

夏祭りのご参加 ありがとうございました！

ヨーヨー釣りや的当てを楽しんでいただけましたでしょうか。おうちの方にだっこされながらの盆踊りも曲に合わせて体を動かして楽しんでいましたね。

タイトルだけを枠に入れる。こんなレイアウトの仕方もあります。

同じ帯イラストを2本
使って、おたよりタイ
トルをサンドイッチ。

小さい枠を月の
表示に使って。

「子どもの姿」(P.218〜
221)のイラストは、おた
よりの内容に合わせてカッ
トに使いやすい物がたくさ
んあります。

12月 うさぎぐみだより

○○園 12月○日発行

今年も残すところあと1か月を切り、日に日に寒さが厳しくなってきました。
「子どもは風の子」といいますが、うさぎ組の子どもたちも、ほっぺを真っ赤にして、白い息を吐きながら、
園庭で元気にあそんでいます。
戸外でも室内でも、おもちゃであそんだ後は、保育者の声かけで、少しずつ片づけができるようになってき
ました。両手いっぱいにおもちゃを抱える姿はとてもかわいいものです。心も体も大きくなった証ですね!

保育目標

● 気温の変化を感じながら、寒さに負けないように、
体を動かしてあそぶ。
● 保育者や気の合う友達とやり取りをしながら、ごっ
こあそびを楽しむ。

おままごと
大好き!!

コップで飲むまねをしたり、スプーンに食べ物を載せ
て口に運んだりと、お友達と楽しくあそんでいます。時に
は、おもちゃの取り合いでけんかになってしまうこともあ
りますが、保育者が間に入りながら、うまくかかわれるよ
うになってきています。

シンプルなヘアゴムで

飾りつきのヘアゴムやヘアピンは誤飲やけがの
原因になります。園は、0歳児から一緒に生活す
る場です。「うちの子は口に入れないから大丈夫」
とは思わず、事故防止のためにも、
シンプルなゴムで結ぶようにして
ください。

戸外あそび用の上着を用意してください

動きやすいジャンパーをご用意ください。フード
やひもつきの洋服は、思わぬ事故につながるの
で、ないものをお選びください。
また、寒いからといって厚着をさせると、
汗をかくことで体を冷やし、風邪をひいて
しまうことも。
大人よりも1枚少ないくらいがちょう
どよいでしょう。

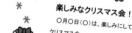

楽しみなクリスマス会!

○月○日(○)は、楽しみにしている
クリスマス会。
各クラスが出し物をしたり、職員の演
奏を聴いたりします。
会の最後には、もしかしたら……
あのお客様も来るかな!?

12月生まれのおともだち

20日 しみず そうま さん
28日 なかじま みつき さん

12月の予定

○日(○) 身体測定
○日(○) 避難訓練
○日(○) 誕生会
○日(○) クリスマス会

Wordの機能を使った囲みも
いろいろ変化をつけられます。

12月 うさぎぐみだより

今年も残すところあと1か月を切り、日に日に寒さが厳しくなってきました。
「子どもは風の子」といいますが、うさぎ組の子どもたちも、ほっぺを真っ赤
園庭で元気にあそんでいます。
戸外でも室内でも、おもちゃであそんだ後は、保育者の声かけで、少しずつ
ました。両手いっぱいにおもちゃを抱える姿はとてもかわいいものです。心

保育目標

● 気温の変化を感じながら、寒さに負けないように、
体を動かしてあそぶ。
● 保育者や気の合う友達とやり取りをしながら、ごっ
こあそびを楽しむ。

おままごと
大好き!!

コップで飲むまねをしたり、スプーンに食べ物を載せ
て口に運んだりと、お友達と楽しくあそんでいます。時に
は、おもちゃの取り合いでけんかになってしまうこともあ
りますが、保育者が間に入りながら、うまくかかわれるよ
うになってきています。

シンプルなヘアゴムで

飾りつきのヘアゴムやヘアピンは誤飲やけがの
原因になります。園は、0歳児から一緒に生活す
る場です。「うちの子は口に入れないから大丈夫」
とは思わず、事故防止のためにも、
シンプルなゴムで結ぶようにして
ください。

戸外あそび

動きやすいシ
やもつきの洋
で、ないものを
また、寒い
汗をかくこと
しまうことも
大人より
どいでし

楽しみなクリスマス会!

○月○日(○)は、楽しみにしている
クリスマス会。
各クラスが出し物をしたり、職員の演
奏を聴いたりします。
会の最後には、もしかしたら……
あのお客様も来るかな!?

12月生まれのおともだち

20日 しみず そうま さん
28日 なかじま みつき さん

12月の予定

○日(○) 身体測定
○日(○) 避難訓練
○日(○) 誕生会
○日(○) クリスマス会

0・1・2歳児の 発達と保育

自ら育とうとする子どもの姿を大切に

　ヒトは、生まれながらにして外界に働きかける主体的な力をもっています。同時に周囲の環境からの刺激を受け止め、感じ、考え、行動する力も備えています。この周囲の環境との応答性の中で、自ら育とうとするエネルギーがあそびの中で発揮され、心身の発達を支えていくのです。だからこそ主体である4歳未満の子どもをよく理解し、発達のみちすじを知ることは、保育室内外の環境作りやかかわりをしていくうえで、保育の基本だといえるでしょう。

　心身の発達は別々に行われるものではなく、個人差も大きいものです。一人一人に合わせた生活リズムや遊具、場の設定が求められます。愛情豊かで応答的なかかわりの中で情緒的な絆が芽生え、安心・安定した関係が子どもの感情表現・表出を豊かにしてくれます。やがて移動能力の獲得とともに探索欲求が高まっていきます。身体の諸感覚をフル回転させ、遊具を使い、友達とのかかわりを広げていくのです。

　保育は、自ら育とうとする主体である4歳未満の子どもたちに、適切な環境ときっかけを作り、温かで豊かな日常を編んでいく大切な仕事です。ぜひ自ら育とうとする目の前の子どもの姿を大切にしながら、日々の保育を創ってほしいと願っています。

監修　**鈴木みゆき**（國學院大學教授）

＊あそぶ前に、P.4「安全にあそび・
　活動を行うために」を必ずお読み
　ください。

発達と援助

発達のみちすじ

0か月～4歳未満

生理的機能、全身運動、手指の操作、言語と認識、対人関係の5つのカテゴリーに分けて、発達を追っていきます。
「何か月に何ができる」ということだけではなく、どういう順序で発達していくのか、また各カテゴリーはどうかかわっているのかを把握して、保育にご活用ください。

手足を動かすころ…0～3か月くらい

生理的機能
●18～30cm 程度の距離の物が見える。
●平均の睡眠時間は17時間前後。
（生後1か月ころ）
昼夜の区別はなく、睡眠と覚せいを繰り返す。
●腹式呼吸をする。
●原始反射※1 が活発。
※1＝P.81 に詳しい内容を掲載しています。

全身運動
●あおむけでは左右非対称な姿勢になる。
●あおむけの姿勢で、手と手、足と足をふれあわせる。（3か月）
●上体を引き起こすと、頭がついてくるようになる。（3か月）
●首が据わり始める。（3か月）
●あおむけでときどき左右に首を少し動かす。
●腹ばいで、短い時間、頭を持ち上げる。

手指の操作
●自分の手に興味をもち、じっと見つめたり、動かしたりする。（ハンドリガード※4）
●ガラガラなど、手に置かれた物を、短い間握るようになる。
※4＝P.81 に詳しい内容を掲載しています。

言語と認識
●「あっあっ」など、泣き声とは違った声（クーイング）を発する。
●物や人が視界に入ると、じっと見る。（注視）
●首が据わると、動く物を左右に180度、目で追いかける。（追視）
●おなかがすいたときや、眠たいときなど、不快と感じたときに泣く。

対人関係
●声をかけられるとにっこり笑う。（2～3か月）
●人の話し声のほうへ視線を向ける。
●あやされると、口を開けた笑顔で、手足を伸ばしたり、曲げたりするようになる。

寝返りのころ…4〜6か月くらい	はいはいのころ…7〜9か月くらい

●たいていの原始反射が消失する。
●体重が出生時の約2倍になる。（4か月ころ）
●味覚が芽生える。
●少しずつまとめて眠る時間が多くなり、昼夜の区別が
　ついてくる。
●消化、吸収の働きが活発になり、だ液が増える。
●どろどろの物を飲み込むことができる。
　（5〜6か月ころ）

●昼間の目覚めが10時間程度になる。
●母親からの免疫が減少し、子ども自身の免疫力を
　つけ始める。
●1回の尿量が増し、排尿回数が減ってくる。
●下の前歯が生え始める。
●数回口を動かして、舌で押しつぶして咀嚼（そしゃく）するこ
　とができる。

●うつぶせでは、上半身をひじとてのひらで支えて持ち上げる。
●手で足先を持ってあそぶ。
●あおむけからうつぶせへの寝返りをする。
●左右どちらにも寝返りをするようになる。
●支え座りの姿勢で倒れそうになると、傾いたほうへ手を
　つき、頭をまっすぐに起こす。（立ち直り反応※2）
●腹ばい姿勢で前に進もうとして、後ずさりになる。
●グライダーポーズやピボットターン※3をする。
　※2、※3＝P.81に詳しい内容を掲載しています。

●うつぶせからあおむけへの寝返りをする。
●座る姿勢が安定してきて、少しずつ両手が自由
　になってくる。
●ずりばいやおなかを持ち上げたよつばいで進む。
●わきの下を支えられると立つ。
●さくなどにつかまって立つ。（つかまり立ち）

●目の前の物に手を伸ばす。目と手の
　協応が始まる。（4か月）
●手を伸ばして体のそばにある物を
　つかむことができるようになる。
　（リーチング※5）
●ガラガラを握ってあそぶ。
　※5＝P.81に詳しい内容を
　掲載しています。

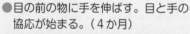

●片方の手から、もう片
　方の手に持ち替える。
　（左右の手の協応）
●てのひら全体で物をつ
　かもうとする。
●手に持った物でたたい
　たり、両手に持った物
　を打ち合わせたりする。

●「あーあー」など、喃語（なんご）を発する。
●人の声と物音を聞き分ける。
●動く物を広い範囲
　（全方位360度）
　にわたって追視する。

●大人が指さした方向に視線を動かす。
　（共同注意※6）
●「いないいないばあ」などと大人が声をかけると、
　声の調子をまねする。
●喃語が活発になる。
　※6＝P.82に詳しい内容を掲載しています。

●身近な大人の顔がわかる。
●子どもから身近な大人に向けて声を出し、笑いかける。
●身近な大人が呼びかけると、そのほうへ体を向ける。

●見知らぬ大人を見ると泣くなど、人見知りをする。
●「おつむてんてん」など、身近な大人とのあそびを
　喜ぶ。
●欲しい物があると声を出す。
●特定の大人への後追いが増えたり、夜泣きが強く
　なったりする。（8か月不安）

発達と保育

伝い歩きのころ…10〜12か月くらい	歩き始めのころ…13〜15か月くらい

生理的機能

●上の前歯が生え始める。
●体重が出生時の約3倍に、身長が約1.5倍になる。（12か月ころ）
●昼間の睡眠は、午前と午後でそれぞれとる。
●歯ぐきで咀嚼することができる。
●排尿の間隔が長くなり、1日当たり10〜16回となる。

●睡眠は合計13時間ほどとなり、午睡はほぼ1回となる。
●頭が大きくなるゆとり分として開いていた大泉門がほぼ閉じる。
●排尿、排便のコントロールはできないが、尿意や便意を感じる。

全身運動

●高ばいをする。
●よつばい、高ばいで階段を上る。
●さくなどにつかまりながら立ったり、座ったりする。
●さくなどを伝って歩く。（伝い歩き）
●支えられて歩く。

●一人で立つ。
●一人で歩く。（ハイガード歩行→ミドルガード歩行※7）
●緩い傾斜のある場所でバランスをとりながら歩く。
※7＝P.82に詳しい内容を掲載しています。

手指の操作

●クレヨンやフェルトペンを握って紙に打ち付ける。
●物を出し入れする。（出すほうを先にする）
●小さな物を親指と人差し指でつまむ。

●積み木を2〜3個くらい積む。
●粘土をたたいたり、ちぎったりする。
●フェルトペンやクレヨンを持ち、左右や上下に腕を動かして描く。

言語と認識

●自分が気づいた物や人などを示すために指を向ける。（指さし※9の出現）
●「バイバイ」と聞いて手を振ったり、「ちょうだい」の言葉に物を渡したりして、大人の言葉を理解するようになる。
●「マンマ」「ママ」など、意味のある単語（一語文）が出現する。
●名前を呼ばれると振り向く。
●「だめ」など、大人の制止の言葉がわかる。
●「いやいや」など、自分の思いをしぐさで伝えようとする。
※9＝P.82に詳しい内容を掲載しています。

●指さし※10が盛んになる。
●自分の名前を呼ばれると、返事をする。
●眠るふりをしたり、空のコップで飲むまねをしたりして、「つもり」の行動が表れ始める。
●四足動物は「ワンワン」（または、ニャーニャー）、乗り物は「ブーブー」、食べ物は「マンマ」など、同じグループの物は同じ名称で表現する。
※10＝P.82に詳しい内容を掲載しています。

対人関係

●身近な大人と、物や別の人を共有する。（三項関係※11）
●鏡に映る自分や、ほかの人をじっと見る。
●物を使って、「ちょうだい」「どうぞ」のやり取りを喜ぶ。
●身近な大人が使っている物を欲しがり、渡すと使い方をまねしようとする。
※11＝P.82に詳しい内容を掲載しています。

●要求が通らないときに、だだをこねるようになる。（自我の芽生え※12）
●持っている物を友達に取られそうになると抵抗する。
●褒められると同じ動作を繰り返す。
※12＝P.82に詳しい内容を掲載しています。

もっと！

● 脳の重量が1000gを超える。
● 尿をぼうこうにためておけるようになって、排尿回数は1日10回程度になる。
● 奥歯が生え始める。

● 昼間の睡眠が1回になる。
● 新陳代謝が高まり、食べる量が増える。
● 排尿間隔が長くなる。
● 皮下脂肪が減り、手足が伸びてくる。

● 両手を下ろして歩く。（ローガード歩行※8）
● 大人と手をつないで歩く。
● 物を抱えて歩いたり、押し車を押して動かしたりする。
● 靴を履いて歩く。
● O脚からX脚になる。
● しゃがんだり、立ったりする。
　※8＝P.82に詳しい内容を掲載しています。

● 転ぶことなく、しっかり歩く。
● 1段ずつ足をそろえて、階段を上り下りする。
● ボールを前方にける。
● 滑り台にお尻をつけて、前向きにすべる。
● 両足はそろわないが、15cm程度の高さから跳び下りる。

● 3個以上の積み木を積む。
● つまんだ物を小さな穴に入れる。
● スプーンやフォークを使って食べるようになる。

● ドアノブを回したり、瓶のふたを開けたり、面ファスナーをつないだりする。
● コップに砂や水を入れ、別のコップに移し替える。
● ぐるぐると連続した丸を描く。

どっちにあるかな？

● 簡単な指示がわかる。
● 靴や帽子など、自分の持ち物と友達の持ち物を区別する。
● 2つの物から1つを選ぶ。
● 問いに答えて、知っている物を指でさす。

なにしてあそぶ
おすなするの！

● 「いや」を頻繁に言う。
● 「〜ない」と否定形を使うようになる。
● 「ほん　よんで」「ブーブー　きた」などの二語文が出現する。
● 簡単な質問に答える。
● 手あそびや歌の歌詞の一部を覚える。
● 色が2つほどわかる。
● 道具の用途がわかり、使おうとする。

● それまでやっていたことでも、見知らぬ人の前では恥ずかしがってやらないことがある。
● ほかの子に抱きついたり、泣いている子のそばに行ったりして、友達への働きかけが多くなる。
● 友達の持っているおもちゃを欲しがるが、気持ちは長続きせず、手に入れるとほどなく手放すことが多い。
● 自分より年下の子どもに興味をもつ。

● 自分の所有物を「○○ちゃんの！」と主張する。
● 「〜ではない○○だ」と選んで決めるようになる。（自我の誕生）
● 友達と同じことをやりたがる。
● 身の回りのことを「じぶんで」と、一人でやろうとする。
● 友達とおもちゃや場の取り合いが増え、かみつくこともある。
● 周囲の状況や、大人からの働きかけによって、気持ちを切り替えることができる。
● 大人から離れてあそぶ。
● 友達と手をつなぎたがる。
● 鏡に映る姿を見て、自分の姿だとわかる。

発達と保育

走ったり跳んだりするころ…2～3歳未満	片足けんけんをするころ…3～4歳未満

生理的機能

●昼間の1回睡眠のリズムが安定してくる。 ●上下10本ずつ20歯が生えそろい、しっかりかめるようになる。 ●排せつの自立が進む。 ●肋間筋*が発達し、腹胸式呼吸となる。 　*肋間筋＝肋骨と肋骨とを連絡している筋肉。	●寝ているときも尿意を感じる。 ●脳重量が1100～1200gとなり、成人の脳の重さの8割くらいになる。 ●利き手がほぼ決まる。

全身運動

●走る。 ●三輪車にまたがり、地面をけって動かす。 ●両足を交互に踏み出して階段を上り下りする。 ●片足で立つ。 ●つま先立ちをする。 ●20cm程度の高さなら、両足をそろえて跳び下りる。	●手すりを持たずに、一人で階段を上り下りする。 ●両足で連続して跳ぶ。 ●その場で片足跳びをする。 ●三輪車のペダルを踏んで動かす。 ●でんぐり返しをする。

手指の操作

●胸の前のボタンを一人で外したり、はめたりする。 ●粘土を引っ張ったり、ねじったりする。 ●閉じた丸や、縦線と横線が交差する十字を描くようになる。 ●絵本を1枚ずつめくる。 ●はさみを使って紙を切る。（1回切り）	●はしを使い始める。 ●丸をたくさん描いたり、頭足人を描き始めたりする。 ●はさみで紙を直線に沿って切る。（連続切り） 

言語と認識

●「これなあに？」とよく質問する。 ●「～してから○○する」と、見通しをもった行動がとれるようになる。 ●順番がわかるようになり、待とうとする。 ●経験したことを話す。 ●積み木を車に見立てたり、段ボール箱をおふろに見立てたりする。 ●「大きい、小さい」「長い、短い」「多い、少ない」などがわかる。 ●「おいしい」「きれい」などの形容詞を使って表現する。 ●あいさつをする。 ●自分の名前を言う。	●赤、青、黄、緑など、色が4つほどわかる。 ●「どうして？」と尋ねる質問が増える。 ●おしゃべりが盛んになる。 ●「4」という数がわかり始める。 ●自分のことを「ぼく」「わたし」と言うことがある。 ●自分や身近な人の性別がわかる。 ●昨日、あしたがわかる。 ●上下、前後、横がわかる。

対人関係

●「みてて」と自分がすることを認めてほしがる。（自我の拡大） ●身の回りのことをなんでも一人でやろうとする一方で、「できない」と手伝ってもらいたがる。 ●気に入ったおもちゃや場所を独り占めして、自分の領域を守ろうとする。（2歳半ころまで） ●自分の主張が受け止めてもらえた経験を通して、他者の思いを受け入れようとし始める。（自我の充実　2歳半以降） ●年下の子どもの世話や、食事の手伝いをしたがる。 ●年上の子がすることにあこがれの気持ちをもつ。 ●2～3人で「みたて・つもり」あそびや簡単なごっこあそびを楽しむ。	●出会いや再会の場面で顔を隠したり、物陰や大人の後ろに隠れたりする。 ●友達数人とごっこあそびを楽しむ。 ●好きな友達ができる。 ●友達との間で、物を貸し借りしたり、順番を守ろうとしたり、役割を交代したりする。 ●「もういいかい」「もういいよ」のかけ合いをしながら、かくれんぼをする。

全身運動

姿勢と運動

0歳から4歳前までの全身運動の発達は、飛躍的です。保育者はどう援助すればいいのでしょうか。そのときどきの、子どもの姿を追いながら、かかわり方を探っていきます。

*あそぶときは安全に留意し、子どもの発達に合わせて見守りながら行いましょう。

0～3か月 くらい	手足を動かすころ

姿勢を変える

自分の意思で姿勢を変えることが難しい時期です。
安心できるかかわりの中で、姿勢を変えて過ごす時間を作りましょう。

発達の姿

・首が据わり始める。(3か月)
・腹ばいで、短い時間、頭を持ち上げる。

保育のポイント

●首が据わるまでは横抱きが基本

首が据わるまでは首の後ろとお尻を支える横抱きが基本。早い時期の縦抱きは、頭や背中を支えようと、腹筋や背筋など未熟な筋肉に力が入りすぎるので、避けたほうがよい。

●腹ばいであそぶ機会を作る

首が据わり始めるころから1日に1～2回、嫌がらない範囲で腹ばいの機会を作る。顔を上げて腹ばいの姿勢を保てるように、子どもの正面で声をかけたり、おもちゃを置いたりする。手を使ってあそべるように、細長く丸めたタオルなどを胸の下に入れるとよい。

●自分から起き上がろうとする力を引き出す

首が据わってきたら、保育者の親指を握らせて、あおむけの姿勢からゆっくりと引き起こす。保育者が引っ張るのではなく、子ども自身が起き上がろうとする動きに沿って介助する。

4〜6か月くらい

寝返りのころ
あおむけからうつぶせに

体全体を使う寝返りを適切に介助して、積極的に動こうとする子どもの気持ちや姿を引き出しましょう。

発達の姿

・手で足先を持ってあそぶ。

・あおむけからうつぶせへの寝返りをする。
・左右どちらにも寝返りをするようになる。
・腹ばい姿勢で前に進もうとして、後ずさりになる。

保育のポイント

●脚が先行する寝返りを

手で足先を持ってあそぶようになったら、もうすぐ寝返りをするサイン。脚が先行するように、上になる脚を曲げておなかにつけ、腰から回るように介助する。

●左右差を作らないようにする

最初は同じほうにばかり寝返るので、しばらく様子を見て、徐々に逆側への回転を介助する。光や音の刺激を感じて寝返ることが多いので、いろいろな方向から刺激を感じられるよう、横になる位置を変えるとよい。

●前進する感覚をサポート

脚よりも手の発達が早く、力が強いため、ずりばいの始めのころは、前に進みたいのに後ろに下がってしまい、ぐずることがある。保育者がてのひらで足裏を支えてける体験を介助すると、力の入れ具合がわかるようになる。

7〜9か月くらい

はいはいのころ
自分で体を支える力を育てる

うつぶせから座位へ、座位からうつぶせへと自在に姿勢を変え、はいはいでの移動を楽しむことが、後のしっかりした歩行を育てる土台になります。

発達の姿

・座る姿勢が安定してきて、少しずつ両手が自由になってくる。
・ずりばいやおなかを持ち上げたよつばいで進む。

保育のポイント

●心地よい揺さぶりあそびで体を支える力を育てる

座った姿勢で倒れそうになったとき、手をついて体を支える力を獲得するために、心地よい揺さぶりあそびを取り入れよう。この力を獲得することで、ようやく自分で座ることができるようになる。また、歩き始めたときも転びにくく、転んでも先に手をついて体を支えることができる。

おふねが
ぎっちらこ〜♪

●座位を好む子には腹ばいのあそびからスタート

座位を好み、腹ばいを嫌がる子には、機嫌のよいときに、腹ばい姿勢でかかわるようにする。ただし、腹ばいでの移動を促したいと、保育者がおもちゃを持って少しずつ下がるのは逆効果。目標物は動かさないことがポイント。

●ずりばいからよつばいへのステップアップを後押し

おもちゃを子どもが取れる位置に置いたり、目の前でボールを転がしたりして、「取りにいきたい」という意欲を引き出そう。また、低い段差や大きめのロールクッションを用意し、両手をついて上半身を支えられるような環境やあそびを工夫する。

10〜12か月くらい 伝い歩きのころ

安定した歩行の土台を作る

力いっぱいのはいはいを引き出す環境や、立位を保つあそびを充実させて、安定した歩行を支えるための筋力やバランスを育てましょう。

発達の姿

・よつばい、高ばいで階段を上る。
・さくなどにつかまりながら立ったり、座ったりする。
・さくなどを伝って歩く。
（伝い歩き）

保育のポイント

●上手なはいはいを目指して

足の親指で強く床をけり、手指とてのひらをしっかり開いて体を支え、左右交互に手足を使って大きく動かなくてはいけないような、抵抗のある所や、越えていくのが少し難しい場所を用意して、力いっぱいのはいはいを促そう。斜面や階段、布団を丸めた物などがよい。

●立ってあそぶ環境を作る

立ったり、座ったりを繰り返すようになったら、さくや壁を利用して、立ってあそぶ高さに、引っ張ったり、押したり、いじったりするおもちゃを設置するとよい。片手を離してあそぶことで、バランスのとり方が上手になる。
　また、つかまり立ちや伝い歩きを繰り返すうちに、腹筋力や背筋力、足の筋力もどんどん発達する。子どもが進む足元におもちゃなどがないよう、気をつけたい。

13〜15か月くらい 歩き始めのころ

自分の力で挑戦してみる

このころから、個人差が顕著になります。先をせかすことなく、子どもが自分の力で立ち上がったり、歩いたりする過程を大事にしましょう。

発達の姿

・一人で立つ。
・一人で歩く。

保育のポイント

●自力で立ち上がることが大事

どこにもつかまらずに自分の力で床から立ち上がることの繰り返しが歩行につながるので、歩く練習は必要ない。それよりも、子どもが立ったときに、保育者が一緒に喜び、「うれしい」に共感することが、「もう1回やってみよう」と繰り返しを促し、歩行につながる。そのためには、できるだけ室内を広くして、つかまって立てる場所を減らすとよい。

すごいすごい

●はだしで歩く

歩き始めのころは、足を上げて歩くことが難しく、目線も足元には向いていないので、平たんで広々とした所を歩けるようにする。また、足裏が床につく感触を味わい、足の指に力を入れられるよう、はだしで歩ける安全な場所をととのえることも大事。
　歩き始めのころは、両手を上げてバランスをとりながら歩く（ハイガード歩行）ので、保育者が手を引いたりせず、子どもが自分で歩こうとする気持ちを大切にしよう。

16〜18か月くらい　とことこ歩きのころ
歩く楽しさを感じるあそびを

安定した歩行を手に入れた子どもたちは、どんどん行動範囲を広げていきます。そんな子どもたちの思いや意欲にこたえる保育を展開していきましょう。

発達の姿

・両手を下ろして歩く。（ローガード歩行）
・物を抱えて歩いたり、押し車を押して動かしたりする。
・しゃがんだり、立ったりする。

保育のポイント

●ゆったりした道草散歩を

両手でバランスをとらなくても歩けるようになると、ふわふわした布団の上や砂利道など、抵抗がある場所を好んで歩く。また、脚の形がX脚になるころ、立った姿勢からいったんしゃがみ、また立ち上がれるようにもなる。行き先を急がず、ゆったりした散歩を楽しもう。また、両手を下ろすことで、大人と手をつないで歩けるようにもなる。

●歩行に楽しさを加えて

腕が自由になるので、持って歩ける袋を準備して、歩く楽しさを後押ししよう。歩行の安定とともに、股関節やひざ、足首の関節を調節する力も育ってきている。押し車を押すあそびも一工夫して、直線ではなく、くねくね曲がった道を作るとよい。ひざの関節を上手に使って進もうとする。

19か月〜2歳未満　しっかり歩けるころ
さまざまな動きを楽しむために

二足歩行が完成し、少しずつ自分の思うように体を動かすようになります。いろいろな動きを楽しめる環境をととのえ、「やってみたい」という意欲を引き出していきましょう。

発達の姿

・転ぶことなく、しっかり歩く。
・滑り台にお尻をつけて、前向きにすべる。
・両足はそろわないが、15cm程度の高さから跳び下りる。

保育のポイント

●いろいろな歩行を楽しむ

歩行がしっかりして、斜めの姿勢もとり始めるので、坂道を上り下りしたり、歩道の縁石の上などを歩いたりして、いろいろな歩行を楽しめる場所へ出かけよう。
室内では、ひもを付けた遊具や、しっかりした大きめの箱などを用意し、引っ張ったり、押したりして、歩くあそびを楽しめる環境を作る。

●安全面に留意

滑り台では、座って前向きにすべる感覚を楽しむようになるが、危険に対する判断や、行動を制御する力は、まだ十分に発達していない。やっていることを「だめ」と禁止するのではなく、子どもの様子を見守りながら、行動を予測して事前に対応できるようにしよう。

●巧技台であそぶ

歩くようになると、はいはいの姿勢をとらなくなるが、はいはいは全身機能の発達に必要な運動なので、巧技台のはしごなどを使って、はいはいの運動を促したい。また、跳び下りを介助するときは、必ず子どもの正面に立ち、両手を持って行うようにする。

2〜3歳未満
走ったり跳んだりするころ
体をコントロールする力を育てる

体を動かす基本的なことはできるようになりますが、全身を使っての動きは、まだぎくしゃくしています。目と手足の協応関係を促し、体全体をコントロールする力を育てましょう。

発達の姿
・走る。
・両足を交互に踏み出して階段を上り下りする。
・片足で立つ。

保育のポイント

●体全体をコントロールするあそびを
転ぶことなく走り、方向転換や急停止ができるようになるので、まっすぐ走るのではなく、ジグザグに走るしっぽ取りのような追いかけあそびを取り入れる。このとき、追いかける保育者がスピードに変化をつけるのがポイント。子どもが走りながら振り返ったり、保育者との距離をとらえてスピードを調整したりして、体全体をコントロールする経験を重ねていけるようにする。

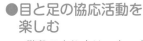

●目と足の協応活動を楽しむ
階段の上り方は一人一人違うが、ステップの高さや奥行きに合わせて階段を上っていけるよう、声をかけ、目と足の協応関係を促す。交互に踏み出してスムーズに上り、転ばずに走るようになると、階段を下りる足の運びも交互になる。

●平衡感覚を使ってあそぶ
体のバランスをとって、片足で立つようになるので、平均台を渡るあそびや、片足で立つリズムあそびなどを取り入れ、平衡感覚をフル活動させて楽しめるようにする。

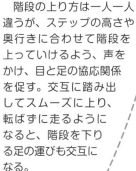

3〜4歳未満
片足けんけんをするころ
イメージして動く

自分の体をコントロールする力を高め、自由に表現する力を育てるために、さまざまな運動感覚を使う活動を取り入れ、一人一人の意欲を高めていきましょう。

発達の姿
・その場で片足跳びをする。
・三輪車のペダルを踏んで動かす。
・でんぐり返しをする。

保育のポイント

●3歳前半と後半での違いを考慮して
バランスをとって片足で跳ぶようになるが、3歳はじめのころは、その状態で前進するのは難しい。「〜しながら○○する」というように、2つのことをなんとか同時に行えるようになるのは、3歳後半を過ぎてから。
平衡感覚を使うリズムあそびなどでは、3歳前半と後半の発達の違いを考慮して、それぞれが「できるうれしさ」を感じられるような配慮が必要。

●自分で動かし、コントロールするうれしさに共感して
3歳のはじめのころはペダルを踏んで三輪車を進めることに集中するので、広い場所を選び、ぶつかることがないように見守る。3歳後半になると、ペダルを踏みながら、ハンドルを動かして進むようになるので、目標物を設定したり、コースを作ったりしてあそびを広げよう。

●平衡感覚や逆さ感覚、回転感覚が育つあそびを
でんぐり返しは、バランス感覚や逆さ感覚、回転感覚を必要とする大きな動き。まずは、高ばいでの動物のまねっこなどで、頭が下、お尻が上の姿勢をとって逆さ感覚を体験するあそびや、「やきいもごろごろ」で横に転がり、回転感覚を味わうあそびを十分に行うことが大事。

手指の操作

「つかむ」から「使う」まで

手指の発達を追っていきます。
それぞれの時期にふさわしいかかわりで、子どもの育ちを支えましょう。

0〜3か月くらい

手足を動かすころ

手指を少しずつ刺激して

ぎゅっと握って生まれてきた手指は、どのように動くのでしょうか。
そのプロセスと、必要なかかわりを紹介します。

発達の姿

・自分の手に興味をもち、じっと見つめたり、動かしたりする。（ハンドリガード）
・ガラガラなど、手に置かれた物を、短い間握るようになる。

保育のポイント

●正面から働きかける

生後2か月ころまでは、子どもは親指を中に入れてぎゅっと手を握っている。この時期は、目の前の物を触ってみたいという気持ちをはぐくめるように、音が鳴るおもちゃなどで、保育者が正面から働きかけるとよい。

●動かしやすい環境をととのえて

生後2〜3か月ころ、「ハンドリガード」を繰り返しながら、子どもは自分の手の存在に気づき、その手を自分の意思で動かせることを知る。動きを拘束しないよう、動かしやすい服を着せたり、ベッドからおむつ台に移動するときなどの抱き方に気をつけたりして、配慮したい。

手足を自由に動かせる抱き方を。

●握りやすいおもちゃを準備

生後3か月ころ、中に入れていた親指を伸ばして、手指が緩やかに開いてきたら、握りおもちゃを持たせてみよう。てのひらに収まる太さで、柔らかい素材の握りやすいおもちゃがオススメ。ガラガラのような、動かしたときに優しい音がするおもちゃもいい。

口に入れることが多いので、丈夫で清潔を保てる物を選び、誤飲を防ぐために、直径が39mm以下の大きさのおもちゃは避ける。

4〜6か月くらい

寝返りのころ
目と手の協応活動を促す

子どもが自分から「取りたい」「欲しい」と思って手を伸ばすような保育のヒントを紹介します。

発達の姿

- 目の前の物に手を伸ばす。目と手の協応が始まる。（4か月）
- ガラガラを握ってあそぶ。

保育のポイント

●音が鳴るおもちゃを楽しむ時間を

4か月ころ、子どもはおもちゃを見ると手を伸ばし、おもちゃにふれると指を開いて、つかむようになってくる。このように、目で物を見る行為と、手でつかむという行為が結びついて、目で見た物を手でつかむというような動作を「目と手の協応」という。ガラガラのようなおもちゃを持たせると、振ると音が鳴ることが少しずつわかるようになり、盛んに振ってあそぶようになる。

●つかみたい気持ちを高めるかかわりを

おもちゃを握らせるときは、子どもの正面で目を合わせながら名前を呼びかけて、「おもちゃをつかんでみたい」という気持ちを高めていく。

●両手で持てるおもちゃを

まだ長い時間、物を握っていることはできない。また、自在におもちゃを放すのではなく、「放れてしまう」状態にある。子どもの様子をよく見て、おもちゃを片付けたり、再び握らせたり、こまやかな配慮をしよう。また、両方の手で持てる大きめのタオルボールのようなおもちゃも用意して、左右の手指の動きに大きな差ができないように気をつけたい。

7〜9か月くらい

はいはいのころ
手を動かすあそびを楽しむ

座位の安定とともに、両手は体重を支える役割から徐々に自由になります。つかんだ物を動かすおもしろさに出合う活動を保障していきましょう。

発達の姿

- 片方の手から、もう片方の手に持ち替える。（左右の手の協応）
- てのひら全体で物をつかもうとする。
- 手に持った物でたたいたり、両手に持った物を打ち合わせたりする。

保育のポイント

●興味が高まるおもちゃを

7か月ころから、両手が協応するようになり、右手に持ったおもちゃを左手に、また、左手から右手に持ち替えることができるようになる。音がする物や、つかみやすい物、手触りのよい物などを用意して、子どもの興味を高めたい。

●つかんで放すあそびを十分に

8か月を過ぎると、持った物を自分の意思で放すことができるようになり、引っ張り出すあそびを楽しむ。散らかしているように感じるが、こうしたあそびが、入れたり、合わせたりするあそびにつながっていく。

また、自分が落とした物を保育者が拾って渡すのを喜び、繰り返しせがむようになる。こうしたやり取りも、活発な手の動きを促す。

あらあら落としちゃったね

●打ち合わせを楽しむ環境を

体の正面で、両手に持ったおもちゃを打ち合わせたり、たたいたりするようになったら、積み木や、ミルク缶で作った太鼓などを用意するとよい。手と手をパチパチとたたくしぐさも楽しもう。

発達と保育

10〜12か月くらい　伝い歩きのころ
手や指を使うあそびを楽しむ

10か月は、発達の節目の一つといわれ、手指の動きも、大きく飛躍する時期です。発達のプロセスをしっかりとイメージして、丁寧にかかわることが大切です。

発達の姿

- 物を出し入れする。（出すほうを先にする）
- 小さな物を親指と人差し指でつまむ。

保育のポイント

●「出す」あそびから「入れる」「渡す」あそびへ

9か月ころは、入れ物から物を出すことはできるが、入れることはできない。11か月くらいになると、中へ入れたり、載せたり、渡したりするようになる。転換期にあたる10か月のころは、受け止める保育者とのかかわりの中で、渡したり、入れたりする。大事な時期なので、丁寧にかかわりたい。

また、保育者が入れる様子をまねることもある。穴落としのおもちゃは、繰り返し楽しめるように、入れると音がする素材を用意したり、穴の大きさや形を変えたりして工夫する。

●つまむプロセスは大きく3ステップ

机の上の小さな物を指先でつまむプロセスとして、大きく3つの段階がある。10〜12か月ころは、つまむ力が強くなってくるので、面ファスナーでくっついている物をはがして楽しむようなおもちゃを用意すると楽しい。また、小さな物をつまんで口に入れることで誤飲が多くなるので、子どもの手が届く所に小さな物（直径39mm以下）を置かないように気をつけよう。

熊手状把握（7〜8か月ころ）

てのひらも使って熊手のようにかき寄せる

はさみ状把握（9〜10か月ころ）

人差し指を伸ばしてかき寄せるようにしてつまむ

ピンチ把握（11〜12か月ころ）

親指と人差し指で上からつまもうとする

13〜15か月くらい　歩き始めのころ
手指を使う経験を増やす

指先の操作性がますます高まってきます。じっくりとあそべる環境をととのえるとともに、楽しい素材を準備して、手指での経験が広がるよう活動を工夫したいものです。

発達の姿

- 積み木を2〜3個くらい積む。
- 粘土をたたいたり、ちぎったりする。

保育のポイント

●じっくりと繰り返しあそべる環境を作る

1歳を過ぎると、手に持った積み木を持ち上げて、もう1つの積み木の上に重ね、積んだことを確かめて手を放すようになる。子どもによっては、もう1つ積む子もいるが、この時期は、3つ以上続けて積むことはできない。また、そっと重ねることはまだ難しく、押しつけるようにして重ねて手を放すので、力が加わっても崩れにくい少し重みのある木製の積み木があそびやすい。

指先でつまんだ物を別の器に移すようにもなるので、移し替えのあそびを楽しめるよう、一人でじっくりあそべる場所やおもちゃを保障したい。

入ったね よかったね

●感触を楽しむあそびを

親指と人差し指の操作性や、つまむ力、また握る力が高まるので、小麦粉粘土*をたたいたり、ちぎったりして感触を楽しもう。まずは保育者が子どもの目の前で引っ張って伸ばしてみたり、粘土の塊に人差し指をさしたり、てのひらでぎゅっと握ったり、いろいろなかかわりを見せるとよい。

ビヨーン

*小麦アレルギーの有無を確認してから、準備を始めましょう。

16〜18か月くらい

とことこ歩きのころ

大事な発達の節目を見通して

1歳半で迎える大事な発達の節目を見通しながら、やってみようとする子どもの姿を見守り、丁寧なかかわりを続けます。

発達の姿

・3個以上の積み木を積む。
・つまんだ物を小さな穴に入れる。
・スプーンやフォークを使って食べるようになる。

保育のポイント

●試すように繰り返す子どもを見守って

子どもは、1歳半を過ぎたころ、「手に持った物の向きを変えたり、やり方を調整したりする」というような力を獲得するが、この時期から少しずつ試すように繰り返すので、注意深く見守りたい。

穴落としのおもちゃでも、親指と人差し指でつまんだ物を穴の形や大きさに合わせて、調整しながら入れようとする姿が見られるようになるが、一度やってみてうまくいかないとその場を離れる子もいる。月齢差がとても大きい時期なので、いろいろなタイプの穴落としを用意しておくとよい。

●手首のコントロールを援助

スプーンやフォークを食べる道具として使おうとする姿が見られるようになる。これは、スプーンやフォークを「食べるときに使う物」と認識するとともに、手首のコントロールができ始めることで表れてくる。

例えば、子どもがシャベルを持ったときには、砂場に誘ったり、嫌がらなければ、手を添えてコントロールの感覚を伝えたりして、使ってみたいという思いを援助したい。

19か月〜2歳未満

しっかり歩けるころ

道具へのあこがれを後押し

1歳半の節目を超えて、子どもたちは、調整して操作したり、うまくいかなくてもやり直したりする力を獲得しました。「道具をもっと使ってみたい」という気持ちもますます強くなります。

発達の姿

・ドアノブを回したり、瓶のふたを開けたり、面ファスナーをつないだりする。
・コップに砂や水を入れ、別のコップに移し替える。
・ぐるぐると連続した丸を描く。

保育のポイント

●繰り返し試せる環境と見守りを

このころになると、手首の回転とともに、5本の指先のこまやかな操作が上手になる。砂あそびやままごとで、手首をねじったり、回転させたりしながら、すくって入れようとする場面も増える。一人一人が十分にあそび込めるよう、入れ物や道具は複数用意しておきたい。うまくいかなくても、何度も繰り返す時期なので、保育者は手助けよりも見守って、できたときのうれしさに共感するようなかかわりをしよう。

できたできた

●のびやかなスクリブルを楽しむ

描画では、ぐるぐると連続した丸のスクリブル（なぐりがき）が見られるようになる。これは、肩かひじを使って描いていた段階から、ひじと手首の両方を動かして描くようになったことを表している。手首や腕の動きを妨げないように、フェルトペンやオイルパステルなど、描きやすい描画材を用意しよう。まだ、もう片方の手で紙を押さえながら描くことはできないので、紙をセロハンテープで固定する。

ぐるぐるいっぱいだね

2〜3歳未満　走ったり跳んだりするころ
いろいろな活動を楽しむ

手指の動きがますます細かく活発になってきて、いろいろなことに挑戦していきます。「できた！」という達成感を味わえる環境を作って、子どもの願いにこたえていきたいですね。

発達の姿

・胸の前のボタンを一人で外したり、はめたりする。
・絵本を1枚ずつめくる。
・はさみを使って紙を切る。（1回切り）

保育のポイント

●「やってみたい」にこたえる環境を

こまやかに指を動かせるようになるので、例えば、今までは絵本を指先でずらすようにめくっていたのが、親指と人差し指で紙を挟んでめくるようになる。

また、徐々に左右の手をそれぞれに動かしながら、協応させることができるようになるので、ひも通しのあそびを喜ぶ。いろいろな種類のひも通しを用意しておこう。目線が近くなるよう机といすを用意し、子ども自身があそびたいときに取り出してあそべるような環境をととのえたい。

すごいねー

●はさみとの楽しい出合いを工夫して

指先に力を入れて物を持ち続けることができるとともに、左右の手の協応が進んで、はさみが使えるようになる。まだ、連続して切ることは難しいため、1回で切り落とすことができるよう、しっかりしたやや厚手の紙を細長く切って渡そう。

はさみの持ち方や切り方など、手を添えて知らせていくが、はさみを使う練習にするのではなく、ままごとの材料作りなど、あそびの中で使う機会を作るようにしたい。まだ利き手は確定していない。

3〜4歳未満　片足けんけんをするころ
道具を使いこなす喜び

左右の手の分担がしっかりしてきて、手指の動きは、ますます自由に、そして豊かになっていきます。道具を使って、主体的に生活したり、あそんだりする姿を大事にしたかかわりが求められます。

発達の姿

・はしを使い始める。
・はさみで紙を直線に沿って切る。（連続切り）

保育のポイント

●はしは使い始めの見極めを

スプーンやフォークを、鉛筆の持ち方で使いこなしてしっかり食べる姿が、はしを使い始めてもよいというサインになる。また、描画の際にフェルトペンを正しく持っているかも大事な目安となる。ままごとあそびの材料に、フェルトで作った食べ物や、ねじった形のマカロニなど、つまみやすい物を用意するのも一つの方法だ。徐々に利き手がどちらかわかってきて、気にする保護者もいるが、まだ不確定であり、利き手を変えるのは、子どもの負担を考えて、慎重な対応を求めたい。

●左右の手の協応を促すあそびを

左右の手がそれぞれにしっかり働くようになり、1回切りだったはさみも、連続して切れるようになる。次第に、紙を持っている手を動かしながら、形を切り取ろうとするようになってくる。こうした発達は、左右の手の協応が進むことによって可能になってくる。折り紙も、片方の手で折り紙を押さえながら、もう片方の手で折り紙の端を持って、合わせようとする動きが可能になるので、自分なりに折って、見立ててあそぶようになる。

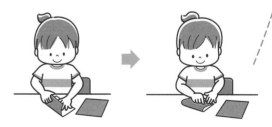

言語と認識

「話す」と「知る」のつながり

言語と認識は、互いに深く結び付きながら、発達していきます。
そのプロセスと保育のポイントをピックアップしてお届けします。

0〜3か月くらい

手足を動かすころ
発声と追視を促すために

子どもは、生まれたときから、目が見え、音が聞こえるといわれています。
首が据わるころまでのかかわりについて、ポイントを押さえましょう。

発達の姿

- 「あっあっ」など、泣き声とは違った声（クーイング）を発する。
- 物や人が視界に入ると、じっと見る。（注視）
- 首が据わると、動く物を左右に180度、目で追いかける。（追視）

保育のポイント

●静かな環境をととのえる

クーイングは、生後1か月を過ぎた子どもが、落ち着いた機嫌のよい様子で出す声。この発声の仕方が将来の「言葉」につながる。子どもの声に保育者がこたえることで、さらに発声が促されるので、互いの声を聞き取れるよう、できるだけ静かな環境をととのえることが大事。首が据わると、上あごの位置が上がって、のどの奥が広がり、笑い声が出るようになる。

●つるすおもちゃは距離と色がポイント

おもちゃをつるすときは、胸元の上方20〜30cm程度の所につるす。この時期は、光る物や赤い色に興味を示すことが多いので、そうしたおもちゃを選ぶのも大事なポイント。追視が始まる前の注視の段階では、1個をつるし、追視が始まったら数を増やしていくとよい。

20〜30cm

●子どもの追視を確かめながらあそぶ

首が据わるまでは、視野から物が見えなくなると、それ以上追っていくことはできない。おもちゃを見せるときは、子どもが目でとらえたことを確認してから、ゆっくりと左右に動かしてみよう。

4〜6か月くらい　寝返りのころ
目線や声でのかかわりを

広い範囲で物を追って見ることができ、声もバラエティーに富んできます。このころから、子どもと目線を同じにしたかかわりが大事なポイントになります。

発達の姿

・「あーあー」など、喃語を発する。
・動く物を広い範囲（全方位360度）にわたって追視する。

保育のポイント

●発声を豊かにするあそびを

首の据わりがしっかりしてくるので、くぐもった声からはっきりした明るい声を出すようになる。また、機嫌のよいときと、そうでないときの声の調子が変わり、感情を声で表現するようにもなる。頻繁に声を出すので、その都度、子どもが発した喃語をゆっくりとまねてみよう。「いないいないばあ」や、くすぐりあそびなど、発声を引き出すあそびも取り入れるとよい。

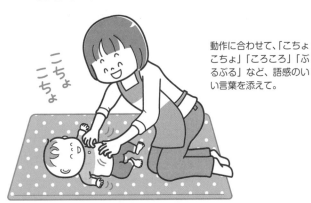

動作に合わせて、「こちょこちょ」「ころころ」「ぶるぶる」など、語感のいい言葉を添えて。

●子どもの目線に合わせるかかわりを

5か月くらいになると、首を支える背中もしっかりしてきて、さらに広い範囲での追視が可能になる。視力も2mくらい離れた所にある小さな物を見つけるようになる。保育者は、子どもが見ている物に視線を合わせて言葉を添えよう。繰り返していく中で、子どもは自分が見つめている物の名前や形容詞などの言葉を知ることができる。

7〜9か月くらい　はいはいのころ
子どもの興味に合わせる

欲しい物や行きたいほうを見ながら、喃語で盛んに伝えようとします。子どもが何に興味をもっているのかを確かめて、丁寧にかかわりましょう。

発達の姿

・大人が指さした方向に視線を動かす。（共同注意）
・喃語が活発になる。

保育のポイント

●子どもが見ている物や人を追っていく

「子どもが大人と視線を共有し、同じ物を見る」ことを「共同注意」、または「共同注視」といい、子どもが言葉を覚えるために必要な土台となる。

例えば、保育者が持つスプーンを子どもが見ているときに、「これはスプーンよ」と声をかけると、子どもは、「スプーン」という言葉の音を耳で聞き、目でスプーンの形を記憶する。もし、子どもの見ている物と、保育者が言った物が違うと、間違って覚えてしまう可能性がある。必ず、子どもの視線が向いている物や人について、短い言葉で伝えることが大事。

コップを見ているときに、耳から「スプーン」と聞くと、間違って覚えてしまうおそれがある。

●「わかる言葉」を増やすやり取りを

喃語の出始めは、「あーあー」「おーおー」など母音が中心だが、この時期になると、「あぶあぶ」「ばーばー」など、唇を使った音がたくさん出せるようになって、どんどん喃語が活発になる。

保育者は、子どもの表情やしぐさから、子どもの気持ちを言葉にしたり、動作に言葉をつけたりするとよい。そうしたかかわりを重ねることで、物に名前があることや、動作や気持ちを表す言葉があることを知っていく。

盛んに物を落として楽しむときにも声をかけて。

10〜12か月 くらい

伝い歩きのころ
「わかる」を 増やす言葉かけ

早い子だと意味のある言葉を言うようになり、わかる言葉もどんどん増えます。言語発達のベースとなる認識の発達を支える大事なかかわりを紹介します。

発達の姿

・自分が気づいた物や人などを示すために指を向ける。（指さしの出現）
・「いやいや」など、自分の思いをしぐさで伝えようとする。

保育のポイント

●「言える」より「わかる」が先

この時期は、まだ発音の機能がととのっていないが、わかっていることはたくさんあるので、しぐさで伝えようとする姿が見られる。「いやいや」と言う代わりに首を振るのもその一つ。「バイバイ」など、何度も聞いたことがある言葉は、関連した動きをするようになる。保育者は、やり取りをする際、動作と一緒に言葉を添えるよう意識することが大事。

●指さしのプロセスを意識して

前段階の「共同注意」を経て、10か月ころ、保育者が指さすほうを見ながらその方向へ手を差し出す「志向の手さし」が表れる。その後、自分が見つけた物を見てもらおうとする「定位の指さし」や、「要求の指さし」をするようになる。こうした子どもの姿に対して、先取りせず、タイミングよく言葉を添えていくことが大事。また、引き続き、身ぶり、表情を交えながら、物の名前や、動作の名称、気持ちなども伝えよう。

これは定位の指さし。

13〜15か月 くらい

歩き始めのころ
子どもの「世界」 に寄り添って

自分の体を使ってできることが増えることは、あそびの世界を大きく広げます。一人一人の子どもがいる世界に寄り添うようなかかわりを意識しましょう。

発達の姿

・自分の名前を呼ばれると、返事をする。
・眠るふりをしたり、空のコップで飲むまねをしたりして、「つもり」の行動が表れ始める。

保育のポイント

●言葉を使うやり取りのはじめに

10か月ころには自分の名前を呼ばれると振り向いていた子が、この時期になると、名前を呼ばれて、手を挙げたり、「あーい」と返事をしたりするようになる。友達の名前が呼ばれているのに返事をする子もいるが、大抵は返事をしたときの保育者の反応を喜んでいることが多い。「違うでしょ」と否定するのではなく、「○○ちゃん」と、その子の名前を呼び直そう。

みんなの名前を順に呼ぶうちに、友達の名前もわかってくる。

●イメージが広がる環境と言葉かけを

この時期の「つもり」行動は、「○○みたいにしてみたい」と明確にイメージしているものではない。人形を抱いているうちにお母さんやお父さんのつもりになってみたり、空き箱に積み木や紙片を出し入れしているうちにご飯作りが始まったりする。子どもがいつでも取り出せる所に、いろいろなおもちゃを整理して置いておこう。子どもがなんのつもりなのかを見極めて、その場にふさわしい言葉をかけることで、さらに子どもの「つもり」が膨らんでいく。

16〜18か月 くらい

とことこ歩きのころ

「わかる」 うれしさを土台に

いろいろなことがわかるうれしさが、繰り返しをせがむ姿となって表れます。そんな子どもの心に寄り添って、いろいろな力をはぐくみましょう。

発達の姿

・簡単な指示がわかる。
・問いに答えて、知っている物を指でさす。

保育のポイント

●わかりやすく伝える

言葉の理解が進み、「持ってきて」「座って」といった動詞の意味もわかるようになるので、簡単な用事を頼むことができる。まだ長い文章の理解は難しいので、子どもになじみの深い言葉を用いて短い文にして伝える。新しい言葉を入れるときは、一語にしよう。その際、「それ、持ってきて」と代名詞を使わず、「コップ、持ってきて」など、きちんと名詞を使うことが大事なポイント。

ご本 ないない してきてね

赤ちゃん言葉でも問題なし。

●可逆の指さしが示す成長を意識して

1歳半近くになると、大人の「○○は、どこ?」という質問に、指さしで答える「可逆の指さし」をするようになる。絵本を使った「○○はどれ?」といったやり取りも好きで、同じ絵本を何度も保育者の元に持ってくる。こうした子どもの要求には、できる限り応じるようにしたい。

ときには、指さしだけではなく、言葉を添えることもあるが、まだ正しく発音することはできない。子どもの発音が違っても、まずは「そうね」と受け止め、その後、「○○ね」と、正しい言い方や発音を伝えよう。

これは なあに?

バ・ナ・ナ 言って ごらん

言わせるのはNG。

19か月〜 2歳未満

しっかり歩けるころ

教えるのではなく、見守って

「〜ではない○○だ」という物のとらえ方が、子どもの世界を大きく広げます。子どもの姿をしっかりとらえて、一人一人と丁寧にかかわりましょう。

発達の姿

・「ほん　よんで」「ブーブー　きた」などの二語文が出現する。
・道具の用途がわかり、使おうとする。

保育のポイント

●子どもの言葉を膨らませて返すやり取りを

例えば、子どもが「ほん　よんで」と言ってきたら、「○○の本を読もうね」とか、「ブーブーきた」という言葉に「大きなブーブーがきたね。バスかな」など、子どもが言ったことを少し膨らませて返すような語りかけが大事。二語文や三語文を話し始めた子が、助詞や文法を理解する手助けとなる。

大きな ブーブーが きたね バスかな?

ブーブー きた

●使ってみたい気持ちを受け止めて

道具へのあこがれはますます強くなり、スコップなどの身近な道具は、その用途を理解して使ってみようとする。道具によっては、いろいろな方法を試す姿も見られる。子どもが集中して取り組んでいるときは、様子を見守り、うまくいったときに、うれしい気持ちをしっかりと受け止めることが、次の活動につながっていく。

ただし、なんでも使ってみたい時期なので、家庭での道具の管理については、クラスだよりなどで、発達の姿とともに伝え、注意を呼びかけたい。

試行錯誤の過程では、こんな姿も。

2〜3歳未満
走ったり跳んだりするころ
体験と言葉の結び付きを大事に

聞いたり、体験したりする楽しさが、言葉の層を厚くしていきます。個人差が大きい時期ですが、一人一人にふさわしいやり取りを考えましょう。

発達の姿

・「これなあに？」とよく質問する。
・「大きい、小さい」「長い、短い」「多い、少ない」などがわかる。

保育のポイント

●質問には、言葉を加えて答える

子どもの質問には、「○○だよ」と答えるだけでなく、「電車だよ。絵本にあったね」など、言葉を加えて答えるとよい。繰り返し、同じことを聞いてくるが、できるだけ答えよう。同じ質問でも、その都度、「電車だよ。散歩で見たね」とか「電車だよ。乗ったことあるかな？」など、違う言葉を添えて返すと、新しい単語や文章の形を加えることができる。

●感覚を共有する体験の積み重ねが大事

2歳半を過ぎたころから、物を大小や多少を基準にして分けるようになる。これは、ただ物や絵を見て、繰り返し言えばわかるということではなく、あそびや生活の中で、友達や保育者と感覚を共有する体験が大切。こうした体験が、比べる力と言葉を結び付け、「他者に様子を伝える」ことにつながっていく。保育者は生活の中で「長い棒」「大きい紙」など、対比を表現する言葉を意識的に使っていこう。

3〜4歳未満
片足けんけんをするころ
「伝えたい」思いを受け止めて

どの子も、言葉を使ったやり取りがほぼできるようになります。言葉を使って、自分が知りたいことや聞いてほしいことを伝えられるうれしさをしっかり受け止めていきましょう。

発達の姿

・「どうして？」と尋ねる質問が増える。
・おしゃべりが盛んになる。

保育のポイント

●質問には丁寧な対応を

子どもの質問には、時間が許す限り、丁寧に答えよう。ただ、自分から質問しておいても、その答えをしっかり聞いているとは限らないこともある。

3歳後半になると、質問は「空はどうして青いの？」など、すぐには答えられないような内容になる。「わからないなあ」と適当に答えると、納得できなくて、次々と質問してくるので、一緒に図鑑で調べるなど、しっかりと対応することが大事。

時間がなくて「後でね」と対応した場合は、忘れずに。

●「話したい」に寄り添って

「わ、わたし」「えーと、えーと」など同じ音や言葉を繰り返したり、うまく言葉が続かなくてつかえたりすることがある。この時期は、伝えたいことがたくさんあるのに、口の動きがついていかないためにこのようなことが起こりやすい。話したい気持ちを受け止めながら、相づちを打ち、安心して話ができるようにしよう。

言い直しを求めるのは、話すときに緊張を伴ってしまい、逆効果になる。

対人関係

「保育者と」から「友達と」へ

0〜2歳児の育ちには、人とかかわる土台を作る大事なポイントがたくさん詰まっています。それぞれの発達段階で、押さえておきたい保育のポイントをわかりやすく紹介します。

0〜3か月くらい

手足を動かすころ

笑顔と笑い声の獲得に向けて

「笑う」ことは、人間だけがもっている高度な力だといわれています。
コミュニケーションの土台となる笑顔と笑い声を、子どもが獲得できるよう働きかけていきましょう。

発達の姿

・声をかけられるとにっこり笑う。（2〜3か月）
・あやされると、口を開けた笑顔で、手足を伸ばしたり、曲げたりするようになる。

保育のポイント

●子どもの泣きにはしっかりかかわる

生理的に快い状態のときに見せる「生理的微笑」を経て、次第に大人にあやされて反応する「社会的微笑」が見られるようになる。これは、子どもが泣いて不快を表現したときに、大人が不快の原因を探り、あやしながら快い状態にするかかわりを繰り返すことで、次第に表れてくる。愛着関係を促すかかわりである。

●しっかりとあやして笑顔と笑い声を引き出す

大人がいつもあやしながら、生理的に快い状態を作っていくことで、子どもは次第に大人が笑いかけると口を大きく開けて笑い、ときには手足を動かして全身で反応する。首が据わると、のどが開放されて、笑い声も出てくる。笑顔と同様に、笑い声を獲得することも人とかかわる土台となる。子どもと目を合わせながらしっかりとあやし、笑顔と笑い声を引き出すかかわりを大切にしたい。

4〜6か月くらい　寝返りのころ
かかわりを楽しむ関係作りを

笑顔と笑い声を獲得して、子どもは身近な大人とのかかわりを自ら求めるようになります。人とかかわる楽しさを繰り返し感じられるよう、保育を工夫しましょう。

発達の姿

・身近な大人の顔がわかる。
・子どもから身近な大人に向けて声を出し、笑いかける。

保育のポイント

●愛着関係の土台を作るつもりで
　生後4か月ころになると、子どもは聞き覚えのある声のほうへ顔を向けるようになり、いつも自分の世話をしてくれる身近な大人の顔がわかるようになる。0歳児保育で担当制を取り入れるのも、こうした子どもの発達によるもので、特定の大人との愛着関係の土台につながっていく。保育者は、少し高めの声で、ゆっくりはっきりと語りかけよう。

●心地よく楽しいやり取りを繰り返して
　あやしてもらったときの心地よさを経て、子どもは自分から大人にほほえみかけるようになり、ときには声を出す。こうした子どもの様子に合わせて、繰り返しかかわることで、子どもは、大人が反応してくれる心地よさを感じ、「もっと、もっと」と、自ら声を出して大人に働きかけるようになる。
　また、この時期は、見た物を手でつかもうとするようになるので、おもちゃを使ったあやしあそびをたくさん取り入れて、楽しいやり取りを重ねたい。

7〜9か月くらい　はいはいのころ
心のふれあいを大事に丁寧に

守られている安心感をもつことが、他者への興味を育て、活動意欲の高まりを促します。日常的に心のふれあいを感じるようなあそびや、かかわりのポイントを押さえておきましょう。

発達の姿

・「おつむてんてん」など、身近な大人とのあそびを喜ぶ。
・特定の大人への後追いが増えたり、夜泣きが強くなったりする。（8か月不安）

保育のポイント

●単純な繰り返しのあそびを通して心の交流を
　好きな保育者とのやり取りをますます喜ぶので、「いないいないばあ」や「おつむてんてん」「いっぽんばしこちょこちょ」など、いろいろなあそびを繰り返し、保育者との快い交流を楽しめるようにしよう。こうした交流が、人とかかわることへの楽しみを培う。

わらべうた「さるのこしかけ」

1　さるのこしかけ　めたかけろ　めたかけろ
2　どっしーん

好きな保育者との揺さぶりあそびも子どもたちは大好き。

●安心できる基地になるかかわりを
　8か月ころになると、子どもは周りの物やことを「知っている物・こと」と「知らない物・こと」に分けるようになり、知っている物やことには安心を、そうでないときには不安を感じるようになる。そして、「不安だけれど知りたい」という無意識の願いを、後追いや夜泣きなどで、安心できる人に表現するようになる。
　この時期はできるだけ身近な保育者が子どものそばにいて、子どもが心の支えを得ながら不安を乗り越えられるよう、保育者の動きを整理する必要がある。

よかったね　お姉さんがボールをくれるって

あげるどうぞ

<table>
</table>

10〜12か月くらい — 伝い歩きのころ

人への興味が高まるかかわりを

二項関係から三項関係の成立を経て、子どもは大きく変わる時期を迎えます。発達のポイントを意識して、丁寧にかかわりましょう。

発達の姿

- ・身近な大人と、物や別の人を共有する。（三項関係）
- ・物を使って、「ちょうだい」「どうぞ」のやり取りを喜ぶ。

保育のポイント

●対人関係の大きな転換期を意識して

　生後9か月ころまでは、「子ども―大人」あるいは「子ども―物」という二者の関係（二項関係）なので、例えば、おもちゃであそんでいるときはおもちゃにだけ注意を向け、人とあそんでいるときは人にだけ注意を向ける。これが、10か月を過ぎるころになると、自分が持っているおもちゃをそばにいる身近な大人に見せようとする。これが「三項関係」であり、対人関係の大きな発達のポイントとなる。子どもが知らせようとする姿を丁寧に受け止め、子どもが伝わったうれしさを感じられるようにかかわることが大事。

二項関係　三項関係

ブーブーだね　いいね

「三項関係」とは、身近な大人と、物や別の人をイメージの中で共有する「子ども―大人―物または第三者」の関係を指す。

●やり取りあそびは子どもが求めるなら繰り返して

　三項関係の成立によって、物を使ったやり取りのあそびは、子どもの大好きなあそびの一つとなるが、生後10か月ころは、物を渡すことに未練があり、物と保育者の顔とを交互に見る姿に出合うことがある。子どもの様子に応じて、保育者は「はい、どうぞ」と、すぐにまた渡そう。子どもの求めに応じて繰り返しているうちに、興味の対象がやり取りする物から人へと移り、人とかかわることへの興味が高まっていく。

13〜15か月くらい — 歩き始めのころ

「主人公」になりたい子どもを見守って

同じ物を一緒に見て、感じ合う三項関係を土台に、子どもは少しずつ「自分」を意識するようになります。どんな場面で表れるのか、その姿を追ってみましょう。

発達の姿

- ・要求が通らないときに、だだをこねるようになる。（自我の芽生え）
- ・持っている物を友達に取られそうになると抵抗する。

保育のポイント

●芽生えた自我を否定しないように

　自分を意識する心の働き、「自我」が芽生えた子どもは、「自分は独立した存在」だということをアピールするために、まず、保護者や保育者に対して「いや」と反発する。だだこねも、自分の要求を否定されたことへの反発で、この時期はまだ気持ちを切り替えることが難しい。

　子どもの「いや」に即座に反応しないで、「そうか。嫌なのね」と言葉にしていったん受け止めてみる。子どもの主張を否定しないやり取りを工夫したい。

そうか嫌なのね

いや！

保育者が動じないことが大事。

●ほかの子との仲立ちを

　自分が持っていたおもちゃを横からほかの子が取っても、「あれ？」とびっくりしたような表情だった子も、自我の芽生えとともに「自分の物」という思いが芽生え、「いや」と抵抗するようになる。一方、ほかの子への関心が高まり、その子が持っている物が欲しくなったり、同じあそびをしたくなったりする。それぞれに思いが募ってくるのに、自分の気持ちを言葉で伝えることはまだ難しいため、トラブルになることも増えてくる。双方の気持ちを言葉にしたり、おもちゃの数を増やしたりして、ほかの子とかかわる楽しさを感じられるように工夫したい。

とことこ歩きのころ

16〜18か月くらい

子どもの さまざまな 思いに共感を

驚きや不安、不満など、さまざまな感情が分化してきます。また、友達とのやり取りを求める行動も活発になってきます。きめ細かなかかわりが大事な時期です。

発達の姿

- それまでやっていたことでも、見知らぬ人の前では恥ずかしがってやらないことがある。
- ほかの子に抱きついたり、泣いている子のそばに行ったりして、友達への働きかけが多くなる。

保育のポイント

●不安な気持ちに共感して、受け止めるかかわりを

信頼できる大人に依存しながらも、少しずつ自立していこうとし始める時期には、はじめてのことや、はじめての場所、はじめて出会う人に対して、強い不安を表すことがある。「できるでしょ」と無理に誘わず、「恥ずかしいよね」と子どもの気持ちに共感する言葉をかけたい。

はじめての場所では、保育者がゆったりと構えて一人一人の子どもに丁寧にかかわったり、はじめて触る素材のあそびでは、まずは保育者が楽しそうにあそんで見せたりして、安心できるようかかわることが大切。

その子なりの参加の仕方を受け止めて、さりげなく見守る。

●友達への関心をあそびに生かす

自分を意識するようになった子どもたちは、今まで以上にほかの子を意識するが、まだ相手の気持ちをくんで行動することは難しい。相手の気持ちに気づきかけているからこそ、より自分の思いをはっきりと相手に示そうとして、トラブルになることもある。友達と楽しい思いを共有できるような、まねっこあそびや追いかけっこを増やしていこう。

＼おふねがぎっちらこ／

わらべうた「おふねがぎっちらこ」のような、友達と正面からかかわるあそびも取り入れたい。

しっかり歩けるころ

19か月〜 2歳未満

芽生えた自我が 膨らむ姿を 見守って

大人には「困った」行動と映る姿が頻繁に見られる時期ですが、自我が膨らむ発達過程として大事な姿です。必要なかかわりのポイントを紹介します。

発達の姿

- 自分の所有物を「○○ちゃんの！」と主張する。
- 「〜ではない○○だ」と選んで決めるようになる。（自我の誕生）

保育のポイント

●取り合う場面を大事にとらえて

友達の存在が気になることで、より「自分の世界」を意識するようになり、「自分の物」を大切に思う気持ちも強くなる。取り合いになる場面が増えるが、「いけない」と、すぐ止めに入るのではなく、少し様子を見守りたい。取られたら、取り返しにいったり、泣きながら訴えたりして、自分の思いを相手に伝えようとする姿に、共感をもってかかわろう。そういうやり取りを繰り返す中で、子どもは相手の気持ちがわかるようになっていく。

●気持ちを立て直そうとする子どもを支えて

1歳前半で芽生えた自我は、次第に「〜ではない○○だ」と見比べ、選んで決めて、要求を表現するようになる。このころになると、ひたすら自分の意思を通そうとしていただだこねも、大人のかかわり方によっては、「今は〜ではない」と状況を理解し、「だから○○しようか」と、自分で気持ちを立て直そうとする。子どもが主張してきたときは、周囲に目を向ける余裕をもてるよう、いったんは「そうか、○○したいのね」と受け止めよう。自分の気持ちが受け止められたことで心に余裕が生まれ、「今は、だめか。じゃあ、どうしようかな」と次の行動を選択する姿につながっていく。

子どもの主張に保育者が「だめ！」と強い拒否を示すと、子どもは心の余裕をなくし、1歳前半の一方的に主張するだだこねの世界に戻ってしまう。

あらあら 赤ちゃん みたいよ

2〜3歳未満 走ったり跳んだりするころ 子どもの世界を 尊重するかかわりを

イメージの世界で飽きることなくあそび、自分の力で大きくなろうとする子どもたち。子どもを尊重するかかわりや、やり取りで、子どもの思いを支えていきましょう。

発達の姿

- 「みてて」と自分がすることを認めてほしがる。（自我の拡大）
- 2〜3人で「みたて・つもり」あそびや簡単なごっこあそびを楽しむ。

保育のポイント

●温かな見守りを子どもが実感できるように

自分の世界を拡大させていく子どもたちが言う「みてて」という言葉には、大好きな大人に褒められ、認めてもらいたいという願いが込められている。保育者はこうした子どもの思いを尊重し、「よかったね」「できたね」といった共感的な言葉とかかわりで支えていこう。子どもは、見守られていることを実感し、安心して自分の世界を広げていくだろう。

●保育者がリードしすぎない

この時期の子どもたちは、身近な大人の仕事にあこがれ、それらを「みたて・つもり」の世界で実現させようとする。2歳前半はそれぞれが自分の世界であそんでいるが、後半になると、保育者が仲立ちすることで、一人一人のイメージがつながり、2〜3人の友達とあそびを楽しめるようになる。イメージを共有しやすい小物や場をととのえよう。ただし、保育者があそびを想定しすぎないよう、子ども同士のやり取りで物語が生まれてくるのを見守ることも大切に。

3〜4歳未満 片足けんけんをするころ かかわりの 広がりを見守って

友達との楽しい体験をベースに、「もっと、もっと」とかかわりを広げていこうとする子どもたち。そんな前向きな気持ちを後押しするかかわりのポイントを紹介します。

発達の姿

- 好きな友達ができる。
- 友達との間で、物を貸し借りしたり、順番を守ろうとしたり、役割を交代したりする。
- 出会いや再会の場面で顔を隠したり、物陰や大人の後ろに隠れたりする。

保育のポイント

●友達との交流体験を豊かに

好きな友達ができ、一緒にあそびたいという期待をもって登園するようになる。また、他者を受け入れる力が育ってくるので、物の貸し借りや、順番、交代ができるようになる。ただ、まだ子ども同士の関係性が未熟なので、主張がぶつかり合うと、子どもたちだけで解決することは難しい。また、友達と一緒にイメージをもち合いながら同じあそびを楽しむが、必ずしもイメージが一致しているとは限らないので、トラブルも起きやすい。様子を見守りながら、必要な場面で仲立ちをし、豊かな交流を経験できるように配慮したい。

●新しい場面で見せる葛藤に心を寄せて

物の大小や多少、長短などの違いがわかるようになると、対人関係においても、友達と自分の力を比較して、「できなかったらどうしよう」と引っ込み思案になることがある。出会いの場面でも、「自分は受け入れてもらえるのか、拒否されないか」と不安になり、動けなくなってしまうこともある。こうした子どもの葛藤する姿を丁寧に理解し、穏やかに対応しよう。やがて、4歳前になると、自分を励まし、コントロールして前向きにかかわろうとする姿になっていく。

機能間のつながりを知る

発達の過程では、全身運動や手指の操作、言語と認識など別々の機能が互いに深くかかわっています。
それぞれのカテゴリーで紹介してきたポイントのいくつかを、
相互のかかわりを踏まえながら、とらえ直してみましょう。

0〜6か月くらい 寝返りの獲得を後押しする力のつながり

あおむけからうつぶせに自力で姿勢を変えるには、追視する力や手指の操作など、
いろいろな力が必要です。

 全身運動　手指の操作　言語・認識　対人関係

つながりのポイント

●追視が促す手指の操作

　首が据わり始めることで、徐々に追視の力を得てきた子どもは、5か月くらいになると首を支える背中もしっかりしてきて、ぐるりと360度の追視が可能になる。4か月ころから、目の前の物に手を伸ばし、ふれるとつかむようになってくる。ふれた物が揺れたり、音がしたりして、「行為の結果」を目や耳で感じられるようなおもちゃを用意して、追視と手指の操作のより深い関連（目と手の協応）を援助しよう。

●あおむけ姿勢での葛藤

　あおむけ姿勢でおもちゃに手を伸ばしてあそんでいた子どもは、手が届かない所にある物について、「見えているのに、触れない」という葛藤を抱えることになる。このとき、見えている物をつかみたいという意欲が、寝返りを獲得する力の土台となる。
　寝返りは、重心の上下や側方の移動、また腹筋の育ちといった条件を満たすだけではなく、周囲の物を見続ける力と、見た物をつかみたいという思いに支えられて、自ら獲得していく。そのためにも、触りたくなるような魅力的なおもちゃの用意や、うつぶせになった後の楽しいかかわりが大事。

発達の姿

0〜3か月

・首が据わり始める。（3か月）

4〜6か月

・あおむけからうつぶせへの寝返りをする。

・手を伸ばして体のそばにある物をつかむことができるようになる。（リーチング）

・動く物を広い範囲（全方位360度）にわたって追視する。

うつぶせになったときは、目線を低くしてかかわろう。丸めたタオルやクッションを子どものわきの下辺りに置くと、姿勢を保ちやすい。

物や人とのかかわりを広げる大きな力

この時期は、手指の操作の発達や三項関係の形成などをベースに、
周囲とのかかわりを広げ、子どもが大きく変わります。

つながりのポイント

●つまむあそびと指さしの進化

　座位が安定してきたことで両手の自由を獲得した子どもの手指の操作と、指さしの出現には深いかかわりがある。

　指さしは、5本の指をそろえた「手さし」から始まる。指先の操作性が高まり、小さな物を上から親指と人差し指を直立させてつまむようになるころには、さらにはっきりと指し示すようになる。

●三項関係の形成で広がる　あそびの世界

　身近な大人に抱かれるなど、相手と一体になっているときに相手が指さすものを見る「共同注意」を経て、三項関係の形成とともに、物を使ったやり取りができるようになる。

　動作のやり取りも、大人の言葉としぐさに合わせて、首を振ったり、手をたたいたりするようになる。保育者は、子どもと「楽しいね」という思いをやり取りするようなかかわりを意識したい。

おつむ
てんてん

●「○○だ」と直線的　（あるいは往復的）に表現する

　移動手段を獲得した子どもは、目標に向かってまっすぐに進む。この「○○だ」という直線的な動きは、描画や積み木のあそびなど、さまざまな場面で見られる。

　だだこねについても、この時期は、一方的に「○○だ」と主張を繰り返す姿を見せる。こうした子どものさまざまな表現を臨機応変に受け止めたい。

発達の姿

7〜9か月くらい

・座る姿勢が安定してきて、少しずつ両手が自由になってくる。

10〜12か月くらい

・小さな物を親指と人差し指でつまむ。

・自分が気づいた物や人などを示すために指を向ける。（指さしの出現）

7〜9か月くらい

・大人が指さした方向に視線を動かす。（共同注意）

10〜12か月くらい

・「いやいや」など、自分の思いをしぐさで伝えようとする。

・身近な大人と、物や別の人を共有する。（三項関係）

・物を使って、「ちょうだい」「どうぞ」のやり取りを喜ぶ。

10〜12か月くらい

・高ばいをする。

・クレヨンやフェルトペンを握って紙に打ち付ける。

13〜15か月くらい

・一人で歩く。

・積み木を2〜3個くらい積む。

・要求が通らないときに、だだをこねるようになる。（自我の芽生え）

**16か月〜
2歳未満**

調整しようとする力で広がる世界

1歳前後の「○○だ」と直線的に進む姿から、18か月前後に得る
「調整しようとする力」の具体例を紹介します。

つながりのポイント

●方向転換や回り道をして目標に進む

「〜ではない○○だ」と選んで決めるようになる自我の表れは、全身運動にも表れる。例えば、しっかり歩くようになった子どもたちは、足はまっすぐ前に向けながらも、「あっちではなく、こっちだ」とあちこちを見ながら歩くようになる。また、物を持って歩いたり、障害物があると、別のほうから回り込んで歩いていったりもする。

滑り台も、階段のほうへ回って方向転換をしたり、足を先に出して前向きに滑ったりするようになる。子どもたちは、そうした多くの「〜ではない○○だ」という体験を積み重ね、確かめるように繰り返す。子どもの意思を尊重した保育ができるよう、安全な場所選びと、余裕のあるデイリープログラムに配慮したい。

●手指の操作に見られる自我の育ち

道具を使う姿にも、「〜ではない○○だ」と自分の操作を調整する力が表れる。それまでは、むやみに押しつけたり、たたいたりするだけだが、この時期になると、「押してもだめなら、引いてみる」という試行錯誤を経て、使い方がわかるようになる。

次第に、手首の回転も可能になり、描画も、腕を左右に往復させる「なぐりがき」から、ぐるぐると円を描くようになる。子ども自身の力で獲得していく過程が大事なので、道具の使い方や持ち方を一方的に指導するようなかかわりにならないように気をつけたい。

発達の姿

16〜18か月くらい

・物を抱えて歩いたり、押し車を押して動かしたりする。

・3個以上の積み木を積む。

・つまんだ物を小さな穴に入れる。

・靴や帽子など、自分の持ち物と友達の持ち物を区別する。

・2つの物から1つを選ぶ。

19か月〜2歳未満

・転ぶことなく、しっかり歩く。

・滑り台にお尻をつけて、前向きにすべる。

・ぐるぐると連続した丸を描く。

・道具の用途がわかり、使おうとする。

・「〜ではない○○だ」と選んで決めるようになる。（自我の誕生）

発達と保育

77

できることを楽しみ、できなかったことに悩む心

いろいろなことができるようになる2歳代特有ののびやかな姿と、悩み揺れる心を追ってみましょう。

つながりのポイント

●コントロールする力のつながり

片足立ちや両足跳びなど、自分の体をコントロールする力がついてくると、手指をコントロールする力も増し、描画にもその変化が表れる。手あそびや指あそびなどもより楽しくなってくる時期なので、繰り返し楽しめるよう工夫しよう。

●見通しをもつことで生じる悩み

この時期の手指の活動では、左右の手がそれぞれ別の働きをすることも可能になる。そして、そのことと関連して、「〜してから○○する」と手順をイメージして展開していけるようになる。ただし、やりたい思いはあっても、うまくいかないとイライラし、投げ出してしまうこともある。

例えば、はさみを使う場合、左右の手の役割分担や協応など、簡単にできることではないため、見通しのとおりに操作できるとは限らない。保育者は子どもの気持ちを想像しながら、あきらめずに取り組み、達成感を味わえるよう、かかわりを工夫しよう。

ほら
切れた！

●評価が気になり、揺れ動く心

やってみない？

やらない

2つの物を比べるようになると、子どもは、「できる、できない」「よい、悪い」といった二分的評価にも敏感になる。日によってお兄さん（お姉さん）になったり、赤ちゃんになったりして、気持ちも揺れる。この時期特有の揺れ動く心を理解して、丁寧な対応や配慮が大事。

発達の姿

・片足で立つ。

・20cm程度の高さなら、両足をそろえて跳び下りる。

・閉じた丸や、縦線と横線が交差する十字を描くようになる。

・はさみを使って紙を切る。（1回切り）

・「〜してから○○する」と、見通しをもった行動がとれるようになる。

・「大きい、小さい」「長い、短い」「多い、少ない」などがわかる。

・身の回りのことをなんでも一人でやろうとする一方で、「できない」と手伝ってもらいたがる。

3〜4歳未満 幼児期への大きな飛躍が目前

3歳代の1年間で、子どもは次への大きな飛躍の準備をととのえます。

つながりのポイント

●あきらめずやり抜くことで充実する自我

3歳を過ぎ、階段の上り下りなど、少し難しいことをなんとか自分でやり抜こうとする姿は、自我のさらなる充実につながっていく。自分のことを「ぼく」や「わたし」と言う姿も、単なる語彙の獲得ではない。1歳前後から少しずつ意識するようになった「自分」を、ほかのだれでもない「自分」としてより強く表明している姿と受け止めていきたい。

●言葉で考える力の始まり

3歳以降は、文の形でやり取りするようになり、「言葉で考える力」が生まれ始める。例えば、かくれんぼでは、約束（ルール）を言葉の説明で理解し、楽しむようになる。ただ、この時期は、「もういいかい」に対して、「もういいよ」と答えるという、約束どおりの言葉の応答に楽しさを感じている。本来のかくれんぼを楽しむのはもう少し先である。3歳代の子どもの育ちを意識したかかわりが求められる。

●「〜しながら○○する」のは3歳後半

3歳代は、前半と後半で活動内容が大きく変わる。例えば、片足跳び。その場で片足跳びをしていたのが、3歳後半になると、片足けんけんで前進できるようになる。

また、はさみの操作も、紙を持っている手を動かしながら、はさみを操作して、形を切り抜くことができるようになる。子どもによって、発揮する力や表現内容が違ってくるので、それぞれが自分の「できる」を味わい、「今度は○○したい」という願いを見つけられるよう、温かいまなざしで個々の表現を受け止めながら、選択できるような環境作りをしよう。

発達の姿

・手すりを持たずに、一人で階段を上り下りする。

・自分のことを「ぼく」「わたし」と言うことがある。

・おしゃべりが盛んになる。

・「もういいかい」「もういいよ」のかけ合いをしながら、かくれんぼをする。

・その場で片足跳びをする。

・はさみで紙を直線に沿って切る。（連続切り）

3歳前半　▶　3歳後半

「発達の原則」を知ろう

発達のみちすじには、さまざまな原則があります。
知っておきたい原則のあらましを紹介しましょう。

1 発達の順序はみんなほぼ同じ

発達は、性別や出生順、出生地域などにかかわらず、どの子どもも同じみちすじをたどっていきます。例えば、首が据わる→座位→よつばい→歩行というように、運動機能は体の上から下へ順を追って発達していきます。また、体の中心（体幹）から末端へという順序性もあります。自分の意のままに肩や腕を動かすことができるようになった後に、てのひらで物をつかめるようになり、その後、指先で小さな物をつまめるようになるのもその一例です。

2 さまざまな機能がかかわりながら発達する

一見関係がないように思える別々の機能でも、実は深くかかわりながら発達していきます。例えば、首が据わらないと、物を目で追って見続ける追視は難しいですし、あやされたときの笑い声も出にくいといわれています。つまり、首が据わるという全身運動の機能と、追視や笑い声といった言語と認識の機能が深くかかわっていることがわかります。

3 発達には個人差がある

1歳ころになると一語文が出現し、2歳近くになると転ぶことなくしっかり歩くことができるなど、能力や機能を獲得する時期には、おおよその目安があります。ただし、それはあくまでも平均値であり、実際には個人差があります。

知っておきたい「発達のコトバ」

よく耳にする発達を語る「コトバ」をピックアップ。

発育と発達と成長

一般的に、身長や体重のように体の形や大きさなど、測定できる量的変化を「発育」、心や体の機能（働き）が質的に変化し成熟していくことを「発達」、発育と発達の両方を合わせたものを「成長」と、それぞれ区別して使われています。

立ち直り反応 　P.51 全身運動 ※2

子どもの腰の辺りを持った支え座りの姿勢から、片側に少し倒すと、子どもは頭から倒れず、倒れるほうの床に手をついて、頭をまっすぐに立ち直らせます。おおむね6か月ころから表れる反応で、寝返りや座位、つかまり立ちなどに大事な運動発達です。

原始反射 　P.50 生理的機能 ※1

新生児に見られるいろいろな反射。生後数か月間の大脳皮質の成熟とともに、次第に見られなくなります。

モロー反射　あおむけに寝かせた子の下に両手を入れてそっと持ち上げ、急に下げると両腕を広げ、抱きつくような動きをする。

把握反射　てのひらに何かがふれると、握り締める。

口唇探索反射　口元に何かふれると、そのほうに顔を向け、口を開く。

吸てつ反射　唇の真ん中にふれる物があると、吸いつこうとする。

グライダーポーズ・ピボットターン 　P.51 全身運動 ※3

うつぶせの姿勢でおなかを支点にした飛行機のような姿勢をグライダーポーズといいます。これは腹筋や背筋が備わってきたしるしです。その後、体の横におもちゃを置いたり、大人がいるほうに向くために、おなかを中心に体を回すような動きをするようになります。これを、ピボットターンといいます。この方向転換ができるようになると、間もなくはいはいが始まります。

ハンドリガード・リーチング 　P.50 手指の操作 ※4　P.51 手指の操作 ※5

生後2か月を過ぎたころ、あおむけで寝ている赤ちゃんは、それまでは握っていることの多かった手を広げて、自分の目の前にかざして見つめたり、動かしたりするようになります。時に口の中に入れたりもします。これらはハンドリガードと呼ばれるもので、次第に手を自分の意のままに動かせるようになっていく第一歩です。

その後、自ら手を伸ばして体のそばにある物にふれたり、つかむことができるようになります。これをリーチングといいます。

知っておきたい「発達のコトバ」

共同注意と指さし
P.51 言語と認識 ※6
P.52 言語と認識 ※9、※10

　人差し指で何かを指し示すような行動のことを「指さし」といいます。指さしは、実際にはまだ指さしをしないけれど、大人の指さすほうを見る「共同注意（ジョイント・アテンション）」から、大人の指さす物を見つけて片手を差し伸べる「志向の手さし」へ、そして、自分が欲しい物を相手に知らせようとする「要求の指さし」や、自分が知っている人や物を知らせようとする「定位の指さし」へと変化していきます。単に指で示すだけではなくて、親しい人の顔を見たり、「アッアッアー」と声を出して知らせることも、あわせて行うようになります。

　1歳6か月ころになると、「○○はどれかな？」との問いに答えて指をさす「可逆の指さし」が見られるようになります。このころには一語文が出現していますから、子ども自身の言葉で発語しながらの指さしということもあります。

三項関係
P.52 対人関係 ※11

　9か月ころまでは、子どもと大人、あるいは子どもと物という二者の関係（二項関係）ですが、10か月を過ぎるころになると、自分が見つけた物を指さしや表情で大人に知らせようとする姿が表れます。子どもの心の中で、第三者や物が結びつくようになり、大人と一緒に注目できるようになる「子ども―大人―物（または、第三者）」の関係を三項関係といいます。言葉が出る前の姿で「ことばの前のことば」ともいわれています。

ハイガード・ミドルガード・ローガード
P.52 全身運動 ※7
P.53 全身運動 ※8

　「歩く」姿にも、順序があります。歩き始めのころは、両足を左右に大きく広げ、両手を上げます。これは手の位置からハイガード歩行と呼ばれています。歩き始めてしばらくすると、手の位置が胸付近まで下りてきます。これをミドルガード歩行といいます。その後、手を下におろして歩くローガード歩行になります。ローガード歩行になると、手をつないで歩くことができるようになります。

自我の芽生え
P.52 対人関係 ※12

　「自我」は、自分を意識する心の働きをさします。10か月ころから、鏡に映る自分や、ほかの人をじっと見たり、名前を呼ばれると振り向いたりして、「自分」を見つけ始めます。1歳ころになると、大人の言葉かけに対して、なんでも「イヤ」とこたえる姿になって、自我の芽生えが表れます。その後、2歳から3歳にかけて、子どもは自分で選んだり、できるようになったことを見てもらいたがったりして、徐々に自我を拡大させ、充実させていきます。

病気とけが 園でのケア

発熱やおう吐など園で子どもが病気の症状を示したとき、また、けがを
してしまったとき、園でできる応急の手当てとそのポイントを解説します。

監修　山中龍宏
（緑園こどもクリニック院長・NPO法人 Safe Kids Japan 理事長）

マークの見方　　登降園のときではなく、すぐ保護者に連絡したほうがよい。

　保護者のお迎えを待たず、園から直接病院に行ったほうがよい。

　すぐに救急車を呼んだほうがよい。

病気

子どもは、自分の症状をうまく言葉で表せないことも。
普段の様子との違いになるべく早く気づき、症状を緩和したり、
適切な対応で悪化するのを防いだりすることが大切です。
保護者と密に連絡をとり、毎日の健康観察も怠らないようにしましょう。

発熱したとき

「発熱」は、体内に侵入してきた細菌やウイルスの増殖を抑え、免疫力を高めて体を守る反応です。平熱より、1℃以上高いと発熱といえるでしょう。

ポイント

● 発しんが出ていたり、症状の似ている感染症がはやっていたりするときは、別室で保育する。
● 微熱のときは水分補給をし、静かに過ごす。
● 暑がるときは薄着にし、氷枕などをして気持ちよく過ごせるようにする。
● 手足が冷たいときや、寒気がするときは、保温する。
● 高熱のときは、首の付け根、わきの下、脚の付け根を冷やす。

こんなときは、緊急に対応を！

- 微熱でも、元気がなく、機嫌が悪い
- 微熱でも、せきがひどい
- 38℃以上の熱がある
- 排尿回数がいつもより少ない
- 食欲がなく、水分がとれない
- 顔色が悪く、苦しそう
- 意識がはっきりしない
- ぐったりしている
- けいれんが、10分以上止まらない

熱の計り方

わきの下に体温計を右図のように押し当て、ひじを体に密着させる。

30°

頭痛がするとき

頭痛は、体調不良のサインの一つで、インフルエンザなどの感染症のほか、中耳炎、眼精疲労、歯のかみ合わせなど、さまざまな要因が考えられます。子どもは、「どう痛いか」を説明するのが難しいので、痛みの長さや程度、その他の症状から類推して適切な対応をしましょう。

ポイント

● 温めて治るときと、冷やして治るときがあるので、子どもに確かめて痛みが和らぐ方法を探す。
● 室内で、静かに過ごす。
● ずっと室内にいたときは、外の新鮮な空気を吸ってみる。

こんなときは、緊急に対応を！

- 熱やおう吐、下痢など、感染症の症状がある
- 顔色が悪い
- 頭を打った後に頭痛が続く
- おう吐を繰り返す
- 意識がもうろうとしている
- けいれんが10分以上続く

発しんが出たとき

ひとくちに発しんといっても、水ほう、赤い、ぶつぶつと盛り上がるなど、見た目はさまざまです。どんな発しんかよく観察して、感染症かどうかを見極めることが大切です。

こんなときは、緊急に対応を！

👤 発しんがどんどん増えていく

👤 発熱がある

👤🏢🚑 食後1時間ほどで、発しんが出始め、息が苦しそうだ

ポイント

● 感染症の疑いがあるときは、別室で保育する。
● 体温が高くなったり、汗をかいたりするとかゆみが増すので、温度管理に気をつける。
● 木綿など、皮膚に刺激の少ない下着やパジャマを着せる。

おう吐したとき

おう吐のきっかけは、さまざま。細菌やウイルスなどによる胃腸の感染症のほか、髄膜炎（すいまく）や脳症、頭部外傷などでも、おう吐が起こります。まず、きっかけを確認しましょう。

こんなときは、緊急に対応を！

👤 2回以上おう吐がある

👤 吐き気が止まらない

👤 腹痛がある

👤 下痢を伴っている

👤🏢 おう吐の回数が多く、元気がない

👤🏢 血液や、コーヒーのかすのようなものを吐く

👤🏢 下痢の回数が多かったり、血液の混じった便が出たとき

👤🏢🚑 脱水症状と思われるとき

ポイント

● できる子は、うがいをする。
● 次のおう吐がないか様子を見る。
● 別室で、保護者のお迎えを待つ。
● 寝かせるときは体を横向きにする。
● 30分くらい吐き気がなければ、少しずつ水分をとらせる。

おう吐物の処理

① ほかの保育者を呼び、子どもたちを別室に移動させ、窓を開けて換気する。
② おう吐物の処理をする人は、使い捨ての手袋とマスク、エプロンを着用する。
③ おう吐物に次亜塩素酸ナトリウムの溶液を染みこませたペーパータオルをかぶせ、外側から内側にぬぐい取る。
④ おう吐物の飛まつは3ｍ四方ほど飛散するので、その範囲は、次亜塩素酸ナトリウムの溶液でよくふく。
　使用したペーパータオルなどはポリ袋に入れ、口をしっかり閉じる。ポリ袋は外のゴミ箱に捨てる。
⑤ 子どもの服におう吐物や下痢便がついた場合は、そのままポリ袋に入れて家庭に持ち帰り、処理してもらう（消毒方法について保護者に伝える）。
⑥ 処理後は、手袋をはずし、念入りに手を洗う。

※次亜塩素酸ナトリウム（製品濃度約6%の場合）＝0.1%に希釈する（水1Lに対して約20mL）

腹痛があるとき

腹痛は、子どもによく見られる症状の一つです。下痢の初期症状や、かぜのときに胃腸の働きが悪くなると起こりやすくなります。また、まだ自分の不調をうまく伝えるのが難しい子は、気持ちが悪かったり、頭など違うところが痛かったりしても「おなかが痛い」と表現します。かまってほしいだけだったり、精神的なプレッシャーでほんとうに腹痛を起こしたりすることもあるので、見極めが大切です。

ポイント

- 発熱、下痢やおう吐、便秘など、ほかの症状がないかを確認する。
- 全身を触って、どこがどう痛いか、どのくらい痛いかをチェックする。
- 吐き気がなければ、様子を見ながら、水分を少しずつ与える。
- 子どもが楽な姿勢で、横になれるようにする。
- ほかに症状がなく、しばらくすると元気になり食欲もあれば様子を見る。

こんなときは、緊急に対応を！

- 痛みが続く／食欲がない
- 発熱やおう吐、下痢など、ほかの症状がある
- 血液や粘液の混じった便が出た
- 痛みで泣きわめく
- 苦しがって、ぐったりしている
- 呼吸が荒く、おなかが張っている
- 顔色が青白くなり、冷や汗をかく
- おう吐を繰り返す

せきが出るとき

せきは、のどや気管支についた細菌やウイルス、ほこりなどの異物を体の外に出そうとして起こる反応です。熱がなくても、せきが長引くときは、受診を勧めましょう。

ポイント

- せき込んだら、前かがみの姿勢をとらせ、背中をさすったりタッピング※したりする。
- 部屋の乾燥に注意する。
- 寝かせるときは、背中に布団などをあてがい、上半身を高くする。
- 様子を見ながら、湯冷ましやお茶を少量ずつ与える。

※タッピング＝手のひらをおわんのように丸めて、背中をポンポンとリズミカルにたたくと、気道の分泌物がはがれて、呼吸が楽になる。

こんなときは、緊急に対応を！

- 38℃以上の発熱がある
- 呼吸をするたびに、ゼイゼイヒューヒューと音がして苦しそう
- 少し動いただけでも、せきが出る
- せきとともに、おう吐する
- 発熱を伴い、息づかいが荒い
- 顔色が悪く、ぐったりしている
- 水分が摂取できない
- 元気だった子どもが、突然せき込み、呼吸が苦しそうになる（気管支異物の疑い）

下痢をしたとき

下痢の多くは、細菌やウイルスの感染で起こります。ウイルス性の下痢は、症状が治まっても、1か月近く便からウイルスが排出されることが多いので、注意しましょう。

ポイント

● 発熱やおう吐など、ほかの症状もあるときは、別室で保育する。
● おう吐がなければ、様子を見ながら少しずつ湯冷ましやお茶などを与える。
● 受診時には、便の状態、量、回数、色やにおい、血液・粘液の有無、食べた物、園で同じ症状の子がいないかなどを伝える。

こんなときは、緊急に対応を！

● 食事や水分をとると下痢をする
● 腹痛があり、下痢をする
● 水様便が2回以上ある
● 発熱やおう吐、腹痛がある
● 血液や粘液の混じった便、黒っぽい便のとき
● 脱水症状がある

けいれんを起こしたとき

初めてけいれん発作を起こした子どもを目の当たりにすると、慌ててしまいますが、冷静に経過を観察することが大切です。けいれんの中でいちばん多く見られるのは熱性けいれんで、多くは38.5℃以上でけいれんを起こします。2回以上熱性けいれんを起こしたことがある子は、保護者と抗けいれん薬の使用について相談しましょう。
また、激しく泣き続けることで呼吸が止まる憤怒けいれん（泣き入りひきつけ）や、脳の過剰な興奮でけいれんを繰り返すてんかんなどのときもあるので、けいれんを起こしたときは必ず受診しましょう。

ポイント

● おう吐物がのどに詰まらないよう、顔を横向きに寝かせ、衣服を緩める。
● 大声で名前を呼んだり、体を揺らしたり押さえつけたりせず、静かに見守る。
● 窒息する危険があるので、口の中に布などを入れない。
● けいれんの持続時間を計る。
● 手足の突っ張り、動き、顔色や目つきなどを観察する。

こんなときは、緊急に対応を！

● けいれんを起こしたときは、軽いものでも連絡する
● けいれん発作が10分以上続く場合
● けいれんが治まっても意識がなかったり、呼びかけに応じないなど反応がおかしいとき
● 首が硬直し、発熱、頭痛を伴う
● おう吐を伴う
● 熱中症と思われるとき
● 頭をぶつけたとき

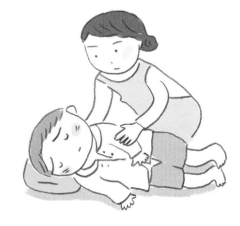

熱性けいれんを予防するには

・熱性けいれんを過去に2回以上起こしたことのある子は、保護者と相談して、希望があれば抗けいれん薬を預かっておく。
・37.5〜38℃を超す熱が出たときは、なるべく早く薬を使う（使うときは、保護者に確認）。
・薬を使うと、ふらつくことがあるので、転倒などには十分注意する。
・座薬の解熱薬も併用するときは、先に抗けいれん薬を使い、30分たってから解熱薬を使う（使うときは、保護者に相談）。

けが

子どもが園でけがをしたとき、何よりも大切なのは慌てないこと。
原因やけがの状態を冷静に確認し、適切な手当てをしましょう。
また、傷のない小さなけがであっても、保護者への報告は必須です。

打撲した

転ぶ、友達とぶつかる、遊具から落ちるなどして打撲することがあります。打撲した部位やその後の様子をよく観察して、手当てをしましょう。

応急手当て

● どこを打撲したか、出血はないかを確認する。出血がある場合は清潔なタオルなどで止血する。

● 打った場所にへこみがないか、手足の動きに異常がないかを確認する。

● 遊具から落ちたのかなど、打撲した状況を確認する。

● 安静にし、打った場所を冷やして様子を見る。

● おう吐があるときは、吐いた物がのどに詰まらないよう、必ず顔を横向きにして寝かせる。

頭を打った

頭を打った後すぐに泣き出し、その後元気ならひとまず安心です。頭を打った後、48時間は急変する心配があるので、家庭でもぐったりしていないか、おう吐がないかを観察してもらうよう、保護者に伝えます。

手足の打撲

患部を動かすことができ、あざができている程度なら、冷やして様子を見ましょう。はれてきたり、動かせなかったりするときは、ねんざや骨折の疑いがあります。

注意！

◆ 患部を冷やすときは、氷水に浸したタオルを絞った物を使う。市販の冷却スプレー、湿布などはかぶれることもあるので、NG。冷却ジェルシートは、効果が薄い。

◆ 頭や首、背中などを打って意識がないときは、抱き上げたり、揺すったりしない。

胸や腹を打った

呼吸が楽にできるように衣類を緩めて、動かしたり揺すったりせずに静かに寝かせてしばらく様子を見ます。すぐに大声で泣き、その後元気な様子ならそれほど心配はいりません。

目・耳を強く打った

氷水で冷やした清潔なタオルやガーゼなどで患部を冷やしながら、すぐに病院へ行きましょう。

こんなときは、緊急に対応を！

- 頭痛が続く→脳外科へ
- 顔色が悪くぼんやりしている→脳外科へ
- 普段と様子が違う→脳外科へ
- 血尿が出た
- ねんざ・骨折した疑いがある
- 目・耳を強く打った
- 胸や腹を打ち、息をすると痛い
- 出血がある
- 出血がひどい
- 意識がなかったり、ぐったりしている

- 頭の打った部分がへこんでいる
- けいれんしている
- おう吐する
- 耳や鼻から出血する
- 高い所から落ちた
- 呼吸が苦しそう
- いつまでも泣き続ける
- 腹や胸を打ち、触ると痛がったり、患部がはれてきた
- 腹や胸を打ち、患部が青黒くなった
- まひやしびれがある

脱臼した

関節が外れた状態を脱臼といいます。子どもがひじや手首を動かせないほど痛がるときは、脱臼したのかもしれません。

応急手当て

●どこが痛いのか、確認する。脱臼の場合は、関節に力が入らず、曲げられなくなる。
●冷たいぬれタオルなどで、患部を冷やす。
●患部を動かさないようにしながら、病院へ。

ぬれタオル

肘内障

ひじ関節の骨と骨をつないでいる輪状のじん帯から骨が外れたり、ずれたりした状態です。子どもの場合は完全に骨が外れるというよりも、この肘内障であることがほとんどです。急に手を引っ張ったりするとなることが多いので、気をつけましょう。一度肘内障になるとくせになることがあるので、なったことのある子どもには、特に注意が必要です。

こんなときは、緊急に対応を！

🧍🏢 関節は動かせるが、ひどく痛がる
🧍🏢 関節が動かせない
🧍🏢 腕や手首など、脱臼したと思われるほうと、反対のほうの長さが違う

ねんざ・骨折

ねんざは、関節の周りを保護しているじん帯が切れたり、伸びたりすることです。外から見ても、骨折と区別がつきにくいので、素人判断をせずにすぐに受診しましょう。

応急手当て

●出血があれば、患部を動かさないように止血する。
●氷のうや氷水に浸して絞ったぬれタオルなどで、患部を冷やす。
●患部に添え木をし、包帯などで固定する。

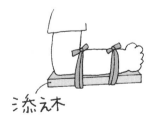
添え木

こんなときは、ねんざ・骨折かも

・負傷した部分が不自然に変形している
・激しい痛みとはれがある
・負傷した部分を動かせない
・負傷した部分が青黒く変色している

こんなときは、緊急に対応を！

🧍🏢 患部がはれたり、熱をもったりしている
🧍🏢🚑 ぐったりしている
🧍🏢🚑 骨が出ている
🧍🏢 顔面、頭などを骨折した疑いがある
🧍🏢🚑 顔色が青ざめ、呼吸がおかしいなど、ショック症状が出ている

注意！

◆氷のうを使うときは、タオルにくるんで。直接皮膚に当てると、凍傷になることがあります。
◆応急手当てで添え木をするのは、患部を安静に保つため。曲がっている患部を無理に伸ばさないようにしましょう。
◆添え木は、身近にある段ボールや丸めた雑誌などで代用できます。患部が指の場合などは、割りばしやボールペンなどで代用しても。

ひっかき傷・すり傷・切り傷

転んですり傷を作ることなどは、園でもよくあるけがですが、化膿しないようにすることが大切です。傷口から出てくる滲出液には、傷を治す細胞を助ける働きがあるので、傷口を密閉して滲出液を保つと、あとも残りにくく早くきれいに治り、痛みも少なくなります。出血を見るとパニックになりがちですが、冷静に行動しましょう。

応急手当て

● 患部を流水でよく洗う。
● 清潔なタオルやティッシュペーパーでふく。出血している場合は、傷口を押さえて止血する。
● 止血できて、傷口が浅く小さい場合は、湿潤療法用の傷テープで患部を覆う。

止血の仕方

小さな傷なら、傷口の上を清潔なガーゼなどで、直接強く押さえる。
頭の傷の場合は、へこんでいないか確認してから圧迫する。陥没しているときは、血液が逆流して脳を圧迫するので強く押さえない。

キズの位置　圧迫点

傷口を圧迫しても止血しにくい場合は、傷口より心臓に近い動脈を圧迫する。できれば、傷口を心臓より高い位置にする。

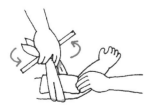

大量出血のときは、三角巾などで、傷口の10cmほど上をきつく縛る。縛るときに、棒などを入れて回転させると止血効果は高まるが、長時間止血するとほかの組織にダメージを与えるので、すぐ救急車を呼ぶ。

注意！

◆ 消毒すると、傷を治そうとする働きのある白血球なども傷ついてしまうので、小さな傷のときは、消毒しない。傷口を流水できれいにするのが原則。

出血の種類

動脈性出血

動脈が破れると、心臓が脈打つのに合わせてドクドクと鮮やかな紅色の出血をする。大きな血管の場合は、瞬間的に多量の血液を失ってしまうので、速やかな応急手当てが必要。

静脈性出血

静脈が破れると、にじみ出るような出血の仕方をし、血の色は暗赤色。切った部分を圧迫することで止血ができる。

毛細血管性出血

動脈血と静脈血の中間色で、そのままにしておいても、自然に止血する。

こんなときは、緊急に対応を！

- 傷を洗った後、傷の上から清潔なタオルやティッシュペーパーなどで、10分ほど強く押さえても、出血が止まらない
- 顔のひっかき傷はあとが残りやすいので、血がにじむ程度の傷でも受診する
- 傷の中に小石などが入っていて取れない
- ぱっくり切れている
- 小さくても傷が深い
- 傷口が大きく、深い切り傷
- 頭の傷で、傷の周りがへこんでいる
- ドクドクと出血が続く切り傷
- 出血が多く、意識がもうろうとしている

友達にかまれた

人間の歯は鋭くないので、多くの場合はあざになるか、裂傷程度です。しかし、口の中には雑菌が多いので、
患部をよく洗うことが大切です。

応急手当て

●流水でよく洗う。
●歯形がついたり、内出血しているときは、患部を氷水に浸して絞ったぬれタオルでよく冷やす。
●出血しているときは、清潔なタオルなどで押さえ、病院へ。

氷水

注意！

◆かまれた直後はたいしたことがないと思っても、家庭でおふろに入って温まったりすると、歯形が浮き出てくることもあるので、保護者への説明はきちんとしておく。
◆冷却ジェルシートは、便利だが、効果が薄い。

こんなときは、緊急に対応を！

出血したとき／顔をかまれたとき

動物にかまれた

動物は人間に比べて歯が鋭いので、裂傷ができやすくなります。園で慣れている動物でも、あまりしつこくするとかむことがあるので、普段から動物が嫌がらない接し方を伝えていきましょう。また、園外保育などで出合ったイヌやネコに、子どもが不用意に近づかないような配慮も大切です。

応急手当て

●流水でよく洗い、傷ができているかどうか確認する。
●傷ができているときは、患部を一度消毒してから、もう一度水で洗い、湿潤療法用テープをはる。
●出血しているときは、清潔なタオルなどで圧迫する。

注意！

◆動物の口中は、人間以上に雑菌が多いので、出血したときは、たいしたことがないと思っても、必ず受診する。
◆イヌにかまれたときは、必ず飼い主と連絡を取り、そのイヌが狂犬病の予防接種をしているかどうかを確認する。

こんなときは、緊急に対応を！

動物の口中は、雑菌が多いので、少しでも出血した場合は、必ず受診する

目に傷がついたおそれがある

顔を強くかまれた

傷が深い

出血が多い

異物が入った

目や耳、鼻に異物が入って取り除くのが難しそうなときは、ピンセットなどでつまもうとしても、
どんどん奥へ入ってしまうことがあります。無理をせず、病院へ行きましょう。

目に異物が入った

応急手当て

● 小さなゴミ、砂、せっけんなどが入った場合は、流水で洗い流す。
● 下まぶたを押し下げて、目の中を確認し、清浄綿でそっとふき取る。

注意！

◆ 目に異物が入ったままこすると、角膜に傷がつくので、絶対にこすらないようにする。
◆ お昼寝などの後、体の自浄作用で目頭に出てくることも。
◆ 流水で目を洗うときは、水流を強くしすぎないようにする。

こんなときは、緊急に対応を！

- 目を開けていられないほど、痛がる
- 充血がひどい
- そっとふき取っても取れない
- 固い物が刺さった

鼻に異物が入った

応急手当て

● はなをかめる子は、反対の鼻の穴を押さえ、「フン！」と強くかませる。
● はながうまくかめない子は、こよりなどでくすぐり、くしゃみをさせる。

注意！

◆ ピンセットなどで無理につまみ出そうとすると、かえって奥に入ってしまうことも。無理をせずに、耳鼻科を受診する。

こんなときは、緊急に対応を！

- 異物が原因で、鼻血が出た
- 異物が鼻から出てこない

耳に異物が入った

応急手当て

● 水が入った場合は、入ったほうの耳を下にして、片足跳びをしてみる。
● ビーズなど固形物の場合は、異物が入ったほうの耳を下に向け、耳を後ろ上方に引っ張りながら、反対側の側頭部を軽くたたいてみる。

注意！

◆ 耳をのぞいて異物が見えても、ピンセットなどでつまみ出そうとしない。鼓膜を傷つけることがある。

こんなときは、緊急に対応を！

- 耳から出血した
- 入った物が取れない
- 耳を痛がる
- 子どもが「耳の中でガサガサする」などと、訴える

誤飲

子どもは、好奇心から思わぬ物を飲んでしまうこともあります。園では、誤飲につながる物は、子どもの手の届く範囲に置かないことが基本です。定期的に危険がないか点検するとともに、家庭にも情報を伝えましょう。

応急手当て

- コイン形電池、強力マグネットは危険性が高いので、すぐに医療機関へ。
- 意識があるかを確認する。
- 飲んだ物によって吐かせてよいときと悪いときなどがあるので、何をどのくらい飲んだか、確認する。
- 意識があるときは、誤飲した物によって対応する。吐いた物が肺に入るので、意識のないときは吐かせない。

注意！

- ◆石油、トイレの洗剤など強アルカリの物、とがった物は、吐くことで食道や肺を痛めるので、吐かせてはいけない。
- ◆防虫剤（パラジクロルベンゼン）は、乳脂肪分で溶け出すので、牛乳を飲ませるのはNG。

誤飲したときの吐かせ方

①片ひざを立てて、ひざが子どもの胃に当たるよう、うつぶせに乗せる。
②あごに手を添え、手の付け根で肩甲骨と肩甲骨の間をたたく。

こんなときは、緊急に対応を！

- 👤🏢 何を飲んだか、わからない
- 👤🏢🚑 激しくせき込んでいる
- 👤🏢🚑 呼吸が苦しそう
- 👤🏢🚑 意識がない
- 👤🏢🚑 けいれんしている

誤飲した物 対応早見表

飲んだ物		対 応	
身の回りの物	小さい玩具	飲み込んでしまったら、たいていは便とともに出てくる。食道内にとどまっている場合もあるので、念のため受診を。	👤🏢
	土・砂・小石	2〜3日便に変わった様子がないか観察する。	
	クレヨン	様子を見る。	
	子どもの薬	塗り薬をなめたり、シロップを少量飲んだりした程度なら様子を見る。かぜ薬のシロップを大量に飲んだときなどは、病院へ。	👤🏢
	ボタン電池・コイン形電池	何もしない。すぐに受診する。	👤🏢🚑
洗剤	せっけん	様子を見る。	
	台所用洗剤（中性）	水か牛乳を飲ませ、吐かせる。	👤🏢
	住宅用洗剤（中性）	水か牛乳を飲ませるが、吐かせない。	👤🏢
	洗濯用洗剤・柔軟剤	水か牛乳を飲ませるが、吐かせない。	👤🏢
	漂白剤（原液）	水か牛乳を飲ませるが、吐かせない。	👤🏢
	トイレ用洗剤	何もしない。すぐに受診する。	👤🏢🚑
薬など	蚊取り線香	飲み込んでしまったら、たいていは便とともに出てくる。食道内にとどまっている場合もあるので、念のため受診を。	👤🏢
	蚊取りマット	飲み込んでしまったら、たいていは便とともに出てくる。食道内にとどまっている場合もあるので、念のため受診を。	👤🏢
	ホウ酸だんご	水か牛乳を飲ませ、吐かせてから病院へ。	👤🏢
	防虫剤（パラジクロルベンゼン）	水（牛乳はNG）を飲ませ、吐かせてから病院へ。	👤🏢
	防虫剤（樟脳）	けいれん誘発の可能性があるので、吐かせず病院へ。	👤🏢
	石油・ガソリン	何もしない。すぐに受診する。	👤🏢🚑
その他、画びょうや針、ガラスなどとがった物		何もしない。受診する。	👤🏢🚑

鼻血が出た

子どもは鼻の中の粘膜が弱いので、ぶつけたり鼻をいじったりして、鼻の中の粘膜を傷つけると、すぐに鼻血が出ます。多くは一過性のものですが、アレルギー性鼻炎で鼻の粘膜が充血していたり、鼻をほじったりするくせのある子は、鼻血が出やすくなるので対処が大切です。

応急手当て

● 子どもを落ち着かせて、座らせる。
● 鼻血がのどに流れ込まないように、少し前かがみの姿勢で小鼻を強めにつまむ。
● 鼻をつまみながら、ぬれタオルで眉間から鼻のあたりを冷やすと、血管が収縮して血が止まりやすくなる。
● 少し出血が少なくなったら、脱脂綿かガーゼを鼻に詰める。

注意！

◆ 鼻血を飲み込むと、気持ちが悪くなる。首筋をトントンたたくと、鼻血がのどに流れ込みやすくなるので、NG。
◆ ティッシュペーパーを鼻に詰めると、かえって粘膜を傷つけやすい。

鼻血が出る部位

鼻血は、鼻の中の「キーゼルバッハ部位」という場所からの出血で起きることがほとんどです。「キーゼルバッハ部位」は鼻の穴の入り口に近く、血管が多くて粘膜層も薄いので、ちょっとしたことで出血してしまいます。子どもが鼻血を出すことが多いのは、大人に比べてさらに粘膜層が薄いことと、子どもの指が細くて鼻の奥まで入りやすく、キーゼルバッハ部位を直接触ってしまうからだといわれています。

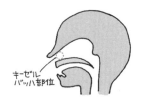

キーゼルバッハ部位

こんなときは、緊急に対応を！

少量でも頻繁に鼻血が出るようなら、保護者と相談し、耳鼻科、または小児科を受診してもらう

10分以上出血が止まらない→耳鼻科へ

頭を打ったあとに鼻血が出た→脳外科へ

大量に出血し、血が止まらない

意識がもうろうとしてきた

指を挟んだ

指を挟むと、神経が切れたり、骨折したりすることもあります。ドアなど、指を挟みやすい所には緩衝材をはるなどの予防措置をしておきましょう。

応急手当て

● 血が出ているときは、患部を流水で洗い、ガーゼなどで10分ほど押さえて止血する。
● 血が出ていないときは、氷水に浸してから絞った冷たいぬれタオルなどで、冷やす。
● 挟んだ指を、曲げたり伸ばしたりできるか、確認する。

血豆ができた

痛みがすぐに治まるようであれば、そのまま様子を見ましょう。針などでつついて血を抜くと、細菌に感染することがあるので、危険です。

こんなときは、緊急に対応を！

指が曲がらない

痛みが引かない

内出血している

はれがひどい

骨折している疑いがある

つめがはがれた

つまずいたときに引っかけたり、友達とぶつかった拍子につめが引っかかったりすると、つめがはがれることも。普段からつめが伸びていないか、家庭でも注意してもらいましょう。

注意！

◆つめを戻さない状態でガーゼなどで押さえると、ガーゼが傷口に張り付いてしまう。

応急手当て

- つめの根もとを強く圧迫すると、痛みが少し和らぐ。
- つめの根もとを圧迫したまま、流水できれいに洗う。
- はがれたつめを元に戻した状態で、ガーゼなどで押さえて病院へ。

こんなときは、緊急に対応を！

 つめがはがれた

 つめの内側が内出血した

 つめが欠けて、出血した

つめの根もとを痛めたとき

指を挟んで、つめの内側が内出血してしまうと、つめが黒くなって、後日はがれてしまうこともあります。流水できれいに洗い、ばんそうこうなどでカバーしておきましょう。つめがはがれたり痛んだりしても「爪甲（そうこう）」だけなら再生しますが、一度取れたつめが再生するには1か月以上かかります。また、「爪母基（そうぼき）」が傷ついたり取れてしまったりすると、再生は難しくなります。根もとを痛めたときは、必ず外科を受診しましょう。

爪根　爪甲　爪床
指骨　爪母基

つめの構造

つめが欠けたとき

出血がなく深づめ程度なら、欠けてぎざぎざになった部分をつめ切りで整えて、湿潤療法用テープをはります。出血があるときは、流水でよく洗い、ガーゼなどで押さえます。

刺さった

小さなとげが刺さった場合と、大きな物が刺さったときとは、応急手当てなどに違いがあります。どのくらいの物が、どう刺さったかを、まず、確認しましょう。

とげやガラス片が刺さった

応急手当て

- 抜く前に患部を消毒してから、ピンセットやとげ抜きなどで抜く。
- とげの頭が出ていないときは、患部が中央になるように5円玉か50円玉を押し当てると、抜きやすくなる。
- 抜いた後は、傷口から血を絞り出し、よく流水で洗っておく。

こんなときは、緊急に対応を！

 うまく抜けない

木の枝や大きめのガラス片が刺さった

応急手当て

- 刺さった物が抜けていたら、傷口の上から清潔なタオルなどで圧迫して止血する。
- 10分くらいで血が止まれば、切り傷と同じように湿潤療法用テープをはる。

こんなときは、緊急に対応を！

押さえても、出血が止まらない

傷の中に刺さった物が入っていて、取れない

ぱっくり切れている

小さくても傷が深い

深く刺さったままなら、抜かないで救急車を呼ぶ

歯をぶつけた

子どもは、あごの骨が軟らかいため、ぶつけるなどして強い衝撃を受けると、歯が脱臼したり、亜脱臼を起こしたりすることがあります。いわゆる歯が抜けたり、ぐらぐらしたりする状態です。

応急手当て

- 口の中や唇を切っていないか、確認する。
- 口の中を切っていたら、口をゆすぐ。
- 唇を切った場合は、清潔なガーゼで押さえて止血し、氷水に浸して絞ったタオルなどで、患部を冷やす。
- 歯が抜けたときは軽くすすぐ程度にして、抜けた歯を牛乳などに浸す。

注意！

- ◆抜けた歯を水に浸すのは、NG。浸透圧の関係で歯根膜がだめになってしまう。
- ◆抜けた歯を元に戻す手術をしている病院かどうか、電話で確認してから向かう。事前に調べておくのがベスト。

こんなときは、緊急に対応を！

- 強くぶつけた→歯科へ
- 出血がひどい→外科へ
- 歯がぐらぐらになった→歯科へ
- 歯が抜けた→歯科へ
- 歯が折れたり欠けたりした→歯科へ

虫に刺された

ハチやムカデなど、身近にも毒の強い虫がいます。普段から園でも虫刺されを防ぐ工夫をしていきましょう。また、スズメバチは、黒いものや甘いにおいを好み、大きな音に反応します。山や草木の多い場所に出かけるときは、着ているものの色などにも注意し、ハチがいそうな所では、ジュースを飲んだり、大声を出したりしないようにしましょう。

注意！

- ◆刺された部分をかくと、とびひになったりすることもあるので、かきこわさないようにすることが大切。

応急手当て

- 刺された所を水で洗い流す。毒成分を洗い流せるだけでなく、冷やすことで血管が収縮し、毒成分の広がりを防ぐ効果や、痛みやかゆみが和らぐ効果もある。
- ハチやムカデに刺されたときは、患部の周りを指で強くつまみ、毒を押し出す。
- ドクガの毒毛は目に見えないほど小さいので、衣服などに付いた場合は、ガムテープなどで取るとよい。
- カ、アブ、ブユなどに刺され、かゆみがひどいときは、抗ヒスタミン剤の入った虫刺されの薬をつける（使うときは、保護者に相談）。

こんなときは、緊急に対応を！

- はれがひどい
- すごく痛がる
- ドクガにふれて、発しんやかゆみなどの症状が出た
- ドクガの毒毛が取れない
- ムカデにかまれて、はれた
- ハチに何か所も刺された
- スズメバチに刺された
- ハチやムカデに刺され、アナフィラキシーショックを起こした

1歳児の
保育のアイディア
12か月

生活、あそび、保護者支援の視点からのアイディアを紹介します。
すべて、現場で実践されていた現場発信のアイディアです。

＊あそぶ前に、P.4「安全にあそび・
　活動を行うために」を必ずお読み
　ください。

トライプログラム

「慣らし保育」あるいは「慣れ保育」と呼ばれているプログラムの、一人一人に合った進め方のポイントを紹介します。

プログラム例

目安は1〜2週間

原則は、保護者の仕事復帰のスケジュールに合わせて、その前の1〜2週間をトライプログラム期間としています。ただ、保護者の状況に応じて、臨機応変に対応する場合もあります。

最初は保護者と

保護者にも園生活を知ってもらうために、最初は保護者と一緒に1〜2時間を過ごし、昼食も一緒に体験します。子どもの様子に応じて、少しずつ子どもだけで過ごす時間を延ばしていきます。

わからないことがあればお尋ねくださいね

休養日を設定

2日間くらい続けて体験した後は、あえて休養日を設けてもらうように保護者に勧めています。新しい環境での緊張や疲れをいったん和らげることが、むしろ早く慣れていける近道だからです。

食事タイムの工夫

一人一人の「おいしい」を保障する食事の援助のポイントをまとめました。

ねらい
● 一人一人の子どもが「おなかがすいた」という感覚で、おいしく食べる。
● 「たべさせられる」のではなく、子どもが「たべる」ことを決めて、食事に向かう。

どうする？
いやだ！

ここがポイント

● 食事を始める時間を11:15〜11:45と長めに設定し、この30分間に食事に入れるように保育者が配慮しています。
● 早めに食べる子は、朝食が早い子や新入園児です。新入園児は、ほかの子が食べていると食べたくなるので、保育者が声をかけて早めに食事に誘います。一方、進級児は、いつまでもあそんでいたい子が多いので、様子を見ながら、「どうする？」と声をかけていきます。
● 保育者は、原則として1テーブルに1人がつくようにします。
● 食事につく保育者、あそんでいる子どもを見守る保育者、食事のための手洗いなどをサポートする保育者など、役割分担をしっかり行います。

どの子も食べはじめは自分で食べることが多く、介助は食事の後半に集中します。食べはじめるグループと食べ終わりに近づくグループが同時進行するように配慮しながら進めていきましょう。

落ち着いて食べられる環境グッズ

食べることに集中して向かえる環境の
ポイントと、環境を整えるアイディア
を紹介します。

使用例

バスマット

★座面の奥行きを調節

椅子の座面が深いときは、切ったバ
スマットを背もたれに付けます。輪にし
た太めのゴムを使って椅子の背にセッ
トすると、バスマットがずれにくくなり
ます。

★椅子の高さを調節

足の裏がしっかり床に付かないと姿
勢が安定せず、落ち着きません。バス
マットに椅子の前方の脚が差し込める
ように穴を開けてセットし、子どもの足
裏がしっかりバス
マットに付くよう
に調節します。体
格に応じて2枚重
ねて使うこともで
きます。

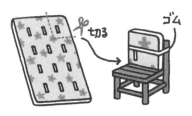

滑り止めシート

床に足裏がしっかり付くようになっ
ても、身体がずるっと前方へ動いてし
まいがちな子には、座面滑り止めシー
トが便利です。座面の前方などに必要
な大きさに切って使うこともできます。
100円ショップなどで入手できます。

子どもたちのためのウォールポケット

子どもが自由に使えるウォールポケットのアイ
ディアです。よく目にするインテリアグッズで
すが、子どもたちのお気に入りの一つです。

使用例

少し大きめのウォールポケットは、人形あそびのおうちに
なったり、ままごと道具を入れたり、絵本を入れたり、自由自
在。そのときの子どものあそびに応じて、用途を変えて使え
ます。設置場所も変えるといいでしょう。

4月当初は、ままごとコーナーの近くに設置して、人形入れとして
活用。子どもたちは、だっこしたい人形を選んであそび、あそび
を終えるときは「バイバイ」とポケットに入れます。

ここがポイント

● 子どもの手が届く場所に設置するイメージで、作っ
てみましょう。友達のすることが気になる時期なの
で、ポケットがたくさんある大きめのものを作ってお
くと、使いやすいです。

● ポイントはポケットの大きさです。幅は15cm程度。
高さは7～8cm。あまり深くすると、子ども自身での出
し入れが難しくなります。

「いっぽんばしこちょこちょ」

ふれあいあそびでおなじみのわらべうた。子どもを膝の上に抱いたり、向かい合ったりしてゆったりと繰り返しましょう。

あそび方例

♪いっぽんばし
①子どもの手を取り、保育者の人さし指を手のひらに立て、2回軽くたたく。

♪こちょこちょ
②人さし指を前後に動かして手のひらをくすぐる。

♪すべって　たたいて　つねって
③手のひらの上で人さし指を滑らせたり、優しくたたいたり、軽くつねったりする。

♪かいだん のぼって
④人さし指と中指を動かして、手のひらから子どもの腕へ上がっていく。

♪こちょこちょ
⑤脇の下やおなかなどをくすぐる。

ここがポイント
- 子どもの緊張感が高いようなら、手ではなく、足でやってみて、子どもの様子を観察しましょう。また、くすぐるときも、子どもの表情を確認しながら行います。
- あそびに慣れてきたら、「♪かいだん のぼって」を繰り返します。その後にくる「♪こちょこちょ」への期待が一層高まります。
- 指を2本、3本にしても構いません。

いっぽんばしこちょこちょ わらべうた

「げんこつやまのたぬきさん」

おなじみのわらべうたの歌詞を一部アレンジして楽しみます。少人数で楽しむアイディアです。

あそび方例

♪げんこつやまの〜のんで
①わらべうたどおりにあそぶ。

♪どこいくの
②拍手3回。

♪あっちいって　こっちいって
③子どもの身体のいろいろな所を保育者がつんつんと人さし指でつつく。

♪ここどこだ
④おなかや足、ほおなどで、つついていた指を止める。

ここがポイント
- 「♪ここどこだ」で子どもが答える場合もあれば、保育者が「おなかー」「ほっぺー」と続ける場合もあります。その後、「こちょこちょ」とくすぐっても楽しいです。一人一人の表情を確かめながら、その子に合ったやり取りを工夫しましょう。

げんこつやまのたぬきさん わらべうた（替え歌部分の作詞／頭金多絵）

「ぎっこん ばっこん」

大好きな保育者に身体を委ねて、大きな動きを楽しむわらべうたです。

あそび方例

保育者は足を伸ばして座り、向かい合わせで子どもを膝に乗せて、両手で子どもの背中を支えましょう。うたいながら、子どもの身体を後ろに倒したり、起こしたりします。

ここがポイント

●子どもの身体を大きく前後に倒したり起こしたりしすぎると、子どもは動きに気持ちが向いてしまい、うたを聞かないようになります。うたを楽しめるよう、動きはやや控えめに、歯切れよくうたってあそぶようにしましょう。
●1対1のあそびですが、あそびになじんできたら、2人の子どもを膝に乗せても楽しめます。

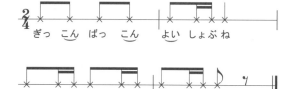

ぎっこん ばっこん　わらべうた

ぎっ こん ばっ こん　よい しょぶ ね
お きは な みが た かいぞ!

「大根漬け」

全身を使って楽しむふれあいあそびです。
心地よさが安心感につながります。

あそび方例

向かい合って座り、子どもの腕をダイコンにみたてて、歌に合わせてこすったり、もんだりします。やり取りに慣れてきたら、あおむけに寝ている子どもの足や全身をダイコンにみたててあそびましょう。

ここがポイント

●となえ歌なので、子どもの表情ややり取りの雰囲気に合わせて、語るように歌いましょう。
●終わった後に、くすぐりを入れたり、少し歌詞を省略して短くしたり、あそびやすいようにアレンジしながら、繰り返し楽しみます。

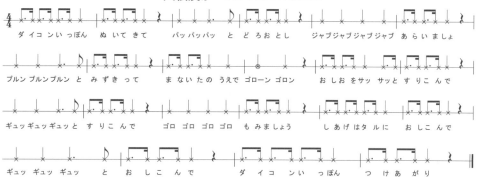

大根漬け　作詞・作曲／二本松はじめ

ダイ コン いっ ぽん　ぬ いて きて　パッ パッ パッ と どろ お とし　ジャブ ジャブ ジャブ ジャブ あら いま しょ
プルン プルン プルン と　み ずき って　ま ない た の うえで ゴローン ゴロン　お しお をサッ サッと す りこ んで
ギュッ ギュッ ギュッと　す りこ んで　ゴロ ゴロ ゴロ ゴロ　も みま しょう　し あげは タル に　お しこ んで
ギュッ ギュッ ギュッ と　お し こん で　ダイ コン いっ ぽん　つけ あが り

戸外で気分転換

連休明け、久しぶりの登園に不安な様子を見せる子には、戸外でのかかわりがオススメ。ちょっとしたことで気分転換を図れます。

対応例

不安でぐずる子も、テラスや戸外に出ると表情が変わります。ちょっとした気分転換を図ることで、気持ちが変わることが多いので、できる範囲で工夫してみるといいでしょう。

★登園後はしばらくテラスで過ごす

おもちゃをテラスに出して、部屋の続きのような空間を作りましょう。可能であれば、園庭での受け入れもオススメ。

★テラスや園庭でおやつを食べる

「食べる」ことを嫌がる子には、テラスなど開放的な空間でおやつタイム。

★午睡の前に園庭を一回り

午睡時に部屋にいることを嫌がる子は、「いやだ」という子どもの思いを受け止めて、少し園庭で過ごしてみましょう。

着脱用の手作り椅子

1つ作っておくと、長く使えて便利な環境グッズです。

着脱に興味をもち、子どもが自分でやってみようとしている姿に応えて、着脱しやすい椅子を用意しましょう。保育者にとっても援助がしやすくなります。座面だけではなく、背もたれも設置すると、上体を支えられるだけではなく、背後の空間を仕切る効果もあります。

準備 ★紙パック ★折り畳んだ同サイズの紙パック ★布ガムテープ ★手芸用接着剤 ★布

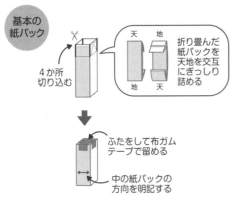

基本の紙パック

4か所切り込む

天地／地天 折り畳んだ紙パックを天地を交互にきっしり詰める

ふたをして布ガムテープで留める

中の紙パックの方向を明記する

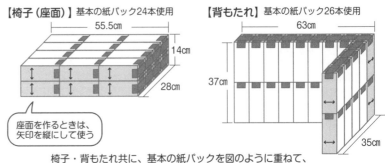

【椅子（座面）】基本の紙パック24本使用
55.5cm　14cm　28cm

座面を作るときは、矢印を縦にして使う

【背もたれ】基本の紙パック26本使用
63cm　37cm　35cm

椅子・背もたれ共に、基本の紙パックを図のように重ねて、布ガムテープで固定し、布でくるんで手芸用接着剤で留める。

ここがポイント

●座面に敷くマットは、毎日取り替えて清潔を保つようにしましょう。

凸凹歩き | いろいろな場所を歩いてみたい子どもの気持ちに応えたアイディアです。

あそび方例

マットの下にソフト積み木や巧技台のふたなどを入れて作った凸凹道を、バランスを取りながら歩いたり、高ばいで進んでみましょう。歩くときは、最初は保育者に手を持ってもらい、少しずつ一人で歩きます。

ここがポイント

● 凸凹の高低差が大きくなりすぎないように気をつけましょう。長さもマット1枚分から始めます。
● あそぶ前に、平たんな所での歩行を見て、つま先とかかとが交互に地に着いているか、安定した姿勢で歩いているかなどを確認します。

新聞紙あそび | 新聞紙のさまざまな性質を楽しめるアイディアを紹介します。

あそび方例

①ボール作り

子どもと一緒に、半分に切った新聞紙を小さくしてボールを作る。たくさん作って、シーツのような大きな布の上で弾ませてあそびましょう。

ビニールテープでぐるっと留めると形が安定する。

②電車あそび

子どもは新聞紙の上にうつぶせになり、保育者が新聞紙を引っ張る。慣れてきたら、座った姿勢も楽しみます。

新聞紙は紙目があるので、2つ折りにして縦方向に引くとよい。

③かぶとでお出掛け

保育者が一人一人にかぶとを作り、子どもはかぶってお出掛けあそび。

鏡を用意しておくと、自分でかぶった姿を見にいく様子がかわいい。

かぶとの折り方

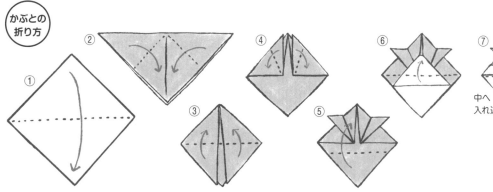

------ 谷折り

中へ入れ込む

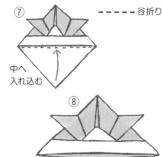

スリットタイプの穴落とし

少し難しい穴落としのおもちゃです。容器の形状によっては、穴落とし以外のあそびも楽しめます。

準備
- ★取っ手付きの小麦粉入れ
- ★プラスチック製の名札（60×40mmくらい）
- ★カッター　★耐水ペーパー

スリット

ふたに名札が落とせるようなスリットをカッターで作る。切り口の周囲は耐水ペーパーでやすりを掛け、滑らかにする。

プラスチック製の名札

あそび方例

安定感のある容器なので、しっかり押さえて入れてあそんでいます。ふたが開けやすいタイプを選べば、自分で開けられます。ふたを開けて入れた札を1枚ずつ取り出したり、取っ手を持ってザーッと出したり、思い思いにあそんでいます。

自分でふたを開けるのはまだ難しい容器もあります。自分で開け閉めし、集中してあそびたい子、保育者にすべて入れ終えたことを伝えたり、容器を振ってたくさん入っていることを一緒に確かめたりしたい子など、一人一人の子どもの育ちに応じたかかわりをしています。

ここがポイント

●ふたが大きいので、スリットを縦と横に入れたり、スリットの長さを名札の縦サイズと横サイズにしたりして、変化をつけるといいでしょう。

ぎゅっと押すぽっとん落とし

落とすときに力が必要な、1歳児向けのぽっとん落としです。

準備　★ペットボトルのふた　★ビニールテープ　★密閉容器（高さ10cmくらい）　★カッター　★はさみ

作り方

ビニールテープ

①ペットボトルのふたを3個、ビニールテープでつなぎ合わせる。
②密閉容器のふたにカッターで切り込みを入れる。
③②の切り込みの8つの角をはさみで切って丸くする。

あそび方例

ペットボトルのふたを、密閉容器に落としてあそびます。力を入れて押し込み、中に落とせるよう、最初は保育者が「ぎゅっと押してごらん」などと言葉や手を添えて、一緒にあそんでみましょう。

ぎゅっと押してごらん

できた　できた

できた!!

「えんやらもものき」 揺れる感覚や動く心地よさを味わえるわらべうたです。

えんやら
もものき

あそび方例

膝の上であそぶ

保育者は足を伸ばして座り、子どもを向かい合わせに乗せ、うたに合わせて膝を上下に揺らします。

段ボール箱であそぶ

段ボール箱に子どもが入り、保育者がうたに合わせて左右に揺らします。

少し大きい段ボール箱を用意し、子どもが2人入ってあそんでも楽しいです。

えんやらもものき　わらべうた

えん やら　もものき　ももがなったら　だれにやろう？
おかあさんに　あげようか？　（○○○）ちゃんに
あ げよう か？ だ れ に　あ げよう か？

ここがポイント

● 揺らし方は、子どもの表情を確かめながら、調整します。
● 段ボール箱であそぶときは、座った姿勢が安定するように、子どもの身体の大きさに合わせ、背中にクッションなどを入れるようにしましょう。

1枚の布をポケットに

ハンカチ大の布を1枚、ポケットに入れておくだけで、ちょっとした時間を楽しく過ごせます。布は、シフォンのようなハリがあって、透け感のあるものがいいです。

あそび方例

「いない いない ばあ」

「いない いない」で子どもの顔に布を掛けて、子どもが取るしぐさに合わせて「ばあ」と言葉をかけます。

「ももや ももや」

うたに合わせて、ハンカチを揺らし、最後の「♪あ　どっこいしょ」で腰を伸ばすしぐさをします。本来は立ってあそびますが、座ったままであそんでも楽しいです。

ももや ももや　わらべうた

も　もや　も もや　ながれは はやい
せん たく すれば　きもの が ぬれるあ どっ こい しょ

保育のアイディア（5月）

飛行機あそび

「ぶーん　ぶーん」という言葉の響きと、動きを楽しむあそびです。

▶ あそび方例

①おなかの上で「ぶーん　ぶーん」

　寝転んだ保育者のおなかに乗せて「ぶーん　ぶーん」「飛行機だよ」などと声をかけながら、左右に揺らします。揺らし方は、子どもの表情を見ながら変えていきましょう。

②足の上で「ぶーん　ぶーん」

　①のあそびに慣れてきたら、保育者のすねに乗せて「ぶーん　ぶーん」と上下に動かします。最初のあそびより浮遊感があるので、大喜び。子どもの表情を確認しながら、強弱をつけて動かしましょう。

③横抱きにして「ぶーん　ぶーん」

　うつぶせの横抱きにして「○○ちゃんが飛んでまーす」と言いながら、室内を移動し、ほかの子とかかわる機会を作ってみましょう。

H型車

紙パックで作る室内遊具です。いろいろな使い方が楽しめます。

準備　★紙パック72本　★布ガムテープ　★新聞紙　★布　★木工用接着剤

▶ あそび方例

　車にみたてて、またがって動かしたり、ままごとあそびでテーブルやベッドにしてあそんだり、いろいろな使い方で楽しみましょう。

2つ並べるとベッドに早変わり!

作り方

① 紙パックのふたの部分を切り落としたものを66本分用意する。

切り落とす

② 折り畳んで上下交互に詰める

切り込みを入れる

布ガムテープで留める

×11枚

6本の紙パックの中に、それぞれ①の紙パックを折り畳んで11本分ずつ詰め、ふたをして、布ガムテープで留める。

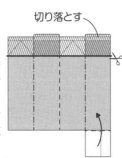

③ 布ガムテープでまとめる　木工用接着剤で固定する

×3個

※全体を布ガムテープでぐるぐる巻きにし、丈夫にする

②を2本ずつ布ガムテープでまとめ、さらにH型になるように組み立て、木工用接着剤と布ガムテープで留める。

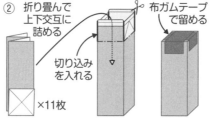

④

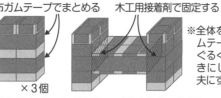

③に新聞紙をはり、乾いたら布を上からはる。

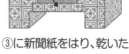

発達に合わせたひも通し

子どもの育ちに合わせたひも通しのちょっとした工夫を紹介します。

 準備　★ひも　★ビニールテープ
★ラップなどの紙芯、ホース、穴の開いた積み木など

作り方

①ひもにビニールテープを巻き付けて補強する。ビニールテープを巻く長さは、いろいろ変えて作る。

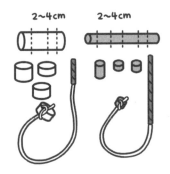

2〜4cm　2〜4cm

②紙芯とホースは2〜4cmくらいの輪切りにしておく。①のひもの端に紙芯やホースを1つ、付けておく。

ここがポイント

●ひもに巻き付けるビニールテープが長いほど、ひもがしっかりして通しやすくなります。また、通すものの穴の大きさもいろいろ用意することで、難易度にバリエーションがつけられます。子どもの手指の動きや、左右の手の協応性を見ながら、その子に合ったものから始め、「できた」という達成感を味わえるように配慮しましょう。

布通し

ひも通しとは違ったおもしろさを味わえるあそびです。

 準備　★紙芯を3〜5cmくらいに切ったもの
★布（できればオーガンジーのような少し張りのあるもの／バンダナサイズ）

ここがポイント

●紙芯の長さによって、難易度も変わってきます。いろいろな長さの紙芯を用意しておくといいでしょう。

あそび方例

　布を紙芯に通してあそびます。先端が2つのひもと違って、布はどこからでも引っ張り出せるので、いろいろな通し方を楽しめます。

もう1つ通るかな？

通した紙芯が落ちないように、布の端をだんご結びにして、どんどん紙芯を通します。

あら、おもしろいね

布の真ん中をつまんで通してみてもおもしろいです。

「ゆすらんかすらん」

子どもと1対1のやり取りを楽しみ、かかわりを深められるわらべうたです。

あそび方例

♪ゆすらんかすらん〜ひくいやまこえて

① 子どもの脇の下を支えて保育者の膝の上に抱き、上下に揺らす。

♪あっぱっぱ

② 足を開いて、床に子どもを下ろす。勢いをつけすぎないよう気をつけよう。

ゆすらんかすらん　わらべうた

ゆすらん　かすらん　たかいやま　こえて　ひくいやま　こえて　あっぱっぱ

「小馬」

四つばいから高ばいへの自然な移動運動を、リズムあそびとして楽しみましょう。

あそび方例

最初は曲に合わせて四つばいで動きます。次に、ピアノを1オクターブ高くして、膝を伸ばし、腰を上げた高ばいで移動します。四つばい、高ばいとも、手指や足の親指をしっかり床につけることが大切ですが、あまり形にはこだわらず、まずは楽しむことを大事にしましょう。

小馬　文部省唱歌

ハイ　シイ　ハイ　シイ　あゆめよ　こうま

やまでも　さかでも　ずんずん　あゆめ

おまえが　すすめば　わたしも　すすむ

あゆめよ　あゆめよ　あしおと　たかく

ここがポイント

● 望ましいスタイルについては、繰り返し行う中で、できるようになるのを待ちましょう。「こうするんだよ」というアドバイスが過ぎないように気をつけます。

● ピアノではなく、保育者の歌声で行っても構いません。

「とけいがなります」

揺らしたり、くすぐったり、たっぷりふれあうあそび歌です。

あそび方例 向かい合って座り、保育者の足の上に子どもを乗せます。

♪とけいがなります　チクタクチクタク
①手をつないだり、上体を支えたりして、歌いながら左右に揺らす。

♪あさです　めざまし　げんきです
②膝を上下に動かす。

③歌の後、「ジリジリジリ」と言いながら、子どもをくすぐる。

とけいがなります　作詞・作曲／頭金多絵

とけいがなります　チクタクチクタク　あさですめざまし　げんきです

「なまえがグルグル」

友達への興味が高まる1歳児にぴったりの楽しい返事あそびです。

あそび方例

♪セッセッセーノヨイヨイヨイ

①輪になって座り、みんなで手をつなぎ、歌に合わせてつないだ手を前後に振る。

♪なまえ〜まわそう　なまえ
②歌に合わせて、手拍子を繰り返す。

♪な　　♪ま　　♪え
（拍手）（休み）（拍手）

♪○○○○ちゃん　ハイ〜
③保育者は順に子どもの名前を呼び、呼ばれた子は手を挙げて返事をする。

なまえがグルグル　作詞・作曲／二本松はじめ

セッ　セッ　セー　ノ　ヨイ　ヨイ　ヨイ

なまえ　なまえ
【動作】[拍手]　[*]　[拍手]　[*]　　[拍手]　[*]　[拍手]　[*]

グルグルまわそう　なまえ
[拍手]　[*]　[拍手]　[*]　　[拍手]　[*]　[拍手]　[*]

○○○　○ちゃんハイ　　○○○　○ちゃんハイ
[拍手]　[*]　[拍手]　[*]　　[拍手]　[*]　[拍手]　[*]

[*]は休み。

保護者支援 トイレットトレーニング

トイレットトレーニングは1歳児の保護者の大きな関心事の一つです。クラスだよりで、お役立ち情報を紹介しましょう。

お知らせイメージ

夏はチャンス！ トイレットトレーニング

夏場は薄着なので、トイレに行きやすく、汗をかいて排尿間隔も長くなります。洗濯物も乾きやすく、トイレットトレーニングを始めやすい時期です。子ども、大人とも互いにストレスにならない程度にゆっくりと始めてみましょう。

トイレットトレーニングのスタートサイン

・おしっこの間隔が2～3時間空く。

・2歳の誕生日を迎えている。

・トイレに興味を示している。

・言葉でのやり取りが少しできる。

トイレットトレーニングの進め方

・一緒にトイレに行く。

・失敗しても決してしからない。

・子どもが行きやすいトイレ空間にする。

ホースのおもちゃ

身近な生活用具を活用したおもちゃです。
作り方も材料の準備も手軽なので、たくさん作れます。

準備
★透明のビニールホース（直径3㎝　長さ40～45㎝くらい）
★クリアファイル（12×5㎝くらい）　★布ガムテープ　★ビーズ

あそび方例

●バッグにみたてて

重さがちょうどいいのか腕に掛けてあそぶ姿がよく見られます。お買い物ごっこを楽しんでいた子は、リングを1つ腕に掛けて、バッグにみたてて「いってきます」とお買い物に出掛けていきました。帰りには腕にいっぱい掛けて、「ただいま」と帰ってきました。バッグだったはずが、ドーナツに変わっていて、「たべて」と言ってみんなに配っていました。

●車のハンドル

両手で握ると車のハンドルになります。段ボール箱を車にみたてて中に入って運転したり、大型積み木に1列に並んで座り、全員がハンドルを持って運転手になったりしてあそんでいます。ときには、保育者が歌う「バスにのって」（作詞・作曲／谷口國博）に合わせて運転して楽しみます。

作り方

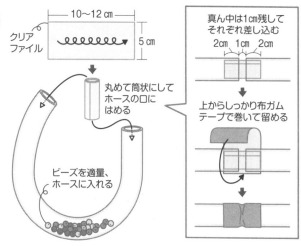

10～12㎝
クリアファイル
5㎝

丸めて筒状にしてホースの口にはめる

ビーズを適量、ホースに入れる

真ん中は1㎝残してそれぞれ差し込む
2㎝　1㎝　2㎝

上からしっかり布ガムテープで巻いて留める

＊ホースの連結にクリアファイルではなく、凹凸があるホースの結合金具を使用しても。

シールあそび

子どもたちはシールが大好き。たっぷりあそんで、あそびきる満足を味わえるアイディアを紹介します。

準備
〈あそび1〉★短めに切ったカラービニールテープ ★粘土板のようなプラスチック製の板 ★養生テープ
〈あそび2〉★大小の丸シール ★色画用紙など適宜の紙 ＊丸シールは1列単位で、剝離紙ごと切り離しておく。

あそび方例

〈1〉ビニールテープで
粘土板にはってあるビニールテープをはがしたり、はったりしてあそびます。

〈2〉丸シールで
大小の丸シールを自由に選んで、剝離紙からはがし、色画用紙などにはります。どんどん上に重ねてはる子もいれば、くっつくように並べてはる子もいます。また、隅っこを意識してはったり、ばらばらにはったり、さまざま。一人一人が思い思いにはってあそびます。

いろいろな形の紙を用意しても楽しい。

ここがポイント
●ビニールテープは粘着力が強いので、粘土板などは床や机に養生テープでしっかり固定したほうがはがしやすいです。また、子どもの様子に応じて、テープの角を小さく折っておくのも一つの方法です。
●はることよりも、はがすことに集中する子もいます。その子が楽しいと思うあそびに集中し、たっぷりあそんで充実感を味わえるように見守りましょう。

七夕飾りの製作あそび

コーヒー用フィルターの形を活用して、織り姫や彦星の衣装を作ります。

準備
★フェルトペン（水性） ★コーヒー用フィルター
★霧吹き ★セロハンテープ ★ひも
★織り姫や彦星の顔（画用紙）

あそび方例

①コーヒー用フィルターにフェルトペンで線や点を描き、保育者が霧吹きで水を掛ける。

②色がにじんできたら、洗濯ばさみでひもに留めて、乾かす。

③子どもが選んだ織り姫や彦星の顔を②にセロハンテープで留め、ひもを付ける。

ここがポイント
●コーヒー用フィルターが動かないように、セロハンテープで机に固定すると描きやすいです。
●織り姫や彦星の顔は多めに作って、子どものリクエストに応えましょう。
●ササに飾る前に、壁面に飾って保護者に見てもらってもいいでしょう。

プレ水あそび

ダイナミックな水あそびの前に、水の感触をゆっくり味わう
あそびを楽しみましょう。

準備　★ポリ袋（小〜中サイズ）　★たらい、またはビニールプール
※ポリ袋の3分の2くらいまで水を入れて、袋の口をしっかり結ぶ。

ここがポイント

●水あそびに戸惑う子も楽しめるあそびです。
●最初は小さな袋から始め、慣れてきたら大きめの袋でもあそんでみましょう。最後にポリ袋を破いて、水を出すのも喜びます。

あそび方例

　水を張ったたらいやビニールプールに、水入りのポリ袋を浮かべ、まずは保育者がそっと両手で持ち上げて見せます。

　その後、「どうぞ」と子どもの両手のひらにポリ袋を載せます。流れる水とは違った感触を味わったり、水の重さを感じたりするでしょう。水に浮かぶポリ袋を沈めようとする子もいます。

片栗粉あそび

片栗粉はいろいろな感触を楽しめる素材です。
子どもの様子を見ながら、少しずつあそびを広げていきましょう。

あそび方例

そのまんま片栗粉

つるつる
するね

　ボウルに入った片栗粉の中に手を入れたり、握ってみたりなど、片栗粉の感触を楽しんでみましょう。

ここがポイント

●「さらさら」「ぺとぺと」「にゅるにゅる」「ぷるんぷるん」など、繰り返しの擬音語を意識した言葉かけを工夫しましょう。保育者の楽しい言葉かけを通して、さらにあそびに集中します。

2種類の水溶き片栗粉

①同量より少なめの水で片栗粉を溶き、フィンガーペインティングの要領で机の上にぬたくりをしてみましょう。

②片栗粉：水を2：1の割合でよく混ぜて溶いたものをぎゅっと握ってみましょう。

食紅を加えても楽しい。

手の中で固まるが、手を広げると指の間からゆったりと落ちていく独特の感触が楽しい。

　※水あそびの際は、あそびの最中は監視役を置くなどしてしっかり見守り、終わった後は水を捨てるなど管理を徹底しましょう。

氷あそび

水とは違った感触を楽しみましょう。室内でもあそべます。

ここがポイント
- あそぶスペースを決めて、必ず保育者が一緒にあそんだり、見守ったりしてそばにつきます。口に入れないように気をつけましょう。
- 子どもの気づきや反応に合わせて、道具を出していくようにして、保育者があそびをリードしすぎないように気をつけましょう。

あそび方例

机の上で

大きめの製氷皿や容器で作った四角い氷を机の上に置いて、滑らせたり、触ったりして、感触を楽しみます。触ったときの子どもの反応に合わせて、「冷たいね」「つるつるしているね」「小さくなってきたね」などと言葉を添えて、子どもの気づきに共感しましょう。

つるつる
しているね

水に浮かべて

大きめのたらいに水を入れて、氷を浮かべ、つついてあそびます。食紅を溶いた色水で氷を作ると、視覚的にも楽しさアップ！

ボウルなどに入れて

製氷器の氷を、少量の水を入れたボウルやままごとの鍋の中でくるくる動かしてあそびます。容器の壁面に沿って勢いよく動く様子をじっと見入って楽しんだり、だんだん溶けて小さくなる変化に気づいたりして、興味津々。

「こんこんちきちき（お山）」

7月に行われる京都の祇園祭のおはやしから生まれたわらべうたです。

あそび方例

子どもと向き合って、鐘を小さく鳴らしながらうたいます。「♪おちごさん！」に子どもの名前を入れてうたうと楽しいです。

♪○○さん

こんこんちきちき（お山）　わらべうた

こん　こん　ちき　ちき　こん　ちき　ちん
お　や　ま　の　お　ち　ご　さん！

♪こんこん
ちきちき

うたいながら手をつないであちこち歩きます。

113

全身を動かすあそび

一人一人の育ちに合わせた大型遊具を使う
あそびアイディアです。

あそび方例

●平均台くぐり

平均台の向こう側にいる保育者を目指し、平均台の下を四つばい
やずりばいでくぐり抜けていきます。ゴールになる保育者は子どもと
目線が合うように、腹ばいや四つばいになって呼ぶとよいでしょう。

●はしごくぐり

両端を保育者が支えて立てたはしごをくぐり抜け
ます。四つばいや高ばい、あるいは中腰など、くぐり
方はいろいろでOK。

●はしごまたぎ

床に置いたはしごをバランスをとりな
がらまたいで進みましょう。低月齢児は、
高ばいスタイルで進む子もいて、またぎ
方には個人差があります。

様子に応じて
保育者が手を
添える。

ウォーターポコポコ

水の動きが楽しいおもちゃです。
繰り返し楽しめます。

準備
★同じタイプのペットボトル2本 (350〜500mL入り) ★ペットボトルの口に合う太さのホース4〜5cm
★ビニールテープ ★食紅 ★水 ★多用途接着剤

作り方

①食紅を溶かし
た水を1本の
ペットボトルに
だけ入れる。

②①のペットボトルの口に
ホースを差し込む。すき
間が空くようなら、ホー
スにビニールテープを巻
いて調節する。

③もう1本のペットボ
トルを②のホース
の口に差し込む。

接着剤

④水が漏れないように、両方のペットボト
ルの口と差し込んだホースのすき間に多
用途接着剤を塗り、口同士をぴったり合
わせて上からビニールテープを巻く。

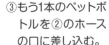

あそび方例

水が入っているほうを上にして、水
を落としてみましょう。水が渦を巻
いたり、あぶくを出したりする様子が
楽しめます。

スポンジのおもちゃ

スポンジは水を含んだときの変化が楽しく、低年齢児の水あそびの素材に最適です。
スポンジを使ったおもちゃを2種類、紹介します。

スポンジボール

準備

★水色・ピンク・黄色の
　台所用スポンジ
★はさみ
★たこ糸

作り方

①スポンジに、縦に4分割の線を描く。

描く

②はさみで切る。

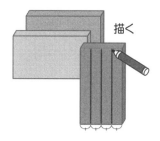
切る

③伸ばしたたこ糸に切ったスポンジを積むように置く。

たこ糸

④両端をそろえて、中央をたこ糸で結ぶ。

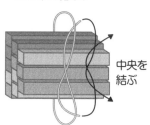
中央を
結ぶ

⑤残ったたこ糸を切る。

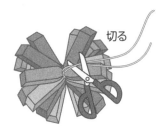
切る

⑥形を整える。

スポンジの魚

準備　★台所用スポンジ　★輪ゴム　★油性フェルトペン

作り方

①スポンジの片側の2つの角を切り落とす。

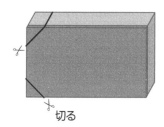
切る

②目と口を油性フェルトペンで描く。

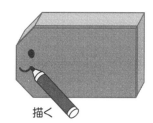
描く

③反対側から¼あたりに輪ゴムをはめてしっぽを作る。

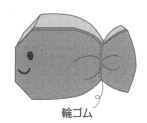
輪ゴム

窓に絵を描こう

絵の具の感触、水を加えたときの変化、水の音など、五感で楽しめる絵の具あそびです。

準備　★絵の具（2色くらい）　★水で溶いた絵の具を入れる容器
★ジョウロやホース

あそび方例

①ベランダに出て、手のひらや指に水で溶いた絵の具を付け、窓に自由に線を描いたり、跡を付けたりしてあそぶ。

②終わったら手を洗い、子どもたちは部屋の中に入る。保育者が外からジョウロやホースで水をかけて絵の具を流し、絵の具が流れ落ちたり、色が混ざり合う様子を楽しむ。

ここがポイント

● シャツとパンツなど、汚れてもよい服装になりましょう。

● ホースでかけるときも、いきなり勢いよくかけるのではなく、窓の絵の具の変化に気づき、楽しめるように、少しずつかけるといいでしょう。

● 流れ落ちておしまいにするか、もう1回描くか、子どもと相談しながら進めましょう。

スタンプあそび

いろいろな素材のスタンプを用意しましょう。思い思いに試したり、確かめたりするでしょう。

準備　★スタンプトレイ（少量の水で溶いた絵の具を浸したタオルやスポンジと平らな容器）
★スタンピング材料
★多めの新聞紙、または古いバスタオル
★画用紙など

あそび方例　画用紙に、思い思いの材料でスタンピング。画用紙のほか、わら半紙や、カレンダーの裏紙のような光沢のある紙など、紙の種類もいろいろ替えて、試してあそぶと楽しいです。

スタンピング材料

ペットボトルのふたを4つ積み重ねて、ビニールテープで巻いたもの

ビニールテープ

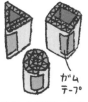
段ボール板を丸、三角、四角に巻いて、ガムテープで留めたもの
ガムテープ

空き容器を気泡緩衝材で包み、輪ゴムで留めたもの

輪ゴム

スタンプトレイ
跡が付いたね
新聞紙、またはバスタオル

ここがポイント

● 画用紙などスタンプする紙の下に、多めの新聞紙や古いバスタオルなど、マット代わりのものを置くと、跡が付きやすいです。

● スタンピング材料は、一度にいろいろなものを出しすぎると混乱するので、少しずつ様子を見て、子どもとやり取りしながら増やしていくといいでしょう。

● スタンプするだけでなく、スタンピング材料全体に絵の具を付けて紙の上で転がす子もいます。子どもの興味や関心を大事にかかわります。

寒天あそび | ひんやりとした寒天の感触は、夏のあそびにぴったりです。

準備
★粉末寒天 ★食紅（3色程度） ★水 ★寒天を冷やして固める容器（バットやトレイ） ★寒天を入れてあそぶ容器 ★ままごと用のスプーン ★鍋 ★雑きん
＊水の分量の目安＝粉末寒天（4g）に対して水500～600mL程度。

作り方

① 鍋に粉末寒天と指定の分量の水を入れて火にかけ、沸騰させる。

② 中火にして、食紅を入れ、さらに2分程度かき混ぜながら寒天を溶かす。

③ 火から下ろし、用意したバットやトレイに流し入れて、冷蔵庫で冷やし固める。

あそび方例

冷蔵庫で冷やし固めた寒天を指先でつついたり、手指全体で細かく握りつぶしたり、スプーンですくったりして、思い思いに感触を楽しみます。

トレイなど浅めの容器で固めると、ぺろんとはがす感触を楽しめる。

ここがポイント
- はじめての素材を直接触ることに抵抗を感じる子もいます。無理をせず、ポリ袋に入れて渡したり、スプーンを渡したりして、その子の様子に応じたかかわりを工夫しましょう。
- さまざまな深さの容器を使って固めると、いろいろな感触を楽しむことができます。
- 室内であそぶ場合は、床が滑りやすくなるので、散らばった寒天はこまめに雑きんで拭くようにします。
- 間違って口に入れないよう、あそぶ様子から目を離さないことが大切です。

「とうきょうとにほんばし」 | 「いっぽんばしこちょこちょ」によく似た、やり取りが楽しいわらべうたです。

とうきょうとにほんばし　わらべうた

2/4　とう きょうと に ほんばし　がりがりやまの　パン やさんと つ ねこさんが かいだん のぼって こ ちょこちょ

あそび方例

♪とうきょうと
① 向かい合って座り、子どもの手のひらを人さし指で2回軽くたたく。
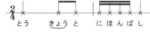

♪にほんばし
② 人さし指と中指の2本で2回軽くたたく。

♪つねこさんが
⑤ ひっくり返して、手の甲を軽くつまむ。

♪がりがりやまの
③ ひっくり返して、手の甲をひっかく。

♪かいだんのぼって
⑥ 人さし指と中指を交互に動かし、腕を上がっていく。

♪パンやさんと
④ ひっくり返して、手のひらを2回軽くたたく。

♪こちょこちょ
⑦ 脇の下をくすぐる。

かいだんおりて

ここがポイント
- 繰り返し楽しんだら、⑥の後、すぐに脇の下をくすぐるのではなく、「♪かいだんおりてまたまたのぼって」など、アレンジしてみましょう。子どもたちが保育者の言葉に耳を傾け、やり取りが一層楽しくなります。

保育のアイディア（8月）

117

かけっこを楽しむ

走ることを楽しむ子が増えてきたら、一緒に楽しみましょう。子どもの姿に合わせた3つのあそびを紹介します。

あそび方例

「おいでおいで」かけっこ

少し離れた所から「おいでおいで」と呼ぶ保育者に向かって走ります。保育者は走ってきた子どもを一人一人、抱き止め、走れたことを一緒に喜ぶように言葉をかけましょう。

しっぽ追いかけあそび

保育者が細く切った新聞紙のしっぽを付けて走り、子どもたちがしっぽを取ろうと追いかけます。また、しっぽを付けたいという子には、しっぽを付けて、保育者が追いかけましょう。

あそこまで「よーい、ドン！」

保育者が指ししめす目的物（ゴール）に向かって、友達や保育者と一緒に走ります。保育者は一人一人が自分のペースで最後まで楽しんで走れるように配慮しましょう。例えば、遅い子の場合は子どものすぐ前を伴走し、速い子の場合は子どものすぐ後ろを追いかけるように走って、一人一人に「速いねー」「すごいね」などの言葉をかけていきます。

変化を楽しむおもちゃ

力を加えることで形状が変化するおもちゃを2つ紹介します。

あそび方例

パッチンバンド

手首や腕などに当てると、くるっと巻き付くバンドです。丸まっているバンドを伸ばしても、手を離すと元の形状に戻るおもしろさを楽しめます。そのままあそんでも構いませんが、布で覆うと手触りがソフトになります。

多用途接着剤を付けて、布でくるむ。

シュシュ

髪を束ねるシュシュのゴムの伸び縮みを楽しみます。市販品で構いません。手首や足首にはめてあそぶ姿も見られるでしょう。

新しい感触を楽しむあそび

ふだんなかなか触ることがない素材の感触を、友達と一緒に楽しみます。

 準備
★春雨 (半分の長さに切ってゆでて戻し、よく冷ましておく)
★洗面器 (色のついたものがわかりやすい)
★コップ、皿、プラスチックの小さな空き容器など

あそび方例

①保育者が洗面器に春雨を分けて入れる場面からスタート。

②1つの洗面器を2～3人で囲み、容器に移し替えたり、握ったりして感触を楽しむ。

保育者のまねをして、春雨をつまんでみようとしたり、引っ張ってちぎることを楽しんだり、いろいろな器に入れたり、移し替えたり、戻したりと、不思議な感触をそれぞれに楽しむ子どもたち。

> **ここがポイント**
> ●口に入れないように、保育者がそばで見守ります。
> ●「つるつる」「にゅるにゅる」など、春雨の感触を言葉にして、保育者も一緒にあそびましょう。
> ●触ることを躊躇する子は、保育者の膝に乗せて一緒に見たり、春雨をポリ袋に入れた状態で少しずつふれたりするようにしてもよいでしょう。

トイレットペーパーの紙粘土作り

トイレットペーパーの乾いた感触から、水を吸って感触が変わっていく様子をじっくりと楽しみましょう。

 準備
★トイレットペーパー
★絵の具 (赤・黄・青など3色くらい)
★水　★でん粉のり (工作用、または洗濯用)　★洗いおけ、または洗面器

あそび方例

①引っ張り出したり、くるくる丸めたりしてあそんだトイレットペーパーを小さくちぎる。子どものちぎり具合だと粗いので、保育者が後でさらに細かくちぎるとよい。

②洗いおけや洗面器などに①を入れ、あらかじめ絵の具で作った色水とでん粉のりを少しずつ加えながら、子どもと一緒に耳たぶ程度の柔らかな感触になるまでこねていく。

③②を1人ずつの分量 (握りこぶし程度の大きさ) に分けたものを、小さくちぎって、丸めたり、手のひらで押しつぶして平らにしたりしてあそぶ。

> **ここがポイント**
> ●色水を3色程度作って、それぞれ同時にこねはじめると、自然に子どもが分散するので、活動がスムーズです。
> ●一般的に紹介されている作り方では、水のりを使いますが、液体を使うと水加減が難しいので、でん粉のりがオススメです。また、はじめて作る場合は、水の量が適量なのか判断しづらいので、先にでん粉のりと色水を合わせて一緒に入れたほうが失敗しません。
> ●②では、こねていると次第に気持ちのよい感触になり、手にもべたべたと付かなくなってきます。出来上がりの目安の感触です。子どもとこねた後、再度保育者がしっかりこねておきましょう。
> ●手作りの紙粘土は、やや水分が多い感触なので、1日置いてからあそぶ方法もオススメです。その際は、水分が蒸発しすぎないよう、ラップで覆っておきましょう。
> ●作ったものにそのときの子どもの様子をちょっと書き添えて展示します。

「ゆすってゆすって」 | 揺すられるのが楽しいわらべうたです。

あそび方例

♪ゆすって……えべっさんに

①大きめのバスタオルに子どもを乗せ、両端を保育者が持ち、左右にゆっくり揺らす（下にマットレスを敷くとよい）。

♪なれよ

②うたい終わったら下におろす。

> **ここがポイント**
> - 子どもの表情をよく見ながらあそびましょう。
> - ふわふわのマットレスなどに下ろすと、気持ちよくて、より楽しめます。

ゆすってゆすって わらべうた

ゆすっ て ゆすっ て ゆすらんめ　えべっ さんに　なれ　よ

「どっち どっち」 | おに決めあそびのわらべうたを1歳児向けにアレンジして楽しむアイディアです。

あそび方例

①子どもは片手を握って前に出す。

♪どっち　どっち　えべっさん　えべっさんに　きいたら　わかる

②保育者がうたいながら、人さし指で子どものこぶしに順番にふれていく。

③何度か②を繰り返した後、最後の「♪る」でふれた子に「○○ちゃんに決まり！」「○○ちゃん、こんにちは」などの言葉をかける。

> **ここがポイント**
> - 本来はおにを決めるときのあそびですが、1歳児はただ、自分のところで終わることを期待しながら楽しみます。最後にふれた子と握手をしたり、挨拶をしたり、オリジナルのあそび方にアレンジして楽しみましょう。
> - 1拍ごと、あるいは2拍ごとにしっかりリズムを刻み、速くならないように気をつけます。

どっち どっち わらべうた

どっ ち どっ ち え べっ さん　え べっ

さん に きい たら わか る

＊えべっさん＝七福神のえびすさまのこと。

「とんぼのめがね」

全身の動きを楽しむリズムあそびです。「できる・できない」にこだわらず、楽しい気持ちを共有しましょう。

あそび方例

③歌が終わったところで、止まる。このとき、保育者は竹の先に止まったトンボのイメージで、片足で立つ。

もう片方の足は後ろに伸ばして上体を前に倒します。

①前奏（8拍）で両手を真横に伸ばして、トンボの羽を作り、上下に少し揺らす。

②歌が始まったら、両手を広げたまま、リズムに乗って走る。

エピソード

ふだんから親しんでいる童謡で、「みんなで走る」という動きが入るので、人気ナンバーワンのリズムあそびです。"みんなと一緒に動くのは嫌"という子も、友達がやっているのを見ながら歌を口ずさんでいます。

静止ポーズでは、片足のつま先だけを床につけて、できるだけ足裏を浮かせようと全神経を集中させる姿がとてもかわいいです。

ここがポイント

- 前奏は弾きやすく、歌の始まりがわかりやすいものをアレンジするといいでしょう。
- ③で保育者が行う静止ポーズに刺激されて、子どももやってみようとします。1歳児には難しいポーズなので、まねを誘う必要はありません。子どもの「やっているつもり」を認めることが大切です。

とんぼのめがね　作詞／額賀誠志　作曲／平井康三郎

「ぶらんこ」

運動会の親子種目にオススメのあそびです。

あそび方例

保護者が子どもの脇の下に手を差し入れて抱き上げ、歌に合わせて子どもの身体を左右に揺らします。歌詞の「♪わたしも」にそれぞれ我が子の名前を入れましょう。

ここがポイント

- 抱き方は、向き合う形でも、同じ向きでも構いません。子どもの体格や、保護者のやりやすさに応じて、選べるようにするといいでしょう。

ぶらんこ　作詞／都築益世　作曲／芥川也寸志

121

過ごしやすい衣服の組み合わせモデル

朝夕と日中の気温差が大きい時期の調節しやすい衣服の組み合わせを具体的に知らせるアイディアです。

準備 ★厚紙　★ひも　★針金ハンガー　★フェルトペン　★ガムテープ

作り方

①厚紙で図のように身体を作る。ズボンが留まりやすいように、ウエスト位置にくびれを作る。

30cm
30cm

15cm

裏

②厚紙で図のような顔を作り、フェルトペンで髪の毛や顔の表情を描き、①の身体にガムテープで留める。

③顔の裏、身体に図のように針金ハンガーをガムテープで留める。ぶら下げるひもを付ける。

組み合わせ例 厚紙とハンガーで作った人型に見本の服を着せて掲示します。

ベスト＋長袖シャツ＋
ハーフパンツ、
または長ズボン

半袖シャツ＋スモック＋
ハーフパンツ、または
長ズボンやスパッツ

散歩バッグ

簡単に作れて、丈夫な散歩バッグです。

準備 ★ファスナー付きの袋 1)（いちばん小さいサイズ）　★安全パーツ付きストラップ 2)　★針と糸　★はさみ

1) 100円ショップなどで扱っています。
2) 安全パーツは強い力が加わると分離するので、事故防止に有効です。
　ネットショップや100円ショップで扱っています。
　安全パーツだけを入手することもできます。

作り方

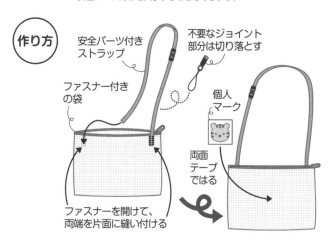

安全パーツ付きストラップ

不要なジョイント部分は切り落とす

ファスナー付きの袋

個人マーク

両面テープではる

ファスナーを開けて、両端を片面に縫い付ける

ここがポイント

●個人マークを設けている場合は、1人ずつに個人マークを描いて両面テープなどではっておくといいでしょう。自我が膨らみ、自分のものへのこだわりが高まる時期なので、喜びます。

●肩に掛けたときに、おなかのあたりに袋が来るようにストラップの長さを調節して縫い付けるようにします。長いと引っ掛けやすいので、気をつけましょう。

肩に掛けるときは、ストラップを縫い付けたほうを手前にすると、ファスナーの開け閉めの邪魔になりません。

紙コップロケット

保育者が飛ばした紙コップを取りにいったり、保育者に手伝ってもらって飛ばしてみたり、あそび方はいろいろ。

（準備）★紙コップ2個　★ポリ袋　★セロハンテープ

あそび方例

　空気を入れて膨らんだポリ袋を両手でパンと挟んだり、下からポンと押したりして、紙コップを飛ばします。

（作り方）

①1個の紙コップの底を切り抜く。

②①の口にポリ袋をかぶせて、周囲をセロハンテープですき間のないよう留める。

③ポリ袋に空気を入れて、もう1個の紙コップを上にかぶせる。

ここがポイント

●上にかぶせる紙コップにシールをはったり、模様を描いたりしても楽しいです。
●子どもがするときは、土台の紙コップを保育者が持ち、「2つのおててで、パチン！ってしてごらん」と声をかけましょう。

紙玉飛ばし

洗濯ばさみを利用したおもちゃです。
おもちゃを固定すれば、1歳児も自分ではじいて飛ばせます。

（準備）★割りばし2膳　★洗濯ばさみ1個　★ペットボトルのふた1個　★ビニールテープ　★両面テープ
★空き箱、または大型積み木　★ガムテープ　★小さく丸めた紙玉

（作り方）

①洗濯ばさみのリングを割りばしの間に挟み、はし先と洗濯ばさみの先を合わせる。

②もう片方も①と同じようにする。

③洗濯ばさみと割りばしをビニールテープでそれぞれ固定する。

④片側の割りばしの端に両面テープでペットボトルのふたを留める。

⑤空き箱や大型積み木に、ガムテープで固定する。空き箱の場合、中に重しとなるようなものを入れておくとよい。

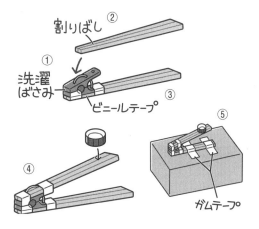

あそび方例

　割りばしの端をはじいて、ペットボトルのふたの中に入れた紙玉を飛ばします。

絵を描こう | 描きたくなるような環境作りや、進め方を紹介します。

準備 ★いろいろな質感、大きさ、形の紙　★クレヨンやフェルトペン　★掲示用の色画用紙

♪ かもつ れっしゃ〜 ♪

きっかけ作りの歌あそび

「かもつれっしゃ」の歌に合わせて、室内を歩く。「♪がっちゃん」でぴたっと止まり、「歩く」「止まる」の繰り返しを楽しみます。

どれが　いいかな？

描画の援助例

①机や床に、クレヨン、またはフェルトペンと紙を適当に置いて、子どもたちが集まってくるのを待ちます。
②興味をもって、そばに来た子に「描いてみる?」と声をかけ、いろいろな形、質感、大きさの紙を見せて、選べるようにします。

ここがポイント

●筆圧が弱い子には、画材としてはフェルトペンが、紙はカレンダーの裏紙のようなつるつるした質感のものが描きやすいです。
●「かけた」と持ってきた子が「○○」と命名したら、丁寧にやり取りします。ただ、保育者のほうから「何を描いたの?」と聞くことは控えましょう。

掲示例

「かけた!」と持ってきた子から、壁にはっていきます。子どもの絵を貨物列車の積荷にみたてて、あらかじめ用意した貨物列車の壁面にはっていくと楽しいです。

かもつれっしゃ　作詞／山川啓介　作曲／若松正司

かも つ れっしゃ しゅっしゅっしゅっ　いそ げ いそげ　しゅっしゅっしゅっ　こん どのえきで　しゅっしゅっしゅっ　つもうよにも　つ がっちゃん

「せんたく」 | 手をつないで洗濯機をイメージ。ゆらゆら揺れたり、回ったりしてあそびます。親子あそびにもぴったり。

あそび方例

1番 ♪あらって〜あらって

①保育者と子どもが向かい合い、つないだ両手をゆらゆら左右や上下に揺らす。

♪ひとまわり

②その場でゆっくり回る。

せんたく　作詞／二階堂邦子　作曲／町田浩志

2番 *2〜4番は変更のある①のみ紹介しています。

♪すすいで〜すすいで

①つないだ両手を速めにぶるぶる揺らす。

3番

♪しぼって〜しぼって

①つないだまま、両手を交差させたり、開いたりを繰り返す。

4番 ♪ほして〜ほして

①2小節ごとにたかいたかいをする。

（②は抱き上げたまま回っても、下ろして両手をつないで回ってもよい）

「くまさんくまさん」 | しぐさを楽しむわらべうたです。

あそび方例

♪くまさん　くまさん
①手を4回たたく。

♪まわれ　みぎ
②その場で1周回る。

♪くまさんくまさん　りょうてをついて
③手を4回たたいた後、しゃがんで床をたたく。

♪くまさんくまさん　かたあしあげて
④手を4回たたいた後、片足を上げる（上げているつもりでOK）。

♪くまさんくまさん　さようなら
⑤手を4回たたいた後、おじぎをする。

ここがポイント

●しぐさは一例です。子どもの様子に合わせ、しぐさを楽しめるように内容をアレンジしましょう。

しぐさ例の③の「床をたたく」を、床に手を付くしぐさに替えて、しゃがむ動きを楽しむのも。

くまさんくまさん　わらべうた

くまさん　くまさん　まわれみ　ぎ　　くまさん　くまさん　りょうてを　ついて　　くまさん　くまさん　かたあし　あげて　　くまさん　くまさん　さような　ら

「どんぐり」 | ごろごろと転がる動きを楽しむリズムあそびです。

どんぐり　作詞／戸倉ハル　作曲／小林つや江

どん　ぐりどん　ぐり　こ　ろころ　　どん　ぐりどん　ぐり　こ　ろころ

どん　ぐりどん　ぐり　こ　ろころ　　ころころころころ　こ　ろころ

あそび方例

床に横になり、寝返りの要領で、歌に合わせて左右に転がっていきましょう。

ここがポイント

●はじめてあそぶときは、まずは保育者がやって見せます。それをまねて、同じように転がる子もいれば、戸惑ったような様子を見せる子もいます。「転がる」ことが目的ではなく、「音楽に親しむ」ことを大切にしたいあそびなので、一人一人に合わせてかかわりましょう。

横になっているが、動かない子には

♪どんぐり　どんぐり　ころころ

床にごろんと横になって、メロディーやリズムを感じるというのでも十分楽しめる。

もう少しで回れそうな子には

♪どんぐり　どんぐり　ころころ

身体を支えたり、押したりして、保育者が少し手助けしよう。

保育のアイディア（10月）

スプーンの持ち方ステップ

スプーンの持ち方にはステップがあります。子どもの様子に合わせた援助が大切です。

スプーンを使う目安

スプーンを使いはじめるのは、おおよそ1歳前半ですが、月齢ではなく子どもの姿を目安にしましょう。目安となるのは、あそびの中で、肘を肩の高さまで上げる、手首をよく動かす姿です。

持ち方ステップ

上手持ち（手のひら握り）

最初は指の力が弱いので、指全体でスプーンの柄を上から握ります。

下手持ち

スプーンの柄を下から握ります。

支え持ち（指握り）

上手持ちから人さし指と親指を伸ばしたスタイルで握ります。

三指持ち（鉛筆握り）

鉛筆を握る形と同じ握り方です。この握り方は3歳頃からが目安です。

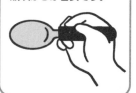

ここがポイント

●上手持ちの後、下手持ちか支え持ちで持てるように援助します。下手持ちは、手首をひねる動きが伴うので、やりにくく感じる子もいます。子どもの姿に応じて、子どもが使いやすい持ち方を援助するようにしましょう。

靴を履こう

身の回りのことを自分でやってみようとする子どもたち。靴の脱ぎ履きにも興味津々。支援ポイントを紹介します。

援助例

低月齢児

まだ自分で履くことは難しい子がいます。面ファスナーをはがしたり、留めたり、子どもができる部分は子どもがやるようにしながら、ゆっくり丁寧に履き方を知らせましょう。

ここがポイント

●テラスや室内にシートを敷き、汚れていない靴を使って、挑戦してみましょう。一人一人の様子や育ちに応じたかかわりを行うことが大切です。

高月齢児

自分でやろうとする思いが強いので、しばらくは子どもに任せて様子を見ます。足先から入れているか、かかとの部分を引っ張り上げようとしているかなど要点を観察しながら、援助していきます。まだ左右の違いは認識できないので、履く前に保育者が言葉を添えて左右を確認していきましょう。

手作り掃除グッズ

おうちごっこで子どもたちに大人気の手作りおもちゃを2つ紹介します。

掃除機

準備
★紙パック3本　★詰め物用の紙パック、または新聞紙適量
★ティッシュボックス　★ラップや模造紙の紙芯
★手動式灯油ポンプ　★模造紙　★カラーガムテープ

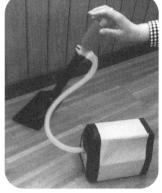

作り方

①ティッシュボックスの底に紙芯を差し込む穴を開け、片側だけつぶす。

②紙芯を差し込み、抜けないようにカラーガムテープで留めた後、全体を同色のカラーガムテープで覆う。

③紙パックの中に折り畳んだ紙パックや新聞紙を適量詰めたものを3本作る。まず2本を並べ、手動式灯油ポンプの蛇腹を載せてカラーガムテープで固定する。その上に残りの1本を重ね、さらに固定する。

④③を模造紙でくるみ、カラーガムテープで留める。

⑤手動式灯油ポンプを②の紙芯に差し込み、カラーガムテープで固定する。

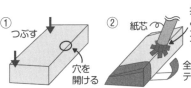
① つぶす　穴を開ける

② 紙芯　抜けないようにカラーガムテープで留める　全体をカラーガムテープで覆う

③ 切り込み、テープで留める　折り畳んだ紙パック　カラーガムテープで固定する　灯油ポンプ

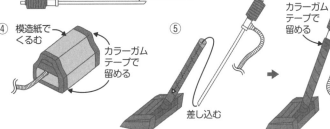
④ 模造紙でくるむ　カラーガムテープで留める
⑤ 差し込む　カラーガムテープで留める

ハンディモップ

準備
★すずらんテープ　★硬めの広告紙
★カラーガムテープ

作り方

①すずらんテープを適当な長さ（30cmくらい）に切って中央を縛り、細く裂く。

②広告紙を細く巻いて、15～20cmくらいの棒を作り、片側に浅く切り込みを入れる。

③切り込みに①を差し込み、細く切ったカラーガムテープで留める。

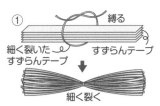
① 細く裂いたすずらんテープ　縛る　すずらんテープ　細く裂く

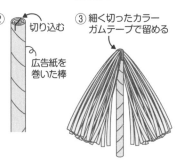
② 切り込む　広告紙を巻いた棒
③ 細く切ったカラーガムテープで留める

ハンディモップのほか、ほうきにみたててあそぶ子も。

段ボール箱あそび

段ボール箱はいろいろな楽しみ方ができます。
1歳児らしいアイディアを紹介します。

 準備 ★いろいろな大きさの段ボール箱　★大型の洗濯ばさみ　★薄手の布　★新聞紙

あそび方例

並べてあそぶ

1人が入れるサイズの箱をいくつも電車のように並べて、大型の洗濯ばさみで段ボール箱同士を連結。新聞紙でハンドルを作っても楽しいです。

巻いた新聞紙を
輪にしてガムテープで
留めた物

囲って隠れる

大きめの段ボール箱の1辺を切り込み、開いて立てます。中に入った子どもたちは、隠れる楽しさにうきうき。大勢が入らないように気をつけて、上からあそびの様子を確認しましょう。

おうちごっこ

少し大きめの段ボール箱をおうちごっこに活用します。薄手の布を洗濯ばさみで留めると、ぐんと雰囲気アップ。

「おてぶし てぶし」

散歩先で見つけたドングリで
子どもたちと楽しんだわらべうたです。

あそび方例

♪おてぶしてぶし〜
まるめておくれ

①両手を合わせた中にドングリを入れて、上下に振りながらうたう。

♪いーや

②手の中のドングリを素早くどちらかの手に握り、前に差し出し、「どっちかな」と聞く。子どもが指さしたほうに握っていたら、「当たり！」、違っていたら「外れ！」と言って、また繰り返す。

どっちかな

ここがポイント

●2つのものから1つを選ぶようになる1歳児が喜ぶあそびです。

●お手玉やシフォン布などでも同じように楽しめます。

●拾ったドングリの管理に気をつけましょう。

おてぶし てぶし　わらべうた

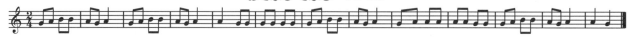

おてぶし　てぶし　てぶしの　なかに　へびの　なまやけ　かえるの　さしみ　いっちょばこ　やるから　まるめて　おくれ　いーや

*おてぶし＝「手節」。手や手首のこと。

「金魚のひるね」

ゆったりとしたリズムでゆらゆらと身体を動かす心地よさを味わうあそびです。

あそび方例

あおむけに寝て、ピアノの伴奏に合わせて身体を左右に揺らします。保育者も子どもと同じようにあおむけになって、歌いながら身体を揺すりましょう。保育者が一人一人の子どもの足首を持ち、ゆったりと身体を揺らしてもいいです。

ここがポイント

- キンギョを知らない子もいるので、「キンギョになるよ～」ではなく、「ゴローンとしてみよう」と誘いかけましょう。
- 子どもの様子はさまざまです。じっと歌に聴きいっている子、保育者の動きをまねする子、ピアノの音に合わせて動くことを楽しむ子など、それぞれの姿を受け止めて、音楽に親しむことや音の心地よさを感じることを大切にしましょう。

金魚のひるね　作詞／鹿島鳴秋　作曲／弘田龍太郎

あかい べべきた か わーいい きんぎょ おめめを さませば ごちそう す るーぞ

「クマさんクマさん」

保育者がクマになって、簡単なつもりあそびを楽しみましょう。「むっくり熊さん」の簡単バージョンです。

あそび方例

♪クマさん～おきました
①一人の保育者がクマになり「グーグー」と眠ったふりをする。ほかの保育者と子どもたちは、歌いながら少しずつクマに近づく。

♪クマさん　おきた？
②クマに聞く。

♪グー
③1回目はそのまま眠ったふり。

♪クマさん～　クマさん　おきた？　ガァオー！
④①②を繰り返した後、クマは起き上がって、子どもたちを追いかける。

ここがポイント

- クマから逃げるときに、つまずいたり、子ども同士がぶつかったりしないよう、部屋を片付けてからあそぶようにしましょう。
- 低月齢児は方向転換をするときに体勢のバランスを崩しやすいので、保育者が手をつないであそびに参加するといいでしょう。

クマさんクマさん　作詞・作曲／二本松はじめ

クマさん クマさん お きなさい　はるだ はるだ お きなさい　つくしの おやこも おきまし た　クマさん おきた？　グー／ガァオー！

12月

冬の衣服アドバイス
寒くなり、厚着になりやすい季節です。薄着でも暖かく過ごせる着衣のポイントを保護者に伝えたクラスだよりを紹介します。

お知らせイメージ

寒くなり、厚着になりやすい季節です。衣服の組み合わせ次第で、薄着でも暖かく過ごすことができるので、着方のポイントを紹介します。

薄着でも 暖かい衣服の着方

肌着
肌着（半袖）を着ることで暖かく過ごせます。

室内用
室内では暖房が入っているので、引き続きベストのご用意をお願いします。

インナー
首回りが開いていると、風を通しやすく、のどやおなかが冷えやすいです。襟が付いているものやタートルネックの長袖がよいでしょう。

ボトムス
ズボンは丈が長すぎると子どもの足が引っかかってしまうので、身体に合ったものをお願いします。

トップス
トレーナーは生地が厚手で暖かそうに感じますが、肌着の上に直接トレーナーを着ると、風を通し、身体を冷やしがちです。必ず、間に長袖のインナーを。

「いやいや」から「にこにこ」に
いやいや期の子どもの思いに寄り添う、やり取りのヒントを紹介。

場面例

食事の時間になってもあそんでいるDちゃん。保育者が「ご飯食べましょう」と声をかけると「いやー」と走って逃げていきます。

保育者は走って逃げるDちゃんを「待て待てー」と追いかけ、Dちゃんの表情を見ました。

やり取りの展開例

Dちゃんの表情を見て、本当に「拒否」なのか、それとも「あそびたい」のか、気持ちを確認します。なぜなら、気持ちによって対応は変わってくるからです。

「たべたくない」と拒否していた表情だった場合	**子どもの気持ちを聞く** 保育者の心づもりを話すのではなく、「おなかすいていないの?」「じゃあ、どうする?」「もう少ししてから食べる?」など、質問形式で子どもの気持ちを聞く。 もし、「あとでたべる」という答えだったら、「わかった。じゃあ、食べたくなったら来てね。待ってるからね」と言って、子どもの思いを尊重する。
「あそびたい」表情だった場合	**2〜3回、追いかけっこで捕まえてあそぶ** 子どもの気持ちを受け止めて、少しあそんだ後、「お昼ご飯の用意があるから、行くけど、どうする?」と聞いてみる。たいていの子は、納得して、「たべる!」とにこにこ顔で応える。

ここがポイント

①子どもが選ぶやり取り
大事なことは、子どもが選ぶやり取りを展開することです。「○○するよ」ではなく、「○○する?　それとも、△△にする?」と聞きながら進めていきましょう。最後に、「手をつないでいく?　それともだっこにする?」と聞けば、もうにこにこです。

②時には相手をする保育者を交替
いろいろ質問しても「いや」しか返ってこないようなときは、保育者を交替してみましょう。例えば、子どもの好きな保育者に替わることで、気持ちが切り替わる場合があります。それでもだめなときは、最初にやり取りした保育者ともう一度交替しましょう。子どもの気持ちが落ち着くかかわりをいろいろ試すことが大事です。

やり取りを楽しむあそび

子どもとのやり取りでは、言葉だけでなく、気持ちが通います。楽しい気持ちのやり取りを楽しみましょう。

あそび方例

●お返事あそび

朝の集まりなど、子どもたちが集まったところで、順に子どもの名前を呼んで子どもが返事をします。

ここがポイント

●返事が楽しくて、友達が名前を呼ばれたときも「はい」と返事をする子もいます。「違うでしょ」「○○ちゃんじゃないよ」などと否定せず、返事をするうれしさを受け止めていきましょう。

●かくれんぼあそび

1人の保育者が隠れて、もう1人の保育者が「あれれ？　○○先生、どこかな」と探して、あそびをスタート。「いた」「ばあ」とあそんでいると、今度は子どもが隠れるようになるので、「○○ちゃんはどこかな」と言いながら、探してあそびを楽しみましょう。

ここがポイント

●かくれんぼのルールの理解はもう少し先なので、見つかる前に「ばあ」と出てくる子や、頭だけ隠している子もいます。一人一人の様子に応じてやり取りを工夫しましょう。

洗濯ばさみを使って

生活の中で大人が使っている道具に子どもたちは興味津々です。

準備

★洗濯ばさみ（できるだけたくさん／同じ形、サイズが望ましい）
★空き箱　★動物の顔を描いた段ボール板

あそび方例

●段ボール板を使って

動物の顔を描いた段ボール板の周囲に挟んである洗濯ばさみを外してあそびます。また、自分で留めて動物を作ってあそびます。

ライオンやウサギなど、いろいろな顔を用意しよう。

●空き箱を使って

空き箱の周囲に留めてあそびます。

ここがポイント

●まずは、挟んである洗濯ばさみを外すことから楽しみます。引っ張って外すと、パチンと音がするのを喜ぶ姿も見られます。全部外すと、箱や段ボール板を差し出して、挟んでほしいとリクエストしてくるので、繰り返し応えましょう。

●空き箱などに入れて、振って音を楽しむ子もいます。一人一人、あそび方は違うので、子どもの姿に応じたかかわりをしていきましょう。

面ファスナーパズル | フェルトと面ファスナーで作るパズルのおもちゃです。

準備
- ★シールタイプのフェルト　A（正方形）4枚
- ★普通のフェルト　B（Aが4枚はれるサイズ）1枚・C（Aと同サイズ）4枚
- ★パズルの型紙　★面ファスナー　★針と糸

作り方

①シールタイプのフェルトAの裏に型紙を置き、形を写して切り抜く。

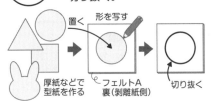

置く　形を写す

厚紙などで型紙を作る　フェルトA裏（剝離紙側）　切り抜く

②①の切り抜いた後の正方形のフェルトをフェルトBに角を合わせてはり付け、余分（斜線部）を切る。

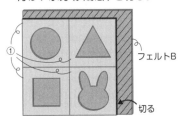

① フェルトB 切る

③フェルトC に①で切り抜いたほうのフェルトAをはり付け、同じ形に切り、真ん中に面ファスナーのループ面を縫い留める。

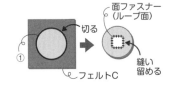

面ファスナー（ループ面）

① 切る　フェルトC　縫い留める

④②のパズル型の真ん中に面ファスナーのフック面を縫い留める。

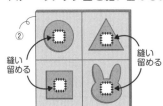

② 縫い留める　縫い留める

ここがポイント

- ●パズルの型紙は左右対称の形を選びます。丸や四角など、合わせやすい簡単な形から、星形やチューリップの花など、だんだんと複雑な形に挑戦できるような構成を考えるといいでしょう。
- ●コントラストがはっきりした色を選ぶとわかりやすいです。③で使うフェルトCは、正方形でなくても①が置ければOKです。

ころころ遊具 | ボールが転がり落ちていく様子が楽しいおもちゃです。何度も繰り返し試すでしょう。

準備
- ★ペットボトル　★ビニールテープ　★有孔ボード　★ひも
- ★ボールプール用のボール　★目打ち

作り方

①
2本のペットボトルを切る

②
それぞれの切り口をビニールテープで覆う

③
それぞれ有孔ボードにひもで固定する

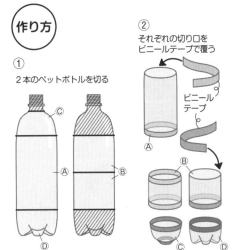

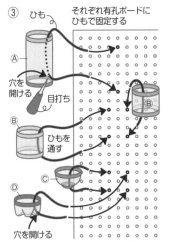

④
ボール
上から落とす

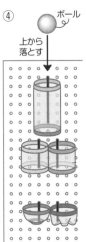

「せんべ せんべ やけた」

やり取りを楽しむわらべうたです。いろいろなあそびにアレンジすることもできます。

あそび方例

①子どもは手のひらを上に向けて差し出す。

②保育者は「おちゃらかほい」の要領で、1拍ずつ、自分の手のひらを合わせて、次に子どもの手のひらに重ねることを繰り返す。

♪せんべ せんべ〜せんべ やけた

③うたい終わったら、みんなでせんべいを食べるまねをする。

ここがポイント

● 「♪(この)」に、タッチする子どもの名前を入れて、一緒にあそぶ楽しさを共有しましょう。
● 井形ブロックやお手玉をせんべいにみたて、みんなで一緒の動きを楽しむのも喜びます。

せんべ せんべ やけた　わらべうた

せん べ せん べ やけ た　ど のせんべ やけ た　(こ の)せんべ やけ た

せんべ＝せんべい

「サヨナラ明日もね」

夕方、いったん活動をおしまいにするときなどに使いたいあそび歌です。

あそび方例

「歌詞と歌詞の間で、拍手2回」を繰り返しましょう。

♪さよなら あしたもね

拍手2回

ここがポイント

● 子どもたちにとっては、別れるときの挨拶は「バイバイ」と認識しているので、「さよなら」の意味を伝え、普段のやり取りでも使ってみるといいでしょう。
● 普段の保育だけではなく、保護者会や行事の最後にもオススメです。

サヨナラ明日もね　作詞・作曲／二本松はじめ

さ よ な ら あ し た も ね　(拍手2回)　げ ん き で あ お う よ ね　(拍手2回)

さ よ な ら あ し た も ね　(拍手2回)　や く そ く し た ん だ よ　(拍手2回)

133

ストロー落とし

手指の動きが活発になってきた時期にぴったりのおもちゃです。

準備　★ストロー(3〜4本)　★くぎ
★ペットボトル(350〜500mLのもの)

作り方

←4〜5cm→

①ストローを4〜5cmの長さに切る。

②くぎなどの金属を熱してペットボトルに押し当て、いろいろな場所に穴を開けた後、①のストローを適量入れる。

あそび方例

ペットボトルの口の部分からストローを出し、繰り返しあそんでみましょう。

ここがポイント

●ストローの太さやペットボトルの穴の大きさがいろいろあると、どの穴に入るか探しながらあそべます。

くるくる変わりたこ揚げ

描画した画用紙を使ってたこ揚げを楽しみます。

準備　★描画した画用紙　★麻ひも　★はさみ
★セロハンテープ　★きり

作り方

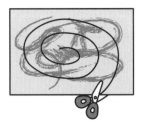

セロハンテープ

①子どもがクレヨンで描いた画用紙をらせん状に切り、中心にきりで小さく穴を開けて、麻ひもを通して結ぶ。

②ひもが抜けないように、結び目の上からセロハンテープで留める。

エピソード

●最初はうまく回らなくて、引きずっていましたが、保育者が手を上げて走って見せると、子どもたちもまねをして走りはじめました。すると、たこがくるくると回るようになり、「みて、みて〜」と大喜び!

紙皿のこま

小さな子にも楽しめるこまあそびのアイディアです。

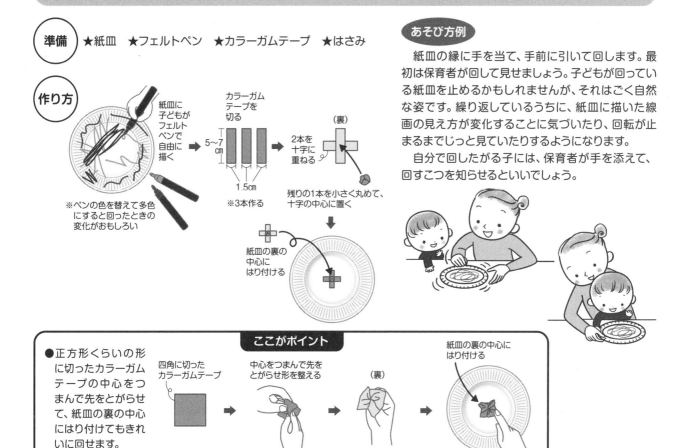

準備 ★紙皿 ★フェルトペン ★カラーガムテープ ★はさみ

作り方

紙皿に子どもがフェルトペンで自由に描く

※ペンの色を替えて多色にすると回ったときの変化がおもしろい

カラーガムテープを切る

5～7cm

1.5cm

※3本作る

2本を十字に重ねる

（裏）

残りの1本を小さく丸めて、十字の中心に置く

紙皿の裏の中心にはり付ける

あそび方例

紙皿の縁に手を当て、手前に引いて回します。最初は保育者が回して見せましょう。子どもが回っている紙皿を止めるかもしれませんが、それはごく自然な姿です。繰り返しているうちに、紙皿に描いた線画の見え方が変化することに気づいたり、回転が止まるまでじっと見ていたりするようになります。

自分で回したがる子には、保育者が手を添えて、回すこつを知らせるといいでしょう。

ここがポイント

● 正方形くらいの形に切ったカラーガムテープの中心をつまんで先をとがらせて、紙皿の裏の中心にはり付けてもきれいに回せます。

四角に切ったカラーガムテープ

中心をつまんで先をとがらせ形を整える

（裏）

紙皿の裏の中心にはり付ける

「たこたこあがれ」

お正月にちなんだわらべうたです。
布を使って楽しみましょう。

あそび方例

薄手の布をたこにみたて、うたいながら上下に揺らしてあそびます。子どもにも布を渡し、一緒に動かして楽しみましょう。最後の「♪あがれ」で持っていた布をふわっと放り投げても楽しいです。

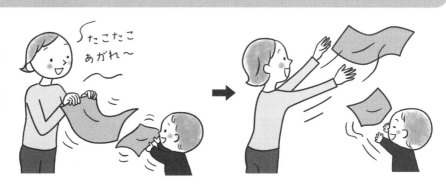

たこたこ あがれ〜

たこたこあがれ　わらべうた

た こ た こ あ が れ　て ん ま で あ が れ

パクパク人形

布の人形とは違った楽しさを味わえる、紙パックで作る人形のアイディアを紹介します。

準備
- ★紙パック（1000mL入り）
- ★はさみ　★油性フェルトペン

作り方

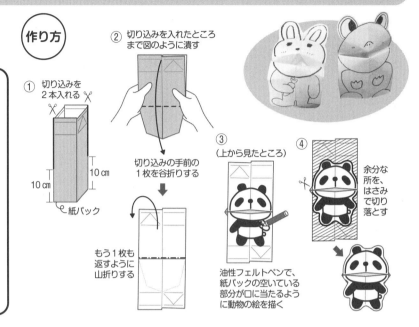

① 切り込みを2本入れる

10cm / 10cm　紙パック

② 切り込みを入れたところまで図のように潰す

切り込みの手前の1枚を谷折りする

もう1枚も返すように山折りする

③（上から見たところ）

油性フェルトペンで、紙パックの空いている部分が口に当たるように動物の絵を描く

④ 余分な所を、はさみで切り落とす

エピソード

● 最初は保育者が使って見せていましたが、見ればやってみたい子どもたち。まだ操作は難しいかなと思いつつ、子どもが使うものとして用意しました。どうなっているのかと裏側を見てみたり、持っているうちに口が動いていることに気がついたり、反応はまちまちです。

● ままごとあそびでは、保育者が人形の口をパクパク動かすと、喜んでいろいろなものを食べさせに来ます。「おいしい！」「すっぱい！」と食べた後に口を動かすと、実際には顔は変わらなくてもそういう表情に見えるようで、ウサギやカエルの表情をのぞき込んでいました。

「雪のこぼうず」

手袋で作った人形を使うシアターあそびです。

作り方

① 片方の手袋を手のひらの部分だけ裏返す

② もう片方の手袋の中指と薬指の間に①の手首の部分を入れて結ぶ

③ 結んだ手首の部分を手のひら部分にかぶせて、頭を作る

④ 毛糸でポンポンを作り、③に縫い付ける

⑤ ④を裏返し、親指だけ押し込む

裏返す

あそび方例

♪ゆきのこぼうず〜やねにおりた

① 手袋人形をはめて、歌いながら雪が降ってくるように動かし、胸の前で人形を子どもに向ける。

♪つるりとすべって

② 手袋人形を上から下へ斜めに滑らせるように動かす。

♪かぜにのってきえた

バイバイ

③ 子どもに向かって「バイバイ」をするように手袋人形をゆっくり上方へ動かしていく。

ここがポイント

○○ちゃんに

● 「♪やねに」に子どもの名前を入れて、その子の頭や肩に置いても楽しいです。

● あそびとして紹介した手袋人形の動かし方は一例です。子どもたちとやり取りしながら自由に動かして楽しみましょう。

雪のこぼうず　外国曲　訳詞／村山寿子

1. ゆきの こぼうず ゆきの こぼうず や ね に おりた
つるり と す べって かぜにのって きえた

「おしくらまんじゅう」

本来は大きな子向けのあそびですが、工夫次第で1歳児も楽しめます。

あそび方例

保育者や友達と手をつなぎ、うたいながら、身体を寄せ合ったり、お尻を合わせたりしてあそびます。

ここがポイント

- 保育者同士でうたいながらあそびを見せて、近寄ってきた子どもに「一緒にやってみる?」と言葉をかけるなど、自然な流れで始めるといいでしょう。
- 力加減がまだ難しく、体格差もあるので、ふれあいあそびの感覚で楽しみます。積極的にぐいぐい押し合って楽しみたい子には、保育者と2人でやってみるのもいいでしょう。
- 「楽しいね」「あったかくなってきたね」など、友達と一緒にあそぶ楽しさや、ふれあって身体が温かくなる感じなどを言葉にして、あそびのおもしろさを伝えていきます。

伝わっている　あそび方例

描かれた輪の中に子どもが外向きに立ち、手を使わずにお尻や背中で押し合う。輪の外に押しだされたら負け。

＊地方によっていろいろなあそび方が伝わっています。

おしくらまんじゅう　わらべうた

お　しく　らまん　じゅう　お　され　て　な　くな

「こんこんクシャンのうた」

冬ならではの手あそびです。気に入ったしぐさを繰り返してもOK。

あそび方例

1番 ♪りすさんがマスクした
①両手でグーを作り、顔のそばに置く。

♪ちいさい〜マスクした
②両手の人さし指で小さな四角を作る。

♪コンコンコンコンクシャン
③口元に手を当てる。

2番（歌詞が違う部分のみ紹介）
♪つるさんがマスクしたほーそい〜マスクした
④両手を羽のように動かした後、口元から前に向かって両手で三角を作る。

3番
♪ぶうちゃんがマスクしたまーるい〜マスクした
⑤鼻の頭を押し上げた後、両手の人さし指で丸を作る。

4番
♪かばさんがマスクしたおおきい〜マスクした
⑥両手を上下に大きく開いた後、顔の前で大きな四角を作る。

5番
♪ぞうさんがマスクしたなーがい〜マスクした
⑦片手を揺らした後、両手で筒を作るように動かす。

こんこんクシャンのうた　作詞／香山美子　作曲／湯山 昭

ボールに親しむ

ボールの感触や動きを楽しみ、ボールに親しむアイディアを紹介します。

あそび方例　ボールプール用のボール、少し大きめのボール、だ円形のボールなど、さまざまな大きさ・形のものを用意し、それぞれの感触や動きを楽しみましょう。慣れてくると、保育者に向けて転がしたり、大きめの箱に少し離れた所から投げ入れようとしたりする子もいます。

箱から
転がり出る
ボールを
追いかける

斜面を転がる
だ円形の
ボールの動きの
おもしろさを
楽しむ

柔らかなボールに
乗ったり、
座ったりして
感触を楽しむ

ここがポイント

- ●ボールは子どもの手で持ちやすいサイズ、柔らかさのものを選びます。
- ●個人差に配慮して、それぞれの子の育ちに添ってかかわりましょう。

- ●周囲に注意を払ったり、ボールまでの距離を捉えたりする力が未熟なので、子ども同士がぶつかることがないよう、広い場所であそびましょう。特に、小さいボールをたくさん転がしてあそぶときは、注意が必要です。テンションが上がってきたら、少し休んでトーンダウンしましょう。

布であそぶ

布の心地よさを楽しみながら、いろいろなあそびを展開してみましょう。

準備　★サテン生地2×4mくらいを筒状に縫ったもの

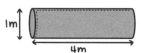

あそび方例

トンネルあそび

サテン生地は少し透け感があるので、薄明るいトンネルになり、安心してくぐれます。子どもの様子に応じて、トンネルの長さを変え、一人一人が楽しめるように配慮します。

電車あそび

布を電車にみたて、子どもたちが乗って、保育者が引っ張ります。サテン生地のつるつるした感触が心地よく、また、引っ張る保育者も布と床との抵抗が小さいので引っ張りやすいです。

ぶらんこあそび

筒状の布を長さ半分に折って、保育者2人で持ち、乗ってきた子どもをぶらぶら揺らしてあそびます。安全のため、下にマットを敷いてあそびましょう。

乗せる子どもは1人。寝転んだ姿勢で。

お手玉の作り方

古くから伝わっている座布団型のお手玉の作り方を紹介します。くたっとして安定感があるので、あそびやすいです。

準備
- ★端ぎれ（6cm×10cm×4枚）
- ★手芸用ペレット、または小豆（目安として大さじ2くらい）
- ★針と糸　★厚紙で作った型紙

作り方

①布に型紙を当て、ペンで4枚の布それぞれに5mmの縫い代のラインを付ける。

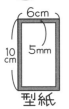 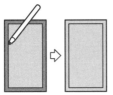 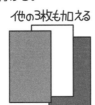

②布を裏にして、図のようにAとA'、BとB'、CとC'、DとD'をそれぞれ縫い合わせる。

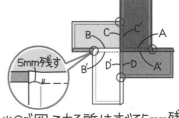

※○で囲ってある所はすべて5mm残す

③同じマーク同士を縫い合わせる。先に●、■、♥、★同士を縫い合わせ、②と同様に端を5mm残す。

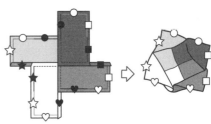

④1か所だけ残して、ほかも縫い合わせる。

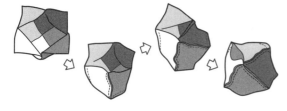

⑤縫い残した1か所に全体を押し入れ、表返しにした後、手芸用ペレットなどを入れて、縫い合わせる。

少しすき間が空くくらいの量を入れます。このとき、一緒に鈴を入れるのも楽しいです。

「あずきちょ」

お手玉を使うわらべうたあそびです。立ってあそぶので、動きがあり、子どもたちは大好きです。

あそび方例

♪**あずきちょ～やかんの**
①うたの間、立った姿勢でお手玉を頭に載せて、落ちないようにする。

♪**つぶれちょ**
②頭に載せたお手玉を下に落とす。

ここがポイント

- ●なんでもないようですが、1歳児にとっては、落ちないように集中して立っているのも、簡単ではありません。「♪つぶれちょ」で載せていたお手玉を落とすときの開放感を楽しみましょう。
- ●お手玉ではなく、ハンドタオルのような厚手の布を頭に載せて、①で歩き、②で落とすあそびにも挑戦してみましょう。

♪あずきちょ～

あずきちょ　わらべうた

あ　ず　き　ちょ　まめちょ　やかんの　つぶれちょ

「いちばちとまった」 お手玉を使って楽しむわらべうたです。

あそび方例

① 「♪いちばちとまった」「♪にばちとまった」とうたいながら、順にお手玉を子どもの頭に載せていく。

♪にばちとまった

② うたの後「はちがきて くまんばちがさして」と言い、「ぶん、ぶん、ぶん、ぶん」で頭のお手玉を振り落とす。

♪ぶんぶんぶんぶん

いちばちとまった わらべうた

い	ち	ば	ち	と	まっ	た
に		ば	ち	と	まっ	た
さ	ん	ば	ち	と	まっ	た
し		ば	ち	と	まっ	た
ご		ば	ち	と	まっ	た
ろ	く	ば	ち	と	まっ	た
ひ	ち	ば	ち	と	まっ	た

ここがポイント

●最初は保育者がやって見せます。2、3回繰り返した後、興味を示した子の頭にそっとお手玉を載せて一緒にやってみましょう。徐々に子どもがまねして楽しめるようにゆっくりしたテンポで、子どもの目を見ながらあそぶことが大切です。

「こめついたら」 1人ずつがお手玉を手にして楽しむわらべうたです。

あそび方例

♪こめついたら はなそ（繰り返す）

① お手玉を両手に1つずつ持ち、お手玉同士をぽんぽんと打ちつけるように合わせる。

♪はなした

② 手を離し、持っていたお手玉をぽとんと落とす。

こめついたら わらべうた

こめ ついたら はな そ は な した

「はらぺこあおむし」

ふれあいあそびやつもりあそびを楽しむ歌あそびです。

あそび方例① 子どもはあおむけに寝転び、保育者は親指と人さし指であおむしを作る。

♪おいらは　はらぺこあおむしだ
①指で作ったあおむしをシャクトリムシのように動かしながら、子どもの身体の上を動かす。

（グー）
②あおむしの動きを止めて、人さし指だけぐりぐり動かす。

♪おいらは〜あおむしだァー
③身体のいろいろな場所で①②を繰り返す。

♪ここらがいちばんうまそうだ（ムシャムシャ）
④子どもの身体を両手でくすぐる。

あそび方例② みんなで腹ばいになり、あおむしになる。

♪おいらは　はらぺこあおむしだ
①はいはいであちこち動きまわる。

（グー）
②保育者は子どもの身体を人さし指でぐりぐり。

♪おいらは〜あおむしだァー
③①②を繰り返す。

♪ここらがいちばんうまそうだ（ムシャムシャ）
④保育者が順に子どもをくすぐっていく。

ここがポイント

- あそび①は、1対1のあそびとして楽しみましょう。親子あそびでも楽しいです。
- くすぐる加減は、子どもの様子に合わせて調整します。
- あそび②では、子どもみんなにふれ、くすぐれるように、歌を繰り返しましょう。中には、保育者のまねをしたい子も現れます。友達とのやり取りに広がっていくように援助します。

はらぺこあおむし　作詞・作曲／二本松はじめ

保育のアイディア（2月）

141

ストップ&ゴー

繰り返し楽しめるリズムあそびです。

あそび方例

音楽が流れている間は歩き、音楽が止まったらその場で立ち止まります。保育者も一緒に動いて、子どもたちにやり方を見せ、少しずつ繰り返します。

リズミカルな歌をピアノで弾いたり、保育者が歌いながらタンブリンなどの楽器を使って知らせたりしてあそびましょう。

ここがポイント

● 興味をもって積極的に参加する子もいれば、すぐには参加しない子もいます。無理に誘わず、保育者や友達が楽しむ様子を見せながら、"参加したい"と思える雰囲気を作っていきましょう。

● 「おんまはみんな」（アメリカ民謡　訳詞／中山知子）、「線路はつづくよどこまでも」（アメリカ民謡　訳詞／佐木 敏）など、リズミカルな曲を選びます。子どもたちが親しんでいる歌でももちろん構いません。

ひも付き段ボール箱

引っ張ったり、友達に引っ張ってもらったりして、やり取りを楽しみましょう。

準備　★しっかりした丈夫な段ボール箱　★ブックカバー（透明粘着シート）　★色画用紙
★木綿布（3色）　★はさみ　★目打ち

作り方　①箱の内側と側面に色画用紙をはる。別の色画用紙で、子どもたちの好きな動物や乗り物などの絵をはり、透明粘着シートで全体を覆う。

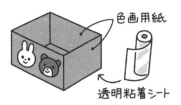
色画用紙
透明粘着シート

②木綿布3色を同じ長さにして、5〜7cmくらいの幅に裂き、三つ編みにする。

玉結び

③①の箱に穴を開け、②の三つ編み状のひもを通す。もう片方の端もしっかり玉結びにする。

あそび方例

友達を箱に入れて引っ張ったり、「ひっぱって」と友達に頼んだりしてやり取りを楽しみながらあそびます。

ここがポイント

● 木綿布で編んだひもは、しっかりしていて感触も柔らかいので、子どもの手になじみやすいです。両端に玉結びを作ってあるので、内側からでも外側からでも引っ張って楽しめます。

「コブタヌキツネコ」

おなじみのあそび歌を題材にした絵カードあそびです。

準備

★こぶた、たぬき、きつね、ねこの顔を描いた絵カード4枚ずつ（ハガキ大の画用紙、または厚紙）

※ブックカバー（透明粘着シート）で覆っておくと、長く使える。

あそび方例

ばらばらに床に並べたカードを保育者の歌に合わせて取っていきます。「♪こぶた」と歌った後、「こぶたはどこかな？」と子どもたちに尋ね、子どもが取ったら、歌を続けていきます。しばらく繰り返し、慣れてきたら、「♪ブブブー」と鳴き声の歌詞でも挑戦してみましょう。

コブタヌキツネコ　作詞・作曲／山本直純

「かってこ かってこ」

ちょっとした時間を活用して楽しめるわらべうたあそびです。

あそび方例

保育者の足の甲の上に子どもの足を乗せ、両手をつないで歩き回ります。最初は、子どもを前進させるために、保育者は後ろ向きに歩きます。慣れてきたら、逆も楽しみましょう。

逆バージョン

ここがポイント

●歩幅を変えたり、テンポを変えたりして楽しみましょう。
●同じ向きでもいいですが、笑顔を交わしながらあそべるよう、向かい合わせでのあそびが望ましいです。

かってこ かってこ　わらべうた

＊寒い地方で雪を踏み固めるときにうたわれたわらべうた。

「にぎり ぱっちり」

見たり、まねして一緒にやってみたり、保育者とふれあう心地よさを感じたりして、いろいろな楽しみ方を味わえるわらべうたです。

あそび方例

にぎり ぱっちり　わらべうた

に　ぎり　ぱっ　ちり　たて　よこ　ひよこ

布を使って

♪にぎり ぱっちり たてよこ ひよこ

①シフォン布のような張りのある布（ハンカチ大）を両手の中に小さく丸めて入れて、うたに合わせて上下に振る。

②うたい終わったら、「ピヨピヨピヨ」と言いながら、握っていた手を開いて布を見せる。

子どもも一緒に

子どもたちも一緒に、それぞれ布やお手玉、あるいは黄色いスポンジを両手の中に収めて、「布を使って」と同じ要領であそぶ。

両手をつないで

①向かい合って座り、子どもの両手を保育者が包むように握り、うたに合わせて上下に振る。

②うたい終わったら、「ピヨピヨピヨ」と言いながら、握っていた手を開く。

「こどもとこども」

ひも通しや、スプーンでの食事など、手指を使う場面がどんどん増えてきます。楽しみながら手指の分化を援助するわらべうたを紹介します。

あそび方例

♪こどもと～けんかして

①うたに合わせて小指同士をくっつける。

♪くすりやさんが　とめたけど

②薬指同士をくっつける。

♪なかなか～とまらない

③中指同士をくっつける。

♪ひとたちゃ　わらう

④人さし指同士をくっつける。

♪おやたちゃ　おこる

⑤親指同士をくっつける。

♪ぷんぷん

⑥立てた親指を反らせる。

ここがポイント

●正確には、うたに合わせて各指7回ずつくっつけるのですが、子どもの様子に応じて、テンポをアレンジし、やりやすい回数であそびましょう。

●指を1本ずつ立てるのは、1歳児では難しいので、「やっているつもり」で構いません。それぞれの子どもの「つもり」を大事にしましょう。

こどもとこども　わらべうた

こ　ども　と　こ　ども　が　けん　か　して　　くすり　や　さん　が　とめ　た　けど　　なか　なか　なか　なか

と　まら　ない　　ひ　と　た　ちゃ　わら　う　　お　や　た　ちゃ　おこ　る　ぷん　ぷん

144

「どんどんばしわたれ」

子どもたちが大好きな、見て楽しむわらべうたです。

あそび方例

小さな人形をいくつかと、「どんどんばし」にみたてるタオルや手ぬぐいを用意します。「どんどんばし」を置いて、うたいながら「どんどんばし」の上で人形を動かします。いくつかの人形を使って繰り返し動かして見せます。

ここがポイント

● 使う人形はどんなものでも構いませんが、小さいほうが集中できます。どんな人形でも歌詞は「♪こんこ」のままであそびます。
● 歌詞の「♪わたれ」で人形が自分の前に来たら、その子も一緒に人形を持って渡る手伝いをしてもいいでしょう。
● 下に黒っぽい布を敷いて舞台にすると、見やすくなります。

♪わたれ

どんどんばしわたれ　わらべうた

どんどんばし　わたれ　さあわたれ

こんこが　でるぞ　さあわたれ

「おふねがぎっちらこ」

1対1で楽しむわらべうたです。大きな動きを楽しみましょう。

あそび方例

向かい合わせになって、保育者の膝の上に乗せ、両手をつなぎましょう。うたいながら、つないだ両手を引いたり、押したりして、子どもの上半身を前後に倒します。

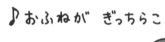

♪おふねが　ぎっちらこ

岩があるよ

ドッポーン！

大波が来たよ。ザブザブザブ！

保育者が膝を少し曲げて山を作って戻し、足を広げて床に子どものお尻を着ける。

保育者が足をバタバタさせて揺らす。

エピソード

何度か繰り返して、あそびに慣れてきたら、うたの後にセリフと動きを加えて、楽しんでいます。やってほしい子がたくさんいるときは、「次は2人乗りだよ。落ちないようにつかまって」と、子どもを2人乗せて行うときもあります。

おふねがぎっちらこ　わらべうた

おふねが　ぎっちらこ　ぎっちらこ　ぎっちらこ

「たんぽぽ」

散歩先や園庭で見つけたタンポポであそぶほか、しぐさを楽しむのもオススメです。

あそび方例

Ⓐ タンポポを使って

散歩先で見つけたタンポポを摘んだり、綿毛に息を吹きかけて飛ばしたりして、あそびながらうたいましょう。

Ⓑ タンポポになって

タンポポになって、両手で花を作り、「♪とんでけ」で両腕を開いて、好きな所へ走ったり、保育者がうたいながら子どもの頭をなでて、「♪とんでけ」で好きな所へ散らばったりしてあそびます。

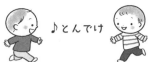

たんぽぽ　わらべうた

たん ぽ ぽ たん ぽ ぽ む こう や ま へ とん で け

「足ぶみたんたん」

保育者や友達と同じしぐさを楽しんで、「一緒」を味わう歌あそびです。

あそび方例

1番 ♪あしぶみ～たんたんたん（繰り返す）

①その場で元気に足踏みをし、「♪たんたんたん」で3回手をたたく。（繰り返す）

2番 ♪あしだして～たんたんたん（繰り返す）

②左右交互に足を前に出して、「♪たんたんたん」で3回手をたたく。（繰り返す）

3番 ♪ぴょんととんで～たんたんたん（繰り返す）

③その場で2回跳んで、「♪たんたんたん」で3回手をたたく。（繰り返す）

ここがポイント

●登園後に取り入れれば、身体が温まってきます。
●子どもの様子に応じて、1番を繰り返したり、1番と3番だけを楽しんだり、臨機応変にアレンジしましょう。

足ぶみたんたん　作詞・作曲／則武昭彦

1. あ　し　ぶ　み　あ　し　ぶ　み　たん　たん　たん
2. あ　し　だし　て　あ　し　だし　て　たん　たん　たん
3. ぴょん　と　とん　で　ぴょん　と　とん　で　たん　たん　たん

あ　し　ぶ　み　あ　し　ぶ　み　たん　たん　たん
あ　し　だし　て　あ　し　だし　て　たん　たん　たん
ぴょん　と　とん　で　ぴょん　と　とん　で　たん　たん　たん

1歳児の 指導計画

　年間指導計画は、期ごとに予想される子どもの姿を押さえながら、「期別のねらい」「保育の内容」「環境の構成と配慮」「子育て支援」の４つの項目で立てた計画案を掲載しています。「環境の構成と配慮」では、養護的な側面を別枠でピックアップしました。また、「保育の内容」については、５つの領域のどれに当たるのかをマークで示しました。

　月の計画では、毎月のクラス案と、４人の子どものそれぞれの姿と発達を踏まえた個別の計画を紹介します。個別の計画は、低月齢から高月齢まで、また新入園児と進級児のどちらも取り上げています。あわせて、絵本と歌の保育資料も月ごとに掲載しています。

監修 **源 証香**（白梅学園短期大学准教授）
協力 **ゆたか保育園**（東京都小平市）

●年間計画、月の計画のデータは、付録のCD-ROMに収録しています。
また、下記からダウンロードすることもできます。

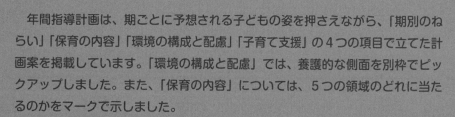

１歳児の保育　https://hoikucan.jp/book/012saijinohoiku/1saijinohoiku/
ID　1saijinohoiku　パスワード　1sun
※データの使用に際しては、P.229以降を必ずお読みください。

年間指導計画

年間保育目標

- 保育者との安定した関係の中で、探索活動を十分に楽しみ、身の回りのさまざまなものやことへの興味を広げる。
- 保育者や友達とのかかわりの中で、自分がしたいことやしてほしいことを身振りや言葉で伝えながら言葉への興味を広げる。
- さまざまなあそびを通じて、運動機能を高め、身の回りのことを自分でしようとしたり、関心があることへ意欲的にかかわろうとしたりする。

期別の計画

1期 (4月・5月)

予想される子どもの姿	・保護者から離れることに不安を感じ、泣いて訴える。 ・スプーンに慣れてきた子や、手づかみ食べになる子など、個人差が大きい。 ・新しい環境に慣れず、眠りが浅い子がいる。 ・園庭ですべりだいや砂あそびを好む。散歩車で散歩に出掛けることを喜ぶ。 ・引っ張ったり、押したり、シールをはがしたり、入れ物にものを入れて振ってみたりなどのあそびを好む。
期別のねらい	◎保育者とのかかわりの中で、安心して食べたり、眠ったりする。 ◎保育者のそばで、身の回りのものに興味や関心をもつ。 ◎園庭や散歩に出て、春の心地よさを感じる。
保育の内容 ●…健康 ◆…人間関係 ▲…環境 ■…言葉 ★…表現	●空腹や食欲を感じ、手づかみやスプーンを使って食べようとする。 ●◆保育者に見守られて安心して眠る。 ●◆戸外から戻ってきたときや食事の前に、保育者と一緒に手を洗おうとする。(1〜2期) ◆■保育者に不安や甘え、欲求などを受け止めてもらい、安心して過ごす。 ▲★木や葉っぱが揺れて感じる風の動きや、花の匂いや色の美しさを感じる。 ■◆絵本や紙芝居を読んでもらうことを楽しみにする。 ★◆保育者と1対1でわらべうたのしぐさあそびやふれあいあそびをする。(1〜4期)
養護的な側面	◎生理的欲求を満たし、一人一人の状態に合った生活リズムで過ごせるよう、適切なかかわりや援助をする。 ◎一人一人の気持ちを受け止め、応答的にかかわりながら、安心して過ごせるようにする。
環境の構成と配慮	◎室温や湿度、換気に注意を払い、手洗いやうがい、消毒など、衛生面に十分に注意する。(1〜4期) ◎心地よく眠れるように、場所、室温、湿度、明るさ、風通し、衣類、布団などの状態に留意する。(1〜4期) ◎一人一人が安心して休息を取れるよう、特に保育の前半期は子どもの生活リズムを踏まえ、その日の様子に応じて環境を整えるようにする。(1〜4期) ◎子どもの手が届く範囲のものはその安全性などを点検し、危険なものは取り除き、のびのびとあそべるよう安全な環境を確保する。(1〜4期) ◎月齢や新入・進級に配慮してグループを2つに分け、安心して過ごせるようにする。 ◎生活面は担当制を取り入れて、徐々に信頼関係を築いていく。 ◎環境の変化による緊張が和らぐように、気軽にあそべるおもちゃをいろいろ用意する。 ◎子どもの思いを言葉にして返し、名前をたくさん呼んで、子どもとの関係を徐々に作っていく。 ◎不安が少しずつ解消されていくと、いたずらが見られるようになるので、保育者間で十分話し合い、いろいろな探索がしやすい環境を設定する。
子育て支援	◎感染症の情報を共有して、早めの対応が取れるように園と家庭での様子を伝え合う。(1〜4期) ◎連絡帳や送迎時のやり取りで、園での様子を詳しく伝えたり、家庭での様子を聞いたりして十分コミュニケーションを取り、ともに育て合う関係を作っていくようにする。(1〜4期) ◎懇談会などを通して保護者同士のかかわりが広がっていくように援助する。(1〜4期) ◎入園、進級で戸惑いを感じている保護者の気持ちを受け止め、不安が和らぐように配慮する。

2期 (6月〜8月)

・スプーンを使って自分で食べようとする。 ・自分でズボンを脱ごうとしたり、ズボンに足を通そうとしたりする。 ・園生活に慣れ、身体の動きが活発になって、行動範囲も広がる。 ・水であそぶことを好み、飽きずにあそぶ。 ・"自分で！" という気持ちがさまざまな場面で表れてくる。 ・自分の思いを通そうとし、かんしゃくを起こしたり、泣いて訴えたりする。 ・自分の思いを親しい保育者に言葉や指さし、しぐさで伝えようとする。	予想される子どもの姿
◎簡単な身の回りのことに興味をもち、保育者と一緒にしてみる。 ◎身体を十分に動かし、さまざまな動きをしようとする。 ◎園生活を楽しみ、保育者や友達とかかわる心地よさを感じる。 ◎夏のあそびを経験しながら、さまざまなものを探索し、周囲に対する好奇心や関心をもつ。 ◎言葉を受け止めてもらい、言葉を使ううれしさを感じる。	期別のねらい
●スプーンを使って意欲的に食べようとする。 ●◆保育者に手伝ってもらいながら、着脱をしてみようとする。 ●◆戸外から戻ってきたときや食事の前に、保育者と一緒に手を洗おうとする。**(1〜2期)** ●▲園庭の固定遊具や乗用玩具、室内のスロープや階段の上り下りなど、全身を使ってあそぶ。 ◆■保育者の仲立ちによって、友達にかかわろうとする。 ▲★シールや描画、パズルなど、手指を使ってあそぶ。 ■◆興味のある絵本を保育者と一緒に見ながら、簡単な言葉を繰り返したり、まねしたりしてあそぶ。 ★◆保育者と簡単な手あそびをしたり、音楽に合わせて身体を動かしたりしてあそぶ。**(2〜3期)** ★水、砂、片栗粉、紙、寒天、絵の具などのさまざまな素材にふれてあそぶ。 ★◆保育者と1対1でわらべうたのしぐさあそびやふれあいあそびをする。**(1〜4期)**	保育の内容
◎水分補給をこまめに行い、熱中症の予防に留意する。 ◎自分の気持ちを安心して出していけるよう、一人一人の思いを丁寧に受け止めていく。	養護的な側面
◎室温や湿度、換気に注意を払い、手洗いやうがい、消毒など、衛生面に十分に注意する。**(1〜4期)** ◎心地よく眠れるように、場所、室温、湿度、明るさ、風通し、衣類、布団などの状態に留意する。**(1〜4期)** ◎一人一人が安心して休息を取れるよう、特に保育の前半期は子どもの生活リズムを踏まえ、その日の様子に応じて環境を整えるようにする。**(1〜4期)** ◎子どもの手が届く範囲のものはその安全性などを点検し、危険なものは取り除き、のびのびとあそべるよう安全な環境を確保する。**(1〜4期)** ◎食事や午睡、あそびと休息などを適切に取り、安定した生活リズムで過ごせるようにする。 ◎室内でも全身を使ってあそべるよう、子どもの様子に合わせて、遊具を準備したり、スペースを確保したりする。 ◎大型ブロックを常設し、イメージを膨らませてダイナミックにあそべる環境を整える。 ◎自己主張が強くなるが、自我が順調に育っている姿として捉えて子どもの気持ちに寄り添い、安心して表現していけるようにする。	環境の構成と配慮
◎感染症の情報を共有して、早めの対応が取れるように園と家庭での様子を伝え合う。**(1〜4期)** ◎連絡帳や送迎時のやり取りで、園での様子を詳しく伝えたり、家庭での様子を聞いたりして十分コミュニケーションを取り、ともに育て合う関係を作っていくようにする。**(1〜4期)** ◎懇談会などを通して保護者同士のかかわりが広がっていくように援助する。**(1〜4期)** ◎暑さのため疲れが出たり、長い休みで生活リズムが不規則になったりして体調を崩しやすい時期なので、家庭との連絡を密に取り合っていく。	子育て支援

指導計画（年間）

期別の計画

3期（9月〜12月）

予想される子どもの姿	・友達と一緒に食べることで、苦手なものも食べてみようとする。 ・おむつにおしっこが出たことを保育者に教える。また、排尿間隔が一定になってくる。 ・手洗いや着替えの場面では "自分で！" の気持ちが強くなる。 ・ブロックあそびで2、3人が集まってあそんだり、ままごとで保育者との会話を楽しんだりする。 ・友達への興味が広がるとともに、互いの主張がぶつかり、ものや場所の取り合いが増える。 ・あそびや生活の中で、うれしかったことや驚いたこと、発見などを保育者や友達に伝えようとする。 ・保育者と一緒にみたてたり、つもりになったりしてあそぶ。	
期別のねらい	◎保育者と一緒に簡単な身の回りのことをしようとする。 ◎長めの散歩や、運動あそびを楽しむ。 ◎保育者や友達に自分からかかわろうとする。 ◎秋の実りや自然の変化を知る。 ◎絵本に親しみ、保育者と楽しさを共有する。 ◎手あそび、わらべうたを楽しむ。	
保育の内容 ●…健康 ◆…人間関係 ▲…環境 ■…言葉 ★…表現	●いろいろな食べ物に関心をもち、進んでスプーンを使って食べようとする。 ●◆保育者に誘われて、便座にすわったり、排尿したりする。 ●◆保育者に手伝ってもらいながら、着脱を自分でしようとする。**（3〜4期）** ●◆顔を拭く、手を洗う、はなを拭くなどを保育者と一緒に行い、清潔にする心地よさを感じる。 ●▲巧技台や乗用玩具を使い、全身を動かしてあそぶ。 ▲◆一人で、または保育者と気に入った絵本やおもちゃでたっぷりあそぶ。 ▲★落ち葉や木の実、果物など、たくさんの "秋" を見つける。 ■◆保育者を仲立ちとして、生活やあそびの中で友達と言葉をやり取りしようとする。 ■◆保育者に自分の思いや要求を言葉で伝えようとする。**（3〜4期）** ★▲クレヨンや道具、さまざまな素材を使ってあそぶ。 ★◆保育者と一緒に動物の姿をまねしたり、経験したことや身近な大人がしていたことを再現したりしてあそぶ。**（3〜4期）** ★◆保育者と簡単な手あそびをしたり、音楽に合わせて身体を動かしたりしてあそぶ。**（2〜3期）** ★◆保育者と1対1でわらべうたのしぐさあそびやふれあいあそびをする。**（1〜4期）**	
養護的な側面	◎身の回りのことについて、意欲的に取り組めるよう適切に援助する。 ◎一人一人の子どもの気持ちに寄り添い、共感しながら、継続的な信頼関係を築いていく。	
環境の構成と配慮	◎室温や湿度、換気に注意を払い、手洗いやうがい、消毒など、衛生面に十分に注意する。**（1〜4期）** ◎心地よく眠れるように、場所、室温、湿度、明るさ、風通し、衣類、布団などの状態に留意する。**（1〜4期）** ◎一人一人が安心して休息を取れるよう、特に保育の前半期は子どもの生活リズムを踏まえ、その日の様子に応じて環境を整えるようにする。**（1〜4期）** ◎子どもの手が届く範囲のものはその安全性などを点検し、危険なものは取り除き、のびのびとあそべるよう安全な環境を確保する。**（1〜4期）** ◎一人一人の排尿間隔を見ながらトイレに誘い、うまくいったときは少し大げさに知らせながら、排尿の感覚と意識とを徐々に結びつけていく。 ◎着脱は、自分でしようとする気持ちを励まし、時間的にも余裕をもって援助する。また、その子なりの "自分でできた" という思いに共感する。 ◎友達とぶつかり合う場面では、それぞれの気持ちを受容しつつ、双方の気持ちを言葉にする。 ◎子どもが保育者に話そうとしている場面では、その子がどんなことに興味をもち、どんな経験をしているのかを意識しながら子どもの言葉を受け止め、共感したことを言葉にして返していく。 ◎2つある保育室の1つに、ままごとの棚を常設するとともに、世話あそびの人形の棚の内容を充実させることで、イメージの世界を保障していく。	
子育て支援	◎感染症の情報を共有して、早めの対応が取れるように園と家庭での様子を伝え合う。**（1〜4期）** ◎連絡帳や送迎時のやり取りで、園での様子を詳しく伝えたり、家庭での様子を聞いたりして十分コミュニケーションを取り、ともに育ち合う関係を作っていくようにする。**（1〜4期）** ◎懇談会などを通して保護者同士のかかわりが広がっていくように援助する。**（1〜4期）** ◎行事や懇談会などを通して子どもたちの成長を伝え合い、ともに喜ぶ。 ◎朝夕と日中、天候などによる気温差が大きいので、心地よく過ごせる服装について認識の共有を図っていく。	

内容	
・食べ物の好みがはっきりしてくる。 ・ズボンの着脱や靴の脱ぎ履きに夢中になる。 ・自分のマークを覚え、脱いだものをマークがはってある所に片づけようとする。 ・ままごとで弁当を作ってピクニックに出掛けたり、ブロックで車などを作って友達とやり取りしたりする。 ・語彙の増加が目覚ましく、「これは？」「どうして？」など、質問する。 ・幼児クラスの子どものまねをして三輪車に乗ろうとしたり、少し難しいことをやってみようとしたりする。	予想される子どもの姿
◎保育者に見守られながら、簡単な身の回りのことを自分でしようとする。 ◎戸外で身体を十分に動かしてあそぶ。 ◎友達とのかかわりや、やり取りを楽しもうとする。 ◎さまざまなものにかかわり、発見したり、感じたりする。 ◎雪や氷など、冬のさまざまな自然を感じる。 ◎保育者や友達と言葉のやり取りを楽しむ。	期別のねらい
●最後まで自分で食べようとし、食べ終えた喜びを感じる。 ●便座にすわり、排尿する。 ●◆保育者に手伝ってもらいながら、着脱を自分でしようとする。**(3～4期)** ●顔を拭く、手を洗う、はなを拭くなどを自分でしようとする。 ●園庭の大型遊具に挑戦しようとする。 ◆■保育者の仲立ちにより、友達と一緒にあそぼうとする。 ▲正月や節分にちなんだあそびを楽しむ。 ▲●散歩途中でのさまざまな出会いや出来事を楽しむ。 ▲★雪の感触や風の冷たさ、日なたの暖かさなど、冬の自然を感じる。 ■◆保育者に自分の思いや要求を言葉で伝えようとする。**(3～4期)** ■◆親しみをもって「おはよう」など、日常の挨拶をしようとする。 ■◆絵本の中の動作や言葉を保育者に表現してもらったり、まねしたりしてあそぶ。 ■◆★簡単なごっこあそびをする中で、保育者や友達と言葉を使ってやり取りする。 ★●保育者と一緒に動物の姿をまねしたり、経験したことや身近な大人がしていたことを再現したりしてあそぶ。**(3～4期)** ★◆保育者と1対1でわらべうたのしぐさあそびやふれあいあそびをする。**(1～4期)**	保育の内容
◎動きが活発になる子どもの行動を予測したり、見守ったりして、安全にあそべるように配慮する。 ◎一人一人が主体的に活動し、達成感や満足感を味わいながら過ごせるよう見守ったり、働きかけたりする。	養護的な側面
◎室温や湿度、換気に注意を払い、手洗いやうがい、消毒など、衛生面に十分に注意する。**(1～4期)** ◎心地よく眠れるように、場所、室温、湿度、明るさ、風通し、衣類、布団などの状態に留意する。**(1～4期)** ◎一人一人が安心して休息を取れるよう、特に保育の前半期は子どもの生活リズムを踏まえ、その日の様子に応じて環境を整えるようにする。**(1～4期)** ◎子どもの手が届く範囲のものはその安全性などを点検し、危険なものは取り除き、のびのびとあそべるよう安全な環境を確保する。**(1～4期)** ◎食欲や食事の好みに偏りが表れやすい時期なので、日常の心身の状態を把握し、無理なく食事を進めていけるようにする。 ◎子どもがゆったりとした気持ちで自分から便座にすわったり、排尿したりできるよう丁寧に見守る。 ◎一緒に絵本を見ながら、その絵本にちなんだ動作や言葉、歌などを保育者が表現し、子どもがまねをして一緒に楽しむなど、絵本の世界を味わえるようにする。 ◎少し難しいこともやってみようとするので、子どもの気持ちを尊重しながら、安全に楽しめるように環境を整える。 ◎イメージが膨らむままごとの素材を増やす。また、パズルなどの机上あそびを見直し、コーナーとして仕切り、集中して取り組めるようにする。	環境の構成と配慮
◎感染症の情報を共有して、早めの対応が取れるように園と家庭での様子を伝え合う。**(1～4期)** ◎連絡帳や送迎時のやり取りで、園での様子を詳しく伝えたり、家庭での様子を聞いたりして十分コミュニケーションを取り、ともに育て合う関係を作っていくようにする。**(1～4期)** ◎懇談会などを通して保護者同士のかかわりが広がっていくように援助する。**(1～4期)** ◎1年間の成長をともに喜び合うとともに、困っていることなども聞きながら保護者の気持ちに寄り添う。 ◎進級に向けて不安なことがないように情報を伝え、安心できるように配慮する。	子育て支援

指導計画（年間）

4月

クラスの計画

4月当初の子どもの姿

◎新しい環境に落ち着かなかったり、不安で泣いたりするが、園庭に出ると、興味があるものであそぼうとする。

◎新しい環境に慣れず、眠りが浅い子がいる。

◎散歩先では保育者の言葉かけに目を向けたり、言葉や指さしで見つけたものを伝えようとしたりする。

今月のねらい

◎保育者とのかかわりの中で、安心して食べたり、眠ったりする。

◎担当の保育者に気持ちを受け止めてもらい、安心して過ごす。

◎気に入ったおもちゃや遊具、あそびを見つけ、たっぷりと楽しむ。

保育の内容　　健康=●　人間関係=◆　環境=▲　言葉=■　表現=★

●◆保育者とのかかわりの中で、喜んで食べる。

●◆保育者に見守られて安心して眠る。

◆■担当の保育者に不安や甘え、欲求を受け止めてもらい、安心して過ごす。

▲保育者に見守られて、おもちゃや身の回りのものでたっぷりと一人あそびをする。

▲散歩に出掛け、春の自然にふれる。

★▲さまざまな素材にふれてあそぶ。

養護的な側面を含めた配慮

◎生活面は担当制を取り入れて、一人一人に合わせて食事や睡眠、排せつなどの援助をし、安定感をもって生活できるようにする。

◎担当の保育者が一人一人の気持ちを丁寧に受け止め、信頼関係を作り、安心して過ごせるようにする。

◎月齢や新入・進級に配慮して集団を2つのグループに分け、家庭のような落ち着いた雰囲気を作る。また、自分であそびを見つけて楽しめる環境や、ゆったり過ごす空間作りを大切にする。

◎身体を十分に動かせるよう、戸外では固定遊具や乗用玩具などで一緒にあそぶ。また、室内にも階段やすべりだい、紙パックで作ったサークルなどを用意する。

◎身の回りのことをテーマにした絵本を見せたり、子どもたちの知っている歌をうたったりする機会を取り入れる。

◎身近な花や虫に興味をもって探索を楽しんだり、吹く風の心地よさを感じたりして、春の自然にふれる時間を作るようにする。散歩に出掛けるときは、事前に散歩コースや散歩先の安全確認を十分に行う。

◎小麦粉粘土*や紙粘土、絵の具、砂などの素材にふれ、感触を楽しめるようにする。

＊小麦粉粘土は、アレルギーの子がいないことを確かめてから用意します。

保育者等の連携

◎一人一人が安心して過ごせるように、担当している子どもの好きなおもちゃ、行動、場所、発達段階などを担任同士で共有する。

◎昨年度の担当保育者とも連携を取りながら、育ちの中の変化であるか、進級による変化であるかについて見極めていく。

4月末の評価・反省

◎落ち着かなかったり、泣いたりする姿が見られたので、あそびの場面では、グループ分けにこだわらず、臨機応変に対応した。また、子どもの様子に合わせて、あそびの環境を整えたことで、少しずつ落ち着いてあそぶようになってきている。

◎戸外へ出る時間が遅くなり、食事の時間に影響してしまうことがあった。保育者の動きと流れを見直していきたい。

個別の計画

	Tちゃん（1歳1か月・女児・新入園児）	Kちゃん（1歳3か月・男児・新入園児）
4月当初の子どもの姿	●担当以外の保育者がかかわると泣くこともあり、園生活への戸惑いを全身で表現する。 ●午前中、短時間眠ることで、その後のあそびや食事に落ち着いて向かう姿が見られる。 ●興味をもったおもちゃを口に入れて確かめようとしている。	●スプーンを左手に持ち、右手で手づかみで食べ、おかわりをする。 ●登園時に保護者と別れると泣くが、小さな布製のマットの上に行くと、泣きやみ、あそびだす。 ●気に入ったおもちゃをずっと握っている。 ●むにゃむにゃとジャルゴン*を話す。 *ジャルゴン＝jargon　わけのわからない言葉の集まり。"文"が生まれる前ぶれといわれている。ジャーゴンともいう。
保育の内容	①心地よい生活リズムで過ごす。 ②保育者に気持ちを受け止めてもらい、安心して過ごす。 ③身の回りのものや人に興味をもち、かかわろうとする。	①スプーンを持って、自分で食べようとする。 ②自分の要求をしぐさや指さしで表し、保育者にかかわろうとする。 ③保育者と一緒に身体を動かしてあそぶ。
養護的な側面を含めた配慮	●様子を見ながら午前睡を取るなど、個別に配慮し、本児にとって心地よい生活リズムで過ごせるようにする。また、慣れ保育は本児の様子を見ながら、時間をかけてゆっくりと進めていく。① ●できるだけ担当の保育者がかかわり、本児の不安な気持ちを受け止めたり、心地よく身をゆだねられる姿勢を探ったりして、安定した気持ちで園生活を送れるようにする。また、たくさん笑いかけ、本児からの笑いかけにも、応答的にかかわり、関係を徐々に作っていく。② ●おもちゃに興味をもち、探索しているときにはそばで見守ったり、一緒にあそんだりする。また、友達のあそびをじっと見ているときには「○○ちゃん、楽しそうだね」などと言葉をかけ、友達への興味を育めるようにする。③	●「○○、おいしいね」などの言葉をかけながら、自分で食べようとする姿を見守り、本児のペースで食事を進められるようにする。スプーンに興味を示し、手に持つ姿が見られるので、あそびの中で肘が肩まで上がっているか、手首をよく動かしているかなどを確認しながら、少しずつスプーンを使って食べられるよう援助する。① ●新しい環境への戸惑いや不安感に寄り添い、落ち着く場所を保障するなど、安心感を得られるようにする。また、本児の様子に合わせて言葉をかけたり、本児のおしゃべりに相づちを打ったりして、応答的にかかわっていく。② ●体操の音楽に合わせて身体を動かしたり、ボールを使ったあそびを一緒にしたりして、いろいろな身体の動きを楽しめるようにする。③
子育て支援	●家庭での食事や睡眠、あそびの様子などを詳しく聞き取り、家庭に近い環境作りを取り入れる。また、工夫していることを伝えることで、保護者が安心感を得られるように配慮する。	●園の様子を丁寧に伝え、保護者の不安が和らぐようにするとともに、保護者との信頼関係を築くよう努める。
評価・反省	●家庭と同じようにとおんぶを取り入れると、安心して過ごせるようになった。また、おんぶで午前睡を10分ほど取ると、すっきりした表情を見せている。これから、登園時間が早くなるので、しばらくは午前睡を取れるようにして様子を見ていきたい。 ●園ではまだ歩こうとしないが、家では歩きはじめているようだ。伝い歩きを楽しめる環境を整え、援助していく。	●慣れ保育初日に使ったマットを気に入り、気持ちを落ち着かせる場所になっている。本児の気持ちや様子に配慮しながら、活用していきたい。 ●指さしやジャルゴンが盛んで、保育者の話を理解している姿もある。本児の指さしなどに言葉を添えて返すなど、やり取りの楽しさを感じられるようにしていきたい。

＊「評価・反省」は4月末の内容です。

指導計画（4月）

	Yちゃん（1歳8か月・女児・進級児）	Sちゃん（1歳11か月・男児・進級児）
4月当初の子どもの姿	●食事は好きなものから順に食べている。 ●新担任と一緒にあそぶが、排せつや食事などの生活場面ではかかわりを嫌がる姿が見られる。 ●『だるまさんと』（作／かがくいひろし　ブロンズ新社）の絵本を読んでもらい、一緒になって横に揺れるなど、動作をまねする。	●肉など、口に残る硬いものや野菜が苦手で、食べようとしない。 ●園庭で三輪車にまたがって狭い所を通ったり、玄関の花を見にいったりしてあそぶ。 ●二語文で言葉のやり取りができ、散歩中に会った犬に、「ワンワン、バイバイ」と手を振る。 ●昨年度の担任の姿を見かけると、膝の上に座り、甘えている。 ワンワン　バイバイ
保育の内容	①喜んで食事をする。 ②保育者に思いを受け止めてもらい、安心して過ごす。 ③戸外の好きな場所で、保育者に相手をしてもらい、一緒にあそぶ。	①食事の時間を楽しく過ごす。 ②保育者と一緒にたっぷりと好きなあそびをする。 ③音楽に合わせて楽しく身体を動かす。
養護的な側面を含めた配慮	●白飯から先に食べ、おかずが進まないことがあるが、楽しい雰囲気の中でゆったりとかかわり、自分から食べてみようという気持ちがもてるようにする。保育者のかかわりを嫌がるときは、理由を探りながら、本児の訴えに応えていくようにする。① ●自分の思いを態度で表現しようとする本児の姿を受け止め、言葉に置き換えながら共感することで、自分の気持ちを確認し、安心して思いを出していけるようにする。② ●砂場の道具や乗用玩具、ボールなどを用意し、本児が興味をもったもので一緒にあそんだり、そばで見守ったりして楽しさに共感する。また、散歩に出掛け、サクラの花びらにふれたり、タンポポの綿毛を飛ばしてみたりなど、自然に親しめるようにする。③ きれいねー	●本児の咀嚼や嚥下の発達に応じて、食品の種類、大きさ、硬さなど、調理形態に配慮する。また、苦手なおかずは盛り付け量を減らして、"食べられた"という経験を増やしていけるようにする。① ●気に入った乗用玩具で園庭を探索するなど、好きなあそびを満足するまで楽しめるようにする。周囲に注意を払うことは難しい時期なので、必ずそばで見守る。また、砂や粘土など、感触を楽しむあそびも取り入れ、あそびが広がるように援助する。② ●音楽に合わせて一緒に体操をし、身体を動かす楽しさが感じられるようにする。保育者をまねて動きやすいよう、大きくめりはりのある動きをするように心がける。③
子育て支援	●緊張から疲れが出ることが予想されるので、こまめに様子を伝え合い、体調が悪くなった場合や気がかりなときは、早期に対応できるようにする。	●連絡帳や送迎時に語彙が増えている様子を伝えて成長を喜び合い、あそびや生活の中での語りかけの大切さを共有していく。
評価・反省	●食事や着脱など自分の思うとおりにできずに怒ったり、助けを求めたりする。そのときどきの思いに添った言葉をかけ、援助していきたい。 ●歩行は不安定だが、高い所へ意欲的によじ上ろうとするなど、身体を使うことを楽しんでいる。身体を柔軟に使い、運動あそびや手指を使ったあそびを楽しめるようにかかわっていきたい。	●おむつ替えのときに、保育者の誘いに"いやいや"をすることが増えてきた。また、新担任に対して、まだ慣れていない様子も見られる。本児の気持ちを受け止めながら、担任との関係をしっかり築き、安心して自分の気持ちを表現できるよう援助していきたい。

＊「評価・反省」は4月末の内容です。

だるまさんと
作／かがくい ひろし
ブロンズ新社

だるまさんが
作／かがくい ひろし
ブロンズ新社

はーい!
作／みやにし たつや
アリス館

いないいないばああそび
作／きむら ゆういち
偕成社

てん てん てん
作／わかやま しずこ
福音館書店

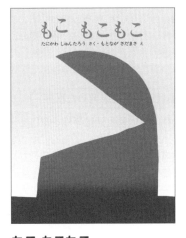

もこ もこもこ
作／たにかわ しゅんたろう
絵／もとなが さだまさ
文研出版

「チューリップ」（作詞／近藤宮子　作曲／井上武士）	**「ちょうちょう」**（外国曲　訳詞／野村秋足）
「たんぽぽひらいた」（作詞／こばやしけいこ　作曲／丸山亜季）	**「おもちゃのチャチャチャ」**（作詞／野坂昭如　作曲／越部信義）
「ライオンのうた」（作詞・作曲／峯陽）	**「手と手と手と」**（作詞・作曲／二本松はじめ）
「ふうせん」（作詞／湯浅とんぼ　作曲／中川ひろたか）	**「ぶんぶんぶん」**（ボヘミア民謡　作詞／村野四郎）

5月

クラスの計画

前月末の子どもの姿

◎登園時には泣くものの、少しずつ落ち着いてあそぶようになる。

◎午睡でなかなか寝つけない子がいる。

◎園庭で探索を楽しんだり、乗用玩具に乗ったり、砂場であそんだりする。

◎絵の具や小麦粉粘土であそぶが、手を出したり引っ込めたりして感触を確かめる子もいれば、嫌がる子もいる。

今月のねらい

◎一人一人の生活リズムで心地よく過ごす。

◎春の自然にふれながら、戸外であそぶことを楽しむ。

◎保育者に見守られながら、好きなあそびを見つけ、機嫌よく過ごす。

保育の内容　　健康=● 人間関係=◆ 環境=▲ 言葉=■ 表現=★

●手づかみやスプーンを使って、自分で食べようとする。

●◆担当の保育者に見守られ、安心して眠る。

◆■自分の思いを指さしやしぐさ、片言で保育者に伝えようとする。

▲好きなおもちゃや遊具、自然物に自分からかかわり、たっぷりあそぶ。

▲●春の自然を感じながら、探索したり、身体を動かしたりする。

★◆保育者と一緒に簡単な手あそびを楽しんだり、音楽に合わせて全身を動かしたりする。

養護的な側面を含めた配慮

◎連休明けで園生活に不安を感じる子がいることを踏まえ、一人一人の体調や様子に合わせてゆったりと過ごせるようにする。

◎一人一人の気持ちに応答的にかかわり、安心して自分の気持ちを出していけるようにする。

◎食事の途中で眠くなってくる子がいるので、一人一人の生活リズムに合わせて早めに食事を始めるなど、調理室との連携やクラスでの配膳で調整をして、最後まで機嫌よく食べられるようにする。

◎自分で食べようとする気持ちを大切にし、手づかみ食べを保障していく。スプーンで食べようとするときには、スムーズにすくい、口まで運べるよう手を添えて援助したり、一口量を知らせたりする。

◎布団の手触りや、寝る姿勢など、家庭と園での睡眠の仕方の違いを考慮し、一人一人に合わせて安心して眠れるようにする。

◎散歩に出掛ける人数やメンバー、行き先などに合わせて散歩車を利用するか、歩いて出掛けるかなどを検討し、無理なく散歩を楽しめるようにする。

◎アリ、テントウムシ、ダンゴムシや、園庭に咲く花などを一緒に見たり、ふれたりして、自然物への興味や関心が膨らむようにする。

◎ゆったりとした手あそびやわらべうたを通して、保育者とふれあう心地よさややり取りする楽しさを感じられるようにする。

保育者等の連携

◎朝のおやつから戸外に出るまでや、戸外からの入室など、子ども自身が生活の流れを見通せるように保育者の役割や進め方について見直し、協力し合う。

5月末の評価・反省

◎新入園児は慣れて、泣くことが少なくなってきたが、進級児は甘えたり、こだわったりする姿があるので、気持ちを受け止めながらかかわっていきたい。

◎友達の名前を覚えて、呼びかける姿が出てきている一方で、言葉で伝えられないことによる取り合いも増えてきている。一人一人の思いを受け止めながら、友達とかかわる心地よさを感じていけるようにする。

個別の計画

	Tちゃん（1歳2か月・女児）	Kちゃん（1歳4か月・男児）
前月末の子どもの姿	●食材に自分から手を伸ばし、食べようとする。 ●担当の保育者におんぶをしてもらい、午前中に10分ほど眠る。 ●散歩先で、見つけた車などを指さし、保育者に伝えようとする。 ●転がっていくボールや友達が乗っている乗用玩具ははいはいで追いかける。乗用玩具や砂場の棚につかまり立ちをすることがある。 ●ぽっとん落としを繰り返し楽しむ。	●気持ちが落ち着かないときは、お気に入りのマットで過ごしている。 ●靴を履こうとしたり、脱いで自分のマークの所へしまおうとしたりする。 ●散歩先で見つけたものを指さして知らせようとしたり、一人でむにゃむにゃと盛んにおしゃべりをしたりする。 ●年上の子のまねをして、ボールを投げたり、高い所に上ろうとしたりする。 ●砂場で友達と同じバケツに砂を入れてあそぼうとする。
保育の内容	①喜んで食事をする。 ②表情や喃語、指さしなどで、自分の思いを活発に表そうとする。 ③つかまり立ちや伝い歩きをしようとする。	①簡単な身の回りのことに興味をもち、担当の保育者と一緒にしようとする。 ②友達に興味をもち、近くであそぶ。 ③戸外でのびのびと身体を動かし、開放感を味わう。 ④保育者と一緒に好きなものでたっぷりあそぶ。
養護的な側面を含めた配慮	●いろいろな食材に手を伸ばし、自分で食べようとしている姿を見守りながら、「おいしいね」などと言葉をかけ、楽しい雰囲気の中で食べられるようにする。また、日によっては、午前中に少し眠ると、食事もしっかりとれるので、本児の様子を見ながら、眠れるような環境を整える。① ●本児の表情や指さしに応えて言葉をかけたり、共感したりするなど、1対1の応答的なかかわりを大切にし、活発に自分の思いを出していけるようにする。② ●壁面のおもちゃや押し箱など、つかまり立ちや伝い歩きを楽しめる環境を整える。また、家庭では歩きはじめているようなので、園でも歩こうとする姿が見られたら、安全な環境を整え、本児の気持ちに応えていけるようかかわる。③	●身の回りのことについて、本児の"やってみたい"という気持ちを大切に、時間に余裕をもって、様子を見守ったり、一緒に行ったりする。また、終わったら「自分でできたね」と一緒に喜び、"またやってみよう"と次につながるようにかかわる。① ●友達がすることに興味をもっている姿に応えて、友達の近くで同じようなあそびが楽しめるように、スペースやおもちゃを確保する。② ●遊具に上ったり、くぐったり、乗用玩具に乗ったりなど、戸外で全身を使ってあそび、開放感を味わえるようにする。また、園庭ではいろいろなものや場所に興味をもち、歩き回るので、危険がないように見守りながら、本児の興味や関心を満たしていけるようにする。③ ●いろいろなおもちゃに興味をもち、自分からふれてあそべるよう、設置の仕方に配慮する。また、保育者も一緒にあそび、楽しさに共感していく。④
子育て支援	●送迎時や連絡帳を通して園生活に慣れてきている様子を伝え、信頼関係を築けるようにする。	●入園して1か月たち、体調を崩しやすい頃なので、食事量や睡眠時間、便の状態など体調の変化について連絡を取り合い、健康に過ごせるようにする。
評価・反省	●白飯を嫌がるようになってきた。家庭での様子を聞き、無理強いしないように気をつけながら、かかわる。 ●歩行が始まり、移動を楽しんでいる。また、探索活動が盛んで、いろいろなおもちゃを棚から出してあそんでいる。探索をたっぷり楽しめるよう、環境を整えたり、時間を保障したりしていきたい。	●保育者の言葉かけを理解して、身ぶりや「いや」などの言葉で返すなど、自分を出すようになってきた。本児の様子に応答的にかかわり、信頼関係を築いていく。 ●歩行がまだ不安定で、バランスを崩しやすい様子が見られる。引き続き、歩きたい気持ちを大切にしながら、安全に配慮していきたい。

吹き出し：バス来たね

吹き出し：できたね！

＊「評価・反省」は5月末の内容です。

指導計画（5月）

	Yちゃん（1歳9か月・女児）	Sちゃん（2歳・男児）
前月末の子どもの姿	●食事や着脱など自分でしようとするが、思うとおりにできず、怒ったり、助けを求めたりする。 ●新しい担当の保育者に慣れてきて、かかわろうとする。 ●園庭の遊具など、高い所へよじ上ろうとする。 ●道端に咲く花を見つけながら、散歩を楽しむ。 ●両手のひらにたっぷり絵の具を付けて、手形をぺたんぺたんと付けて楽しんでいる。	●苦手なおかずの盛り付け量を減らすと完食することがある。 ●おむつ替えのときに、担当の保育者の誘いに“いやいや”をすることがある。 ●水たまりの中を歩いて水をバシャバシャさせたり、電車やごみ収集車をじっと見たりしながら、歩いての散歩を楽しんでいる。
保育の内容	①担当の保育者に見守られながら、簡単な身の回りのことを自分でしようとする。 ②自分の欲求や感じたことを動作や自分なりの言葉で表現しようとする。 ③保育者と一緒に身体を動かしてあそぶ。 ④音楽に合わせて楽しく踊ったり、手あそびをしたりする。	①食べ物に関心をもち、自分で進んで食べようとする。 ②思いを受け止めてもらい、安心して自分を表現する。 ③身近な自然にふれ、探索する。
養護的な側面を含めた配慮	●食事や着脱など、身の回りのことを“自分で”やりたい気持ちを尊重し、時間やスペースを保障するなど、環境を整え、そばで見守る。できずに手伝いを求めてきたときには、「○○するといいよ」とやり方を丁寧に伝え、一緒に行い、安心して身の回りのことに取り組めるようにする。① ●表情や、その子なりの言葉に含まれている気持ちを読み取る。さらに、その読み取った気持ちを保育者の言葉で代弁し、共感する。② ●本児の行動を予測し、安全にあそべる環境を整えながら、一緒にあそび、“動きたい”気持ちが満たされるようにする。また、歩行が不安定なので、少し凸凹な砂の上や緩やかな坂道など、抵抗のある場所を歩きたがるときは、近くで見守るようにする。③ ●本児の好きな歌や音楽、太鼓を使って、一緒に踊ったり、しぐさをまねしたりする楽しさを感じられるようにかかわる。④	●食材の話をするなど、穏やかな雰囲気の中で食事を進め、自分から食べてみようとする気持ちがもてるようにする。苦手なおかずを一口でも食べられたら認める言葉をかけ、次につながるようにする。① ●新しい環境に不安を感じているようで保育者からの誘いを嫌がることがある。本児の気持ちや行動を丸ごと受け止めることで安心して穏やかに過ごし、ありのままの自分を出せるようにする。② イヤ！ そうかあ嫌なのね ●園庭や散歩先で花を見たり、ダンゴムシやテントウムシ、チョウチョウなどの虫探しをしたり、クワの実を使ってあそんだりなど、いろいろな自然物にふれられるようにする。また、本児の気づきに共感し、一緒に楽しみながらかかわっていく。③
子育て支援	●自我が育ち、家庭でも自分の思いを通そうとしたり、なんでも自分でやりたがったりしているようなので、育ちの見通しを伝えたり、園での対応の仕方を知らせたりして、参考にしてもらえるようにする。	●いろいろなことを自分でしてみようとする時期なので、安全な環境の下でできるだけ見守っていくことの共通認識を図る。
評価・反省	●食事は好きなものを多く食べる傾向があるが、ほかのものを勧められて怒ることは減ってきている。今後も食べることを楽しめるよう、本児の姿に合わせて援助していきたい。 ●散歩では、散歩車に乗りたがることが多いので、本児の気持ちに寄り添いながら、散歩を楽しめるように援助していく。	●友達の名前を呼び、かかわる姿が出てきた。友達と心地よくかかわり、楽しさを感じられるよう仲立ちしていきたい。 ●もち上がりの担任にだっこを求めるなど、不安感を表す姿も見られるが、新担任にも少しずつ慣れてきた。本児の気持ちを丁寧に受け止め、引き続き安心して過ごせるようにする。

＊「評価・反省」は5月末の内容です。

もっと いろいろばあ

作／新井 洋行
えほんの杜

かくれんぼ ももんちゃん

作／とよた かずひこ
童心社

ばななくんがね・・

作／とよた かずひこ
童心社

おひさま あはは

作／前川 かずお
こぐま社

しあわせならてをたたこう

作／デビッド・A・カーター　訳／きたむら まさお
大日本絵画

おにぎりくんがね・・

作／とよた かずひこ
童心社

「くいしんぼうのありさん」（作詞・作曲／増田裕子）	**「しゃぼん玉」**（作詞／野口雨情　作曲／中山晋平）
「指と指」（作詞・作曲／二本松はじめ）	**「おつかいありさん」**（作詞／関根栄一　作曲／團伊玖磨）
「うさぎとかめ」（作詞／石原和三郎　作曲／納所弁次郎）	**「たんじょうび」**（作詞／与田準一　作曲／酒田富治）
「どのたけのこが」（作詞／まど・みちお　作曲／渡辺茂）	**「えんやらもものき」**（わらべうた）

6月

クラスの計画

前月末の子どもの姿

◎新しい環境に慣れてきて、気持ちよく入眠できるようになる。

◎着脱については、高月齢児は、ズボンに足を入れたり、靴下を足に当てたりすることがある。低月齢児も高月齢児の様子をまねるなど、少しずつ興味をもちはじめている。

◎新入園児は落ち着いてきたが、進級児は甘えたり、こだわったりすることがある。

◎友達の名前を覚えて呼びかける一方、思うように言葉で伝えられず、ものや場の取り合いになることも増えてきている。

◎園庭で幼児と一緒に木の実を拾ったり、虫を探したりしてあそんでいる。

今月のねらい

◎身の回りのことに興味をもち、保育者と一緒にしてみようとする。

◎保育者に思いを受け止めてもらい、安定感をもって過ごす。

◎身近な素材の感触を楽しむ。

保育の内容　　健康＝● 人間関係＝◆ 環境＝▲ 言葉＝■ 表現＝★

●自分から進んで食べようとする。

●◆保育者に手伝ってもらいながら、着脱しようとする。

●全身を動かしてあそぶ。

◆保育者や友達とかかわってあそぶ。

◆■自分の思いや要求を安心して表そうとする。

★▲砂、水、新聞紙、絵の具などの素材にふれてあそぶ。

養護的な側面を含めた配慮

◎暑くなってくるので、水分補給をこまめにしたり、室温や湿度を調節したりして、心地よく過ごせるようにする。

◎安心できる保育者とのかかわりから、ほかの保育者へもかかわりが広がるように配慮する。また、複数の保育者がかかわることで、さまざまな視点で子どもの姿を捉え、保育者間で共有していけるようにする。

◎進級児の甘えたい気持ちやこだわりたい思いに寄り添い、受け止め、安心して自分の気持ちを出していけるようにする。

◎着脱時は、子どもの様子に合わせて室内を区切るなど、落ち着いて取り組める環境を作る。

◎室内のレイアウトやおもちゃの種類について見直し、子どもが自分でおもちゃを見つけ、あそべるよう配慮する。

◎細かいごみが目につき、盛んに拾って回る子もいるので、保育室内の整理や清潔には十分配慮する。

◎砂や絵の具など、はじめての感触に抵抗感を示す子がいるので、あそびの内容や環境を工夫し、無理なく素材の感触を楽しめるよう配慮する。

◎友達とかかわる心地よさを感じられるように、一人一人の思いを受け止めながら代弁するなど、仲立ちしていく。

保育者等の連携

◎子どもの様子などの情報を共有し、クラス全員の子どもを担任全員で丁寧に見ていけるようにする。

◎高月齢児を中心に、園庭のアスレチック遊具への興味が高まっているので、安全にあそべるよう、担任間で声をかけ合っていく。

6月末の評価・反省

◎いろいろなものへの興味が高まり、発語が増えてきている。みたてあそびや身近な動物の写真掲示などを通して、楽しさやうれしさで心が動き、言葉につながるようにする。

◎担当制をやめたことで、子どもの様子を担任間で共有しやすくなった。また、保育者が流動的にかかわるので、一人一人の興味や関心に沿ったあそびのグループができ、子ども同士のかかわりも増えてきた。

個別の計画

	Tちゃん（1歳3か月・女児）	Kちゃん（1歳5か月・男児）
前月末の子どもの姿	●午前睡を取ることが少なくなっている。 ●人見知りが始まり、担任ではない保育者を見ると泣くことがある。 ●歩行が始まり、移動を楽しんでいる。 ●いろいろなおもちゃを棚から出してあそんでいる。	●保育者のまねをして、食事のための椅子を運ぶなど、食べることを楽しみにしている。 ●聞き取れないことが多いが、発音意欲があり、「〜ね」など話しているような声を出す。 ●保育者の言葉かけを理解して、身ぶりや「いや」などの言葉で返そうとする。 ●歩行の際の姿勢が安定せず、ふらふらすることがある。 ●散歩先で石や花を見つけ、探索を楽しんでいる。
保育の内容	①スプーンを使って食べてみようとする。 ②自分の要求を動作に表し、保育者に伝えようとする。 ③歩いてあそぶ。 ④自分の好きなあそびを見つける。	①喜んで食事をする。 ②保育者を相手にしてあそぶ。 ③音楽や手あそびの楽しさを感じる。
養護的な側面を含めた配慮	●スプーンに興味を示す姿が見られたら、スプーンに食材を載せておき、自分で口に運べるように援助する。スプーンを使う様子がぎこちない場合は、あそびの中で肘が肩まで上がっているか、手首をよく動かしているかなどを確認する。① ●1対1の応答的なかかわりの中で、小さな声や表情を見逃さないようにして、要求に応じたり、共感したりする。本児のペースに合わせながらゆったりとかかわるようにする。② ●本児が歩くそばにおもちゃなどがないよう、安全面に配慮する。また、平坦な広い場所で歩けるように環境を整え、歩く楽しさに共感しながらそばで見守る。③ ●いろいろなおもちゃにふれる機会を作り、本児の様子に応じて、一緒にあそび、楽しい気持ちをやり取りしていく。④ ●人見知りは、誰とどのようにしたら安心していられるのかをその子なりに表現していると捉え、子どもの気持ちを察して応じるようにしていく。本児の好きなあそびなどを通して場を共有し、徐々にかかわりをもっていく。	●食事の時間を楽しみにしている本児の気持ちを大切にしながら、一緒に準備をしたり、「今日のご飯は何かな」など語りかけたりして、楽しい気持ちで食事に向かえるようにする。① ●「ないない」や「あった」など、発音しやすい言葉や、気持ちや動作を示す言葉（情動語）など、まねしやすいように短い単語で話しかける。また、まねながら言葉にする楽しさを感じられるようにする。② ●本児の好きな音楽に合わせて一緒に踊ったり、しぐさが楽しい手あそびを一緒にしたりして、楽しさを共有していく。踊りやしぐさをまねしやすいように、大きくめりはりをつけて動くようにする。③
子育て支援	●天候不順などで体調を崩しやすい時期なので、食事量や睡眠時間、体調などについて丁寧に伝え合い、健康に過ごせるようにする。	●聞き取ることのできる言葉や、関心のある出来事の中で話していた言葉を、園と家庭で伝え合い、言葉を使おうとする気持ちが高まるようにする。
評価・反省	●ほかの子どもたちの様子を見て、同じように自分で靴下を脱いでいた。身の回りのことに興味をもって少しずつ取り組めるように援助していきたい。 ●保育者が歌をうたうと身体を動かして楽しんでいる。本児が楽しめるような手あそびなども選び、一緒に楽しんでいきたい。また、好きなあそびにじっくり取り組めるスペースを保障し、満足するまで楽しめるように引き続き見守っていく。	●友達に興味が出てきて、顔を見合わせて笑い合っている。かかわりを楽しめるよう、様子に合わせて仲立ちしていきたい。 ●手あそびや体操を楽しんだり、さまざまなおもちゃを手に取ってあそんだりしている。一緒にあそび、楽しい気持ちを共有していきたい。

＊「評価・反省」は6月末の内容です。

指導計画（6月）

	Yちゃん（1歳10か月・女児）	Sちゃん（2歳1か月・男児）
前月末の子どもの姿	●靴や靴下を一人で脱いでいる。 ●自分で手を洗おうとする。 ●保育者に「待て待て〜」と追いかけられると、うれしそうに逃げる。 ●散歩では、散歩車に乗りたがる。 ●友達の隣で、パズルをしてあそんでいる。	●連休明けから、特に午睡に入るときに落ち着きがなくなり、特定の保育者を求める。 ●少しずつ新担任に慣れてきている。 ●友達の名前を呼び、かかわろうとする。 ●「くるま、きた」など二語文を言う。 ●テントウムシやダンゴムシを見つけて捕まえたり、花をじっと見たりする。
保育の内容	①保育者に見守られながら、自分で衣服を脱ごうとする。 ②保育者の仲立ちによって、友達とかかわろうとする。 ③外で身体をのびのびと動かしてあそぶ。	①いろいろな食べ物を進んで食べる。 ②落ち着いた雰囲気の中で安心して眠る。 ③自分のしたいこと、してほしいことを言葉で表現しようとする。 ④さまざまな素材にふれてあそぶ。
養護的な側面を含めた配慮	●靴や靴下、衣服を脱ぐことについて、自分のペースで進められるよう見守ったり、手伝ったり、その都度の姿に応じてかかわるようにする。手伝いをするときには、「お手伝いしてもいいかな?」と本児の気持ちを確認したうえで援助し、先回りをしないように配慮する。① ●友達に興味をもち、かかわろうとするので、本児の気持ちを代弁しながら仲立ちし、"一緒にあそびたい"気持ちが満たされるようにする。また、友達とあそびをまねし合う時期なので、同じあそびを楽しめるよう、さまざまなおもちゃを複数用意する。② ●歩く、上る、くぐる、しゃがむ、またぐなど、いろいろな身体の動きを楽しめるよう、あそびの内容や環境を工夫し、一緒に楽しむ。また、方向転換をする力がまだ育っていないので、まてまてあそびをするときには、安全面には十分に気をつける。③	●「甘くておいしいよ」など、食べ物のおいしさが伝わるような言葉をかけ、"食べてみよう"という気持ちがもてるようにする。また、友達への関心が高まっているので、午前中に一緒にあそんだ友達と同じ机で食べられるようにするなど、楽しい雰囲気の中で食事が進むように配慮する。① ●本児の入眠スタイルを考慮して、布団を敷く位置など、午睡しやすい環境を整えていく。本児の思いに応えてそばに付き、安心して眠れるように見守る。② ●ままごとあそびなどを通して、自分の思いや伝えたいことが伝わるうれしさを感じられるようにする。また、子どもが興味をもっている身近な素材を取り上げて話し、言葉をやり取りする楽しさを感じられるように働きかけていく。③ ●砂、泥、水、紙、絵の具などの素材にふれられるよう準備する。本児の姿に応じて一緒にあそび、さまざまな感触を十分に楽しめるようにする。④
子育て支援	●敏感肌なので、肌の状態について伝え合い、変化が見られたときには早めに対応できるよう協力し合う。また、夏にはやる皮膚疾患についての情報を提供し、健康に過ごせるようにする。	●登園時にも、落ち着かないことがあるので、園での様子を詳しく伝え、保護者に安心感をもってもらえるようにする。
評価・反省	●食事では苦手なものでも友達が食べていると、食べようとすることが増えてきた。楽しい雰囲気を作り、ゆったりと食事を進めていきたい。 ●身体を使ってあそぶことを楽しみ、すべりだいの上り下りを繰り返したり、築山を上ったりしていた。今後も本児の"〜してみたい"という気持ちを受け止め、安全に楽しめるよう、近くで見守っていく。	●甘えることはあるが、入眠はスムーズになった。今後もその都度、本児の思いに寄り添い、安定感をもって過ごせるようにしていく。 ●「〜して」「○○、つくって」と自分の要求を言葉で伝えてくる。思いどおりにならないと、その思いも伝えてくる。本児なりの思いやイメージがあることを大事に受け止め、例えば「つくって」に応じる場合も、一つ一つ具体的に確認しながら対応する。

待て待て〜

お手伝いしてもいいかな?

＊「評価・反省」は6月末の内容です。

もけら もけら

作／山下 洋輔　絵／元永 定正
構成／中辻 悦子
福音館書店

どんどこ ももんちゃん

作／とよた かずひこ
童心社

じゃあじゃあ びりびり

作／まつい のりこ
偕成社

くつくつあるけ

作／林 明子
福音館書店

おさじさん

作／松谷 みよ子　絵／東光寺 啓
童心社

ノンタン にんにん にこにこ

作／キヨノ サチコ
偕成社

「あまだれぽったん」(作詞・作曲／一宮道子)

「あまがえるの歌」(作詞／中村欽一　作曲／丸山亜季)

「小馬」(文部省唱歌)

「とけいのうた」(作詞／筒井敬介　作曲／村上太朗)

「かたつむり」(文部省唱歌)

「かえるの合唱」(ドイツ民謡　訳詞／岡本敏明)

「バスにのって」(作詞・作曲／二本松はじめ)

「とけいがなります」(作詞・作曲／頭金多絵)

7月

クラスの計画

前月末の子どもの姿

◎スプーンを使って食べようとする姿が増えている。
◎散歩先ですべりだいや追いかけっこなど、身体を動かしてあそんでいる。
◎あそびを通して友達とのかかわりが増えてきている。
◎いろいろなものへの興味が高まり、「くるま！」「あか」など、見つけたものを言葉にする。
◎新聞紙を破ったり、丸めたりして、保育者や友達と一緒に感触を楽しむ。
◎保育者と一緒に砂場で穴を掘ったり、山を作ったりしてあそぶ。

今月のねらい

◎なるべく涼しい環境でゆったりと過ごす。
◎開放的なあそびを楽しむ。

保育の内容

健康＝● 人間関係＝◆ 環境＝▲ 言葉＝■ 表現＝★

●◆保育者に見守られながら自分のペースで食事をし、安心して眠る。
●◆保育者と一緒にズボンをはこうとする。
◆■保育者に仲立ちしてもらいながら、友達にかかわろうとする。
▲★手指を使ってあそぶ。

■◆言葉でやり取りしながら、保育者と一緒にあそぶ。
★▲新聞紙、フラワー紙、絵の具、小麦粉粘土*など、さまざまな素材にふれてあそぶ。
★▲水に親しみ、心地よさを味わう。

＊小麦粉粘土はアレルギーの子がいないことを確認してから用意します。

養護的な側面を含めた配慮

◎気温の変動が大きいため体調を崩すことがないよう、丁寧に健康観察を行いながら、適切に休息や睡眠を取ったり、水分を補給したりする。
◎着脱については子どもの興味や意欲を大事にしながら手伝い、"できた"という喜びを感じられるようにする。特にズボンをはく際は、裾を意識して、足が裾から出るように手を添えたり、声をかけたりする。
◎興味・関心をもったあそびを通して、友達とかかわろうとするので、保育者も一緒にあそびながら、場面に応じて、子どもの気持ちを代弁してつないだり、同じおもちゃであそべるように環境を整えたりして、かかわってあそぶ楽しさを感じられるようにする。
◎一人一人の発達や興味に合わせて、積み木や型はめ、シールなど、手指を使うおもちゃや素材を用意し、じっくりと取り組めるよう環境を整える。
◎ブロックやままごとでのみたてあそびや身近な動物の写真掲示などを通して、楽しさやうれしさで心が動き、言葉につながるようにする。
◎水あそびは、一人一人の体調や発達に合わせて時間や活動内容を考慮する。例えば、その子のペースで水に親しめるよう、バケツやひしゃく、じょうろ、霧吹き、ボールなど、いろいろな種類の道具やおもちゃを用意する。
◎静と動の活動のバランスを考えながら、雨の日も体操やボールプール、室内用の大型遊具などで、開放感を味わえるように工夫する。

保育者等の連携

◎雨の日の活動内容や保育者の役割分担について話し合い、声をかけ合いながら臨機応変に動けるようにする。

7月末の評価・反省

◎食事中、座位姿勢が崩れてしまう子が多い。椅子の座面の前のほうに滑り止めを付けたり、座面の高さを調節したりして、安定した姿勢を保てるようにする。
◎ズボンを自分ではこうとする姿が多く見られるようになってきた。Tシャツの着脱にも興味がもてるよう働きかけていきたい。
◎雨の日が多く、室内であそぶことが多かった。今後の室内あそびに備えて棚の中のおもちゃを見直し、環境を整えていきたい。

個別の計画

	Tちゃん（1歳4か月・女児）	Kちゃん（1歳6か月・男児）
前月末の子どもの姿	●靴下を自分で脱いでいる友達の様子を見て、同じようにしようとする。 ●機嫌は悪くないが、声を出したり、笑ったりすることが少ない。 ●歩行が安定せず、ふらつくことがあるが、喜んで歩いている。 ●保育者の歌に合わせて身体を動かして楽しんでいる。	●布団で横になってもなかなか入眠できないようで、長い時間、布団でごろごろしている。 ●友達と顔を見合わせて笑い合っている。 ●散歩で歩くことを嫌がるが、保育者と手をつなぐと、最後まで歩くこともある。 ●手あそびや体操で身ぶりをまねしたり、身体を揺らしたりして楽しんでいる。 ●探索活動が盛んで、さまざまなおもちゃを手に取る。
保育の内容	①保育者と一緒に簡単な着脱をしてみようとする。 ②簡単な言葉を理解し、やり取りしようとする。 ③保育者とかかわってあそぶ。 ④歩いてあそぶ。	①よくかんで食べる。 ②友達にかかわろうとする。 ③自分のしてほしいことや、思いを保育者に伝えようとする。 ④好きなおもちゃでじっくりあそぶ。
養護的な側面を含めた配慮	●身の回りのことを自分でしてみようとする気持ちを大切にし、様子を見守ったり、一緒に行ったりする。また、保育者が手伝って着脱をするときには、「お手々、出るかな」など、行っていることを一つ一つ言葉にし、本児が自分から身体を動かすのを待ちながら進めていく。①② ●言葉を吸収する時期でもあるので、積極的にかかわりながら、子どもが求めているときにはどんなささいなことでも言葉を用いるなど、丁寧に対応していく。また、家庭で聞かれる言葉について教えてもらい、関連する写真や絵を用意するなど、保育環境にも生かしていく。② ●しぐさが楽しい手あそびや、子どもの名前を呼ぶあそびなどを取り入れ、保育者とやり取りする心地よさを味わうことで、安心して自分を表現していけるようにする。③ ●歩いて探索を楽しんでいるので、行動を予測しながら危険を取り除き、安全に活動できるようにする。また、転がっていくボールを追いかけるあそびなどを一緒にし、歩くことの楽しさに共感していく。④③	●食事のときには、咀嚼の様子をよく観察しながら声をかけ、よくかんで食べられるように援助する。必要な場合は、保育者の口元が見えるマスクを着用するなど、一緒に口を動かして咀嚼の様子が子どもにもわかるようにする。① ●友達に興味を示す姿を見守りながら、様子に合わせて仲立ちし、友達にかかわりたい気持ちが満たされるようにする。また、友達の隣で同じあそびを楽しめるよう、十分な数のおもちゃを用意したり、落ち着いてあそべる場を確保したりして、環境を整える。② ●はっきりした言葉は出ていないが、動作や片言で伝えようとする思いを丁寧にくみ取る。本児の伝えたいことを言葉に置き換えながら返していくことで、気持ちが通じた喜びを感じられるようにする。③ ●さまざまなおもちゃに自分からかかわろうとする意欲を大切にし、満足するまで楽しめるよう、時間や空間を保障する。また、一緒にあそび、楽しい気持ちを共有していく。④
子育て支援	●園での様子で、特に興味や関心が見られたものについては、家庭の生活につながるように伝えていく。	●夏に流行する感染症や皮膚疾患などの情報を提供しながら、園と家庭で健康状態について伝え合い、健康に過ごせるようにする。
評価・反省	●友達に興味をもつようになり、音楽に合わせて踊る場面では手をつなごうとする姿も見られる。音や動きの中でかかわる機会を増やし、楽しく心地よいかかわりになるようにしていく。 ●日常の簡単な言葉を理解し、保育者の言葉かけにも応え、動こうとしている。今後も、丁寧に言葉をかけながらかかわっていきたい。	●したいこと、嫌なことなど、意思表示をはっきりするようになってきた。自我が芽生え、自己主張するようになってくる時期なので、本児の気持ちを受け止め、丁寧なかかわりを心がけていきたい。 ●友達とのかかわりが増えている一方、おもちゃなどを取られたときに、友達の指にかみつくことがある。自分の気持ちを言葉で伝えることができない過渡的な段階の姿として捉えるとともに、おもちゃの数や保育室の環境を見直していく。

＊「評価・反省」は7月末の内容です。

バナナは「ナーナ」って言ってます 大好物です

バス来たね 大きいね

	Yちゃん（1歳11か月・女児）	Sちゃん（2歳2か月・男児）
前月末の子どもの姿	●食事では、苦手なものも友達が食べていると食べようとする。 ●身の回りのことを自分でしようとし、手伝われることを嫌がる。 ●「こ（れ）は？」と指さして、ものや人の名前を聞く。 ●身体を使うことを楽しみ、園庭や公園のすべりだいで繰り返しあそんでいる。 	●入眠がスムーズになって、安心して眠るようになっている。 ●友達の名前を呼んだり、友達がすることをまねしたりしている。 ●してほしいことや、思いどおりにならないことなどを保育者に言葉で伝えようとする。 ●絵の具あそびでは紙に筆を押し付けながら、力強く描いている。 
保育の内容	①喜んで食事をする。 ②興味をもったものの名前や、簡単な単語を通してやり取りしようとする。 ③さまざまな素材にふれてあそぶ。	①スプーン、フォークを使って食べようとする。 ②友達とかかわってあそぶ。 ③保育者と一緒に好きなものやことを見つけ、たっぷりあそぶ。
養護的な側面を含めた配慮	●ゆったりとした雰囲気の中で食事を進め、食材への興味を育めるような言葉をかけたり、おいしそうに食べる友達の姿を知らせたりする。苦手なものも食べようとするときには、認める言葉をかけ、次につながるようにする。① ●興味を示したものや事柄について、名称や言葉を覚えさせようとするのではなく、まずは驚きやうれしさなど、気持ちに共感し、言葉を添えていくようにする。②  ●水、紙、小麦粉粘土などの素材にふれ、感触を楽しめるよう準備する。水あそびは体調や皮膚の様子などを見ながら少人数で行うようにし、水あそびができないときでも、満足してあそべるよう活動内容を工夫する。③ ●着脱など身の回りのことについて、自分でやりたいと思う気持ちを受け止めるようにする。時間にゆとりをもち、そばで見守ったり、少し離れたりしながらも、必要なときにはいつでも援助できるようにする。	●スプーンを使って自分で食べようとする気持ちを大切にし、必要に応じて一口量や使い方などを丁寧に伝えていく。また、あそびの中での手指の使い方などを見ながら、スプーンを支え持ち（親指と人さし指の2本の指でのスプーンの持ち方）でもてるように援助していく。① ●自分から友達にかかわろうとするので、本児の気持ちを代弁しながら仲立ちし、一緒にあそぶ楽しさを感じられるようにする。一方、友達を押したり、髪を引っ張ったりすることがあるので、保育者が積極的にあそびに加わり、かかわってもらうことでの満足感や"愛されている"という気持ちが得られるようにかかわる。②③ ●ブロックが好きで「○○、つくって」と言ってくるので、本児のイメージを具体的に確認しながら対応するなどして一緒にあそび、楽しさに共感していく。また、室内で走り回ったり、机や棚の上に乗ったりすることがあるので、身体を十分に動かし、発散できるよう、あそびを工夫する。③ 
子育て支援	●天候不順などで体調を崩しやすい時期なので、食事量や体調の変化などについて連絡を取り合い、健康に過ごせるようにする。	●食材に興味をもち、食べられるものが増えていくよう、園と家庭で食事の様子やかかわり方を共有していく。
評価・反省	●食事の際、スプーンを持つ人さし指の握りが弱く、不安定な様子が見られる。シールも親指と中指ではろうとする。あそびの中で手指をたくさん使うようにしていきたい。 ●言葉が増え「Yちゃんの！」と言ったり、シールを「ぺったんぺったん」と言いながらはったりしている。絵本を一緒に見ながら、言葉を繰り返したり、まねしたりすることも楽しんでいきたい。	●入眠時、落ち着かなかったり、特定の保育者を求めたりして、再び不安定な様子を見せるときがある。そのときどきの本児の気持ちに寄り添い、1対1でのかかわりを大切にしていきたい。 ●嫌なことがあったり、思いどおりにならなかったりすると泣いて怒ることがある。本児の感情に「悔しいね」などと言葉をかけて受容的に受け止めるとともに、少しずつ気持ちを切り替えていけるよう援助していきたい。

＊「評価・反省」は7月末の内容です。

おばけのてんぷら

作／せな けいこ
ポプラ社

おべんとう

作／小西 英子
福音館書店

わにわにのおふろ

作／小風 さち　絵／山口 マオ
福音館書店

ノンタン あそびましょ

作／キヨノ サチコ
偕成社

どろんこ ももんちゃん

作／とよた かずひこ
童心社

なつのおとずれ

作／かがくい ひろし
ＰＨＰ研究所

「**水あそび**」（作詞／東くめ　作曲／滝廉太郎）

「**にゅうめん そうめん**」（わらべうた）

「**たなばたさま**」（作詞／権藤はなよ　補詞／林柳波　作曲／下総皖一）

「**バスにのって**」（作詞・作曲／谷口國博）

「**こんこんちきちき（お山）**」（わらべうた）

「**とんでったバナナ**」（作詞／片岡輝　作曲／櫻井順）

「**ほたるこい**」（わらべうた）

「**海**」（作詞／林柳波　作曲／井上武士）

8月

クラスの計画

前月末の子どもの姿

◎食事中、姿勢が崩れる子が多い。

◎自分でズボンをはこうとする。

◎ままごとではたくさんの料理を作り、保育者や友達と「ください」「どうぞ」というやり取りを楽しんでいる。

◎フラワー紙をポリ袋に入れた魚の製作あそびを楽しみ、できたものを保育者や友達にうれしそうに見せる。

◎ひしゃくやカップで水をすくったり、移し替えたりすることを楽しんでいる。

今月のねらい

◎暑い中でも心地よさを感じながら過ごす。

◎夏のあそびを十分に楽しむ。

保育の内容

健康＝● 人間関係＝◆ 環境＝▲ 言葉＝■ 表現＝★

●スプーンを使って食べようとする。

●落ち着いて食べる。

●◆保育者に手伝ってもらいながら、着脱しようとする。

◆■保育者に仲立ちしてもらいながら、友達とかかわってあそぶ。

▲★手指を使ってあそぶ。

★▲絵の具、片栗粉、ゼリーなど、さまざまな素材の感触を味わう。

★▲水あそびを楽しみ、開放感を味わう。

養護的な側面を含めた配慮

◎スプーンの持ち方については、肘が上がり、手首も柔らかく動かせるようになってきたら、上手持ちから支え持ちへの移行を援助し、丁寧に持ち方を伝えていく。また、あそびの中で手指や手首をたくさん使えるよう、環境を整える。

◎落ち着いて食事に向かえるように、一人一人の体格や姿勢に応じて椅子の高さや座面の奥行きなどを調整する。

◎自分でズボンをはこうとしているときには、見守ったり、さりげなく手伝ったりなど、一人一人に合わせた援助を心がけ、自分でできた喜びを感じられるようにする。また、少しずつTシャツの着脱にも興味がもてるよう働きかけていく。

◎大型ブロックや積み木をバスや電車にみたてたつもりあそびや、ままごとなど、友達と同じあそびを十分に楽しめるようにおもちゃをそろえたり、配置したり、スペースを確保したりする。また、あそぶ中でかかわりをもてるよう、保育者も一緒にあそび、仲立ちしていく。

◎暑い日が続くので、エアコンを使うなどして適切な環境を整えたり、活動内容を考慮したりする。また、室内であそぶことが多くなると予想されるので、棚の中のおもちゃを見直し、使いやすいように配慮する。

◎風や涼しさを感じられるのれんや風鈴、光を感じられる飾りなどを室内に用意し、この時期ならではの楽しさをさまざまな感覚で楽しめるようにする。

◎さまざまな素材を用意し、「冷たいね」「きれいだね」など、言葉をかけながら一緒にあそび、楽しさを共有していく。

保育者等の連携

◎お盆休みなど、日によって登園する人数が違う時期も、落ち着いて生活できるよう、保育者の役割分担を確認し、子どもに関する情報を共有する。

8月末の評価・反省

◎保護者の夏休みで登園人数が少なかったため、いつも以上に一人一人に丁寧にかかわり、気持ちに寄り添った保育ができた。ほかの保育者が捉えた子どもの姿も共有しながら、引き続き一人一人の子ども理解につなげていく。

◎感触あそびでは、最初は戸惑う様子を見せた子も、友達の姿に誘われて試してみるなど、その子なりに楽しむ姿が見られた。継続して、機会を作っていきたい。

個別の計画

	Tちゃん（1歳5か月・女児）	Kちゃん（1歳7か月・男児）
前月末の子どもの姿	●食事や着脱など、身の回りのことを自分でしようとする。 ●笑う姿が増えたが、慣れていない保育者には硬い表情を見せることがある。 ●友達への興味が出はじめ、音楽に合わせて踊る場面では友達と手をつなごうとする。 ●日常の言葉を理解し、保育者の言葉かけに応じて動こうとする。 ●ふらふら歩き回っていて、じっくりあそぶことが少ない。	●自分でズボンを脱ごうとする。 ●してほしいことや嫌なことなどを表情や身ぶりで伝える。 ●友達とのかかわりが増えているが、おもちゃなどを取られたとき、友達の指をかむことがある。 ●保育者に話しかけようとする姿が増えてきている。 ●園庭でカメやメダカを見て楽しんでいる。
保育の内容	①休息や睡眠を十分に取り、健康に過ごす。 ②保育者のそばで安心して過ごす。 ③好きなあそびを見つけ、保育者と一緒にあそぶ。 ④水にふれて、気持ちよさやおもしろさを感じる。	①保育者に手伝ってもらいながら、着脱しようとする。 ②友達とかかわり、同じあそびをしようとする。 ③保育者と一緒に絵本を見ることを楽しみにする。 ④さまざまな素材にふれてあそぶ。
養護的な側面を含めた配慮	●本児の様子に合わせて、休息を取ったり、午睡に入る時間を調節したりし、暑い夏を健康に過ごせるようにする。また、室内でゆっくり過ごしたり、1対1でかかわったりなど、穏やかに過ごせるよう配慮する。① ●人見知りなど、時折見せる不安な様子を丁寧に受け止め、本児の気持ちを言葉にして返すなどして、安心感を得られるように応答的にかかわる。はじめてのあそびにも慎重なので、本児のペースで楽しめるように配慮する。② ●本児の発達や興味に合ったおもちゃや遊具が準備されているか、環境を見直すとともに、保育者も一緒にあそび、楽しい気持ちを共有していく。また、音楽やリズムに合わせて身体を動かす中で友達とかかわる機会を増やし、楽しく心地よいかかわりがもてるよう、見守る。③ ●ひしゃく、じょうろ、スポンジなどのいろいろな道具を用意し、水をすくったり、流したり、絞ったりして一緒にあそび、水にふれる気持ちよさやおもしろさを感じられるようにする。④	●着脱するときには向かい合って行うようにし、本児が保育者の手元を見ていることを確認しながら進めていく。ズボンをはくときには、座る台などを用意し、「ここからあんよ、出るかな」などと丁寧に言葉をかけ、自ら裾を意識して、足を動かせるようにする。① ●安心して友達とかかわれるよう、十分な数や種類のおもちゃを用意し、一緒にあそぶようにする。かみつきについては、自分の気持ちを言葉で伝えることができない過渡的な段階の姿として捉えつつも、できるだけ、未然に防げるように配慮する。② ●本児の好きな絵本や、言葉の音やリズムの響きがおもしろい絵本などを選び、繰り返し読んだり、中に出てくる言葉を一緒にまねたりして、本児が興味・関心をもって言葉に親しめるようにする。③ ●水、片栗粉、ゼリー、絵の具などの素材にふれ、感触を楽しめるようにする。素材によっては、手につくことを嫌がる姿が予想されるので、あそびの内容を工夫したり、保育者が楽しそうにあそんで見せたりして、"やってみよう"という気持ちをもてるようにする。④
子育て支援	●体調が気がかりなときは、こまめに連絡を取り合うなど、早期対応につながるように支援する。	●言葉を使おうとする気持ちが高まってきていることを喜び合い、本児の好きな絵本やわらべうたを紹介し、家庭であそぶときの参考にしてもらえるようにする。
評価・反省	●着脱などでは自分のペースがあるようで、手伝おうとすると"やめて"と訴えてくる。"自分で"という思いを大切にし、見守っていきたい。 ●ぽっとん落としやシールはりなど、手指を使ったあそびを好んで楽しんでいる。時間や場所を保障し、じっくりと取り組めるようにする。	●言葉は聞き取りにくいが、コミュニケーションを取ろうとしている。他者に向かう気持ちを受け止め、あそびの中で楽しい気持ちを共有していけるようにかかわっていく。 ●大型のウレタン積み木で作った一本橋を渡ったり、トンネルをくぐったりしてあそんでいる。身体を動かすことを楽しんでいる様子に共感しながら、安全に楽しめるよう見守っていきたい。

＊「評価・反省」は8月末の内容です。

指導計画（8月）

169

	Yちゃん（2歳・女児）	Sちゃん（2歳3か月・男児）
前月末の子どもの姿	●親指と中指の二指で操作することが多く、食事のスプーンを持つ上手持ちの人さし指の握りが弱い。 ●言葉が増え、「Yちゃんの！」と言ったり、「ぺったんぺったん」と言いながらシールをはったりする。 ●保育者の手を持って、段差からジャンプしようとする。 ●小麦粉粘土を伸ばしたり、指でつまんだりして、楽しそうにあそんでいる。 ●人形やぬいぐるみをおんぶし、腕にたくさんのバッグを掛けて、お出掛けあそびを楽しんでいる。	●苦手な食材も保育者の言葉かけによって食べようとすることがある。 ●入眠時、落ち着かなかったり、特定の保育者を求めたりして、不安な様子を見せることがある。 ●保育者の言葉をまねして言って、楽しんでいる。 ●嫌なことがあったり、思いどおりにならなかったりすると、泣いて怒る。 ●パトカーや消防車など、車の絵本を喜んで見ている。
保育の内容	①スプーンを使って食べる。 ②便座にすわってみる。 ③みたてたり、つもりになったりしてあそぶ。 ④手指を使ってあそぶ。	①保育者にそばについてもらい、安心して眠る。 ②友達とかかわってあそぶ。 ③興味のあるものやことについて、保育者と言葉でやり取りする。
養護的な側面を含めた配慮	●食事の際には、上手持ちのスプーンの手本を示すなどしながら、親指と人さし指に重心が移り、しっかりと握れるように援助する。また、あそびの中で手指をたくさん使えるように工夫する。① ●おむつ替えのときにトイレに誘い、興味をもつようであれば、便座にすわってみるように働きかける。排尿間隔を確認して、便器での排尿体験につながるようにする。② ●人形あそびやお出掛けあそびなど、本児の好きなあそびに保育者も加わり、様子に合わせて言葉をかけたり、道具を増やしたりして、イメージが広がるようにする。また、保育者が仲立ちし、興味を示した友達とかかわってあそべるようにする。③ ●ねじる、たたく、つまむ、転がすなど、手指を使うさまざまなおもちゃやふた付き容器などの日用雑貨品を用意し、落ち着いてあそべるような環境を整える。また、歌に合わせて手首を振る、スコップで砂をすくうなど、手首の返しを意識したあそびも取り入れていく。④①	●入眠時には、だっこしたり、歌をうたったり、そばで見守ったりして1対1のかかわりを大切にし、安心して入眠できるようにする。① ●友達と一緒に片栗粉や絵の具にふれてあそぶ機会を作り、楽しさを共有していけるようにする。友達とものの貸し借りをめぐっていざこざが起きることもあるが、まずは双方の思いを十分に受け止め、気持ちを切り替えていけるように言葉をかける。また、少しずつ相手にも思いがあることに気づいていけるようにする。② ●乗り物に興味をもっているので、さまざまな乗り物の絵本や写真などを用意する。本児の求めに応えて好きな絵本を読んだり、簡単な電車ごっこやバスごっこなどで一緒にあそんだりして、言葉のやり取りを楽しめるようにする。③
子育て支援	●長期休暇の後には、園と家庭で様子を伝え合い、生活リズムを整えて、健康で安心して過ごせるようにする。	●自我の育ちに伴い、強く自己主張する姿について、保護者の戸惑いや不安を受け止めながら、肯定的に捉えられるように育ちの見通しや園での対応例を知らせ、参考にしてもらえるようにする。
評価・反省	●今月は体調を崩すことが多かった。残暑が厳しいので、十分に休息を取って過ごしていきたい。 ●思いどおりにならないと、大きな声を出したり、友達をたたいたりするが、言葉でも伝えようとしている。本児の思いを言葉に置き換えるなど丁寧にかかわり、自分の思いをしっかり受け止めてもらえたと感じられるようにする。	●友達が食べている姿を見て、苦手な食材も食べてみようとしている。今後も友達と一緒に食事を楽しめるようにする。 ●さまざまなことに興味があり、「Sちゃんも」と言い、あそびの輪の中に入ろうとしている。落ち着いた環境の中で、興味のあるあそびにじっくりとかかわれるようにしていきたい。

＊「評価・反省」は8月末の内容です。

やさいさん
作／tupera tupera
Gakken

ぷちとまとちゃん
作／ひろかわ さえこ
偕成社

ねないこ だれだ
作／せな けいこ
福音館書店

はけたよ はけたよ
作／かんざわ としこ
絵／にしまき かやこ
偕成社

はなび ドーン
作／カズコ G・ストーン
童心社

がたん ごとん がたん ごとん ざぶん ざぶん
作／安西 水丸
福音館書店

歌

「みんな大好き」（作詞・作曲／二本松はじめ）

「うまはとしとし」（わらべうた）

「ぎっこん ばっこん」（わらべうた）

「アイ・アイ」（作詞／相田裕美　作曲／宇野誠一郎）

「とうきょうとにほんばし」（わらべうた）

「バスごっこ」（作詞／香山美子　作曲／湯山昭）

「はずむよはずむよ」（作詞／大井数雄　作曲／丸山亜季）

「きらきらぼし」（フランス民謡　訳詞／武鹿悦子）

指導計画（8月）

9月

前月末の子どもの姿

◎保育者に励まされたり、友達の姿に刺激を受けたりして、苦手なものも食べようとする。

◎巧技台などで、全身を動かすことを喜ぶ。

◎感触あそびに戸惑っていた子も、友達と一緒だと楽しんでいる。

◎水に慣れ、たらいの中のおもちゃをすくったり、スポンジの水を絞ったりしてあそんでいる。

今月のねらい

◎保育者に手伝ってもらいながら、身の回りのことをしようとする。

◎全身を動かすあそびを楽しむ。

保育の内容

健康＝● 人間関係＝◆ 環境＝▲ 言葉＝■ 表現＝★

●◆いろいろな食材に興味をもち、進んで食べようとする。

●便座にすわってみる。

●◆保育者に手伝ってもらいながら、自分で着脱しようとする。

●◆保育者と一緒に手を洗い、清潔になる心地よさを感じる。

●▲巧技台などの大型遊具で、いろいろな姿勢になってあそぶ。

■◆ままごとあそび、生活を再現するあそびを通して、保育者や友達と言葉のやり取りをしようとする。

★▲いろいろな画材を使って描く。

養護的な側面を含めた配慮

◎穏やかな雰囲気の中で、友達と一緒に食べる喜びを感じ、いろいろな食材を自分から食べてみようとする気持ちをもてるようにする。

◎おむつ替えのときにトイレに誘い、興味をもつようであれば、便座にすわってみるように働きかける。タイミングよく出たときには「出たね」「気持ちよかったね」など、喜びにつながる言葉をかける。

◎着脱は一人一人の意欲に応えながら援助し、"自分でできた"という喜びやうれしさにつながるようにする。また、ときには子どもができそうな部分を残して、"やってみよう"とする機会を作るようにする。

◎巧技台やトンネルなどを組み合わせたサーキットあそびやボールあそびなど、その子なりに身体を動かす楽しさを味わえるように配慮する。また、園庭の草花や虫などを見たり、探したりして、自然物に親しめるようにする。

◎ままごとでは食べ物や食器、エプロンなどの道具を充実させたり、使いやすいように配置したりしてコーナーを整える。また、人形の棚を設定し、ままごとと人形の世話を関連づけてあそべるようにする。

◎厳しい残暑が予想されるので、水分補給を行ったり、戸外では日陰であそべるように配慮したりする。また、汗をかいたらシャワーを使うなど、心地よく過ごせるようにする。

保育者等の連携

◎着脱などを自分でしようとする姿が増えてきているので、一人一人の育ちを把握し、どのようにかかわっていくか、共通認識をもって援助していく。

◎防災訓練では当日の役割分担を確認し、子どもが不安を感じることなく参加できるように連携する。

9月末の評価・反省

◎着脱では丁寧にかかわり、やろうとする気持ちを受け止めることができた。今後も、子どものうれしさに心を寄せて、主体的に生活していけるように援助していきたい。

◎友達と一緒に草花や虫を探したり、あそびをまねしたりして、かかわりを楽しむ姿が増えてきている。姿に応じた見守りと援助を考えたい。

◎園庭では身体を動かしたり、草の実や虫などの自然に親しんだりしてあそぶことができた。それぞれが自分の興味ある場所であそんでいるので、保育者間で声をかけ合い、危険のないように過ごしていきたい。

個別の計画

	Tちゃん（1歳6か月・女児）	Kちゃん（1歳8か月・男児）
前月末の子どもの姿	●自分のペースで着替えをし、保育者が手伝おうとすると、“やめて”と訴える。 ●かかわる保育者によって、要求や態度に違いが見られる。 ●友達に抱きついたり、友達がしていることをまねしたりする。 ●保育者とのふれあいあそびを楽しんでいる。	●こぼしながらも、手づかみやスプーンを使って自分で食べようとする。 ●言葉は聞き取りにくいが、保育者や友達に話しかけている。 ●友達と井形ブロックをつなげてあそぶ。 ●一本橋を渡ったり、熊手を見つけて掃除のまねをしたりなど、自分からあそびを見つけ、楽しんでいる。 ●お気に入りの絵本を繰り返し楽しみながら、中に出てくる言葉をまねて言おうとする。
保育の内容	①保育者に見守られながら、身の回りのことを自分でする喜びを味わう。 ②保育者や友達にかかわろうとする。 ③保育者と一緒に身体を動かしてあそぶ。	①スプーンを使って食べようとする。 ②保育者や友達にかかわり、一緒にあそぼうとする。 ③いろいろなおもちゃや遊具に自分からかかわり、たっぷりあそぶ。
養護的な側面を含めた配慮	●自分で着脱しようとする気持ちを大切にし、時間に余裕をもって見守る。難しそうにしているところは、さりげなく手伝うようにして、自分でやった喜びを感じられるようにする。① ●動作や声で表現する本児の思いを受け止め、言葉に置き換えながら、人とかかわる心地よさを感じられるようにする。特定の保育者との関係を大切にしながら、ほかの保育者とも関係を作っていくことができるよう、あそびの場を通して本児にかかわるようにする。本児の今の興味や関心について、保育者間でもその都度、共有できるようにする。また、友達にかかわろうとする気持ちを受け止め、様子に合わせて援助していく。② ●まてまてあそびをしたり、ボールを使ったりして一緒にあそび、身体を動かす楽しさに共感する。③	●自分で食べようとする気持ちを大切にしながら、様子に応じてスプーンのすくい方や口への運び方などを丁寧に伝えていく。また、友達への興味が増しているので、一緒に食べる友達に配慮し、楽しい雰囲気の中で食事を進められるようにする。① ●人とかかわろうとする気持ちを受け止め、本児の思いを言葉にするなどしながら、友達と一緒にあそぶ楽しみをもてるようにかかわっていく。また、子ども同士のやり取りを仲立ちしたり、他児と保育者とのやり取りを見せていったりする。思いどおりにならない場面では、本児の感情を言葉にして、気持ちが落ち着くのをゆっくり待つようにする。② ●いろいろなものに興味をもち、自分からかかわる姿を認め、あそびが広がるよう共感的にかかわるとともに、時間や空間を保障していく。また、面ファスナーのおもちゃやひも通しなどにも興味をもちはじめているので、本児の発達に合わせて手指を使うおもちゃを用意し、落ち着いてあそべるように環境を整える。③
子育て支援	●夏の疲れが出ている様子が見受けられるので、食事や睡眠、体調などについて、園と家庭でこまめに様子を伝え合うようにする。	●園と家庭で興味をもっているあそびを伝えて、参考にし合うなど、ともに育てている思いをもてるようにかかわっていく。
評価・反省	●身の回りのことについて、“自分で”の気持ちが一段と強くなってきた。時間に余裕をもって、援助の仕方を工夫していきたい。また、保育者間でかかわりについて共通認識をもつようにする。 ●活発に動き、園庭のアスレチック遊具や乗用玩具にも興味をもちはじめている。“やってみたい”気持ちに応えながら、安全に楽しめるようにそばで見守る。	●食事で好き嫌いが出てきている。食材のおいしさを伝えるなどしながら、無理強いせずに進めていきたい。 ●欲しいものがあると、“貸して”としぐさで伝えようとし、友達をかむことはなくなった。貸してもらえなくて泣いているときに、本児の気持ちを受け止めるかかわりを心がけると、気持ちを切り替えてあそぶ姿が見られる。

＊「評価・反省」は9月末の内容です。

指導計画（9月）

	Yちゃん（2歳1か月・女児）	Sちゃん（2歳4か月・男児）
前月末の子どもの姿	●体調を崩すことが多い。 ●簡単な衣服を自分で脱ごうとする。 ●思いどおりにならないと、大きな声を出したり、友達をたたいたりすることがあるが、言葉でも伝えようとする。 ●ゼリーなどの感触あそびや、筆・ローラーを使った絵の具あそびを喜ぶ。 ●足元が不安定なボールプールの中を歩き回ったり、たらいに乗って船にみたてたりしてあそんでいる。	●友達が食べている姿を見て、苦手な食材も食べてみようとする。 ●なんでも自分でやってみようとするが、思うようにいかず、かんしゃくを起こすことがある。 ●水あそびや絵の具あそびなど、さまざまなことに興味があり、「Sちゃんも」と言って、あそびの輪の中に入ろうとする。 ●大型ブロックで電車を作り、「がたん、ごと〜ん」と言いながら、乗ってあそんでいる。
保育の内容	①保育者に手伝ってもらいながら、衣服を着ようとする。 ②保育者に仲立ちしてもらいながら、友達とかかわろうとする。 ③言葉を使って、保育者や友達とやり取りしようとする。	①友達と一緒に楽しく食べる。 ②保育者に手伝ってもらいながら、身の回りのことをしようとする。 ③みたてたり、つもりになったりしてあそぶ。 ④手指を使ってあそぶ。
養護的な側面を含めた配慮	●自分でやろうとする姿をゆったりと見守り、困っているところは「こうするといいよ」と行為を言葉にしながら援助していく。自分でできたときにはそれが喜びとなるよう、認める言葉をかけていく。① ●友達とわらべうたや手あそびなどを一緒にし、"楽しいね"という思いを共有していけるよう、気持ちを橋渡ししていく。思いが通らず、いら立っているときには「○○したかったんだよね」と本児の思いを言葉に置き換えるなど、丁寧にかかわり、思いを受け止めてもらえたと感じられるようにする。② ●みたてあそびやつもりあそびの中で、友達とのやり取りができるように、身近な生活を再現したり、自分の興味や思いを表現したりする場やものを設けるようにする。また、保育者も一緒にあそびながら、場面に合わせた言葉や、その役らしい口調で話しかけたり、応じたりする。③	●友達と一緒に食べる楽しさを味わえるように、よくあそんでいる子と同じ机にしたり、本児の楽しい気持ちを言葉にしたりして援助する。スプーンの持ち方が安定してきているので、上手持ちから支え持ちへ移行していけるように持ち方を丁寧に伝えていく。また、あそびの中で手指や手首をたくさん使えるよう、環境を整える。① ●身の回りのことを自分でやりたい気持ちを受け止め、時間に余裕をもって、見守ったり、さりげなく手伝ったりして気持ちが満たされるようにする。かんしゃくを起こすことがあるが、本児の意欲を認めながら、スキンシップを取り、落ち着くのを待つようにする。② ●ブロックを電車にみたてたあそびなど、本児の好きなあそびに保育者も加わり、様子に合わせて言葉をかけるなどし、イメージが広がるようにする。③ ●ねじる、たたく、つまむ、転がすなど、手指を使うさまざまなおもちゃや素材を用意し、落ち着いてあそべる環境を整える。④
子育て支援	●着脱を自分でしようとすることが増えているので、着脱しやすい衣服や園での援助の仕方について伝え、参考にしてもらえるようにする。	●母親が出産を控えている。家庭と園でそれぞれの様子を伝え合い、子どもが安定して過ごせるようにする。
評価・反省	●着脱では、靴やズボンに自分から足を入れるようになった。自分でやりたい気持ちに共感しながら、温かく見守り、場面に応じた援助を行っていく。 ●友達とかかわってあそぶよりも、一人でじっくりあそぶ姿が多い。邪魔されても「やめて」と何度も言葉で伝えようとする姿が増えた。一人あそびを保障しながら、ほかの場面では、保育者が友達とのかかわりを意識した援助を行う。	●思いどおりにいかないことがあると、「やだ」と言葉で伝えようとしている。相手に伝わった安心感を得られるよう、丁寧にかかわっていく。 ●園庭では虫探しや草木など自然とのふれあいを楽しんでいる。本児の発見や驚きに共感していきたい。

＊「評価・反省」は9月末の内容です。

絵本

しっこっこ

作／西内 ミナミ　絵／和歌山 静子
偕成社

くずかごおばけ

作／せな けいこ
童心社

なにをたべてきたの？

作／岸田 衿子　絵／長野 博一
佼成出版社

どうぶついろいろかくれんぼ

作／いしかわ こうじ
ポプラ社

バスがきました

作／三浦 太郎
童心社

おつきさまこんばんは

作／林 明子
福音館書店

歌

「**秋の空**」（作詞・作曲／増田裕子）

「**とんぼのめがね**」（作詞／額賀誠志　作曲／平井康三郎）

「**いっとうしょうたいそう**」（作詞／及川眠子　作曲／いけたけし）

「**ぶらんこ**」（作詞／都築益世　作曲／芥川也寸志）

「**運動会のうた**」（作詞／小林久美　作曲／峯陽）

「**あきのそら**」（作詞／まど・みちお　作曲／渡辺茂）

「**松ぼっくり**」（作詞／広田孝夫　作曲／小林つや江）

10月

クラスの計画

前月末の子どもの姿

◎簡単な着脱を自分でしようとする。
◎自分から便座にすわってみようとし、タイミングが合うと、排尿することがある。
◎園庭では身体を動かしたり、草の実や虫などの自然に親しんだりしてあそぶ。
◎友達のあそびのまねをするなど、集まってあそぶことが増え、子ども同士のかかわりを楽しんでいる。
◎絵の具の感触を手指で確かめたり、絵筆やたんぽを使ったりすることを喜ぶ。

今月のねらい

◎身の回りのことに興味をもち、意欲的にやってみようとする。
◎保育者に見守られながら、友達と同じあそびを楽しむ。
◎秋の自然を感じながら、戸外でたくさんあそぶ。

保育の内容　　健康＝● 人間関係＝◆ 環境＝▲ 言葉＝■ 表現＝★

●スプーンを使って、自分から意欲的に食べようとする。
●◆保育者に誘われて、便座にすわってみたり、排尿しようとしたりする。
●◆保育者と一緒に靴を脱いだり、履いたりしようとする。
●◆保育者と一緒に手を洗ったり、鼻水を拭いたりして、清潔にする心地よさを感じる。

●▲固定遊具や乗用玩具を使い、全身を動かしてあそぶ。
◆■友達にかかわり、一緒にあそぼうとする。
▲●散歩に出掛け、秋の自然にふれてあそぶ。
★●音楽に合わせて身体を動かそうとする。

養護的な側面を含めた配慮

◎食事や着脱、手洗いなど、身の回りのことに興味をもって意欲的に取り組めるよう、一人一人のペースを大切にし、先回りをしない援助を心がける。
◎靴の着脱に興味をもつ姿に応えて、自分で脱ごうとする様子を見守ったり、履いてみようとする姿に適切な言葉を添えて援助したりする。左右の認識はまだ難しいので、必ず保育者が確認して、正しく履いた感覚を覚えられるようにする。
◎鼻水が出ていることを鏡で一緒に確認し、拭き方について、動作と言葉を一致させながら伝えていく。拭き終わったら「きれいになったね」など、清潔にする心地よさを感じられるような言葉をかける。また、拭き終えたティッシュペーパーをごみ箱に捨てるところまで一緒に行い、一連の動作として知らせていくようにする。
◎自然物を見たり、ふれたりして、探索を楽しめる場所を散歩先に選び、子どもが見つけたものや気がついたことに共感する。また、子どもの様子に合わせて、散歩に出掛けるグループと園庭であそぶグループに分けたり、散歩先や歩く距離を決めたりして、一人一人が十分に戸外のあそびを楽しめるよう配慮する。
◎"友達がしているあそびをしてみたい"という思いを受け止め、一人一人が十分に楽しめる空間やおもちゃなどを用意する。ときに隣の子とかかわったり、保育者と一緒にあそびたがったり、あそび自体は流動的なので、子どもの様子を見守ったり、子どもの求めに応じて一緒にあそんだりして、かかわっていく。

保育者等の連携

◎場面の切り替え時も落ち着いて過ごせるよう、保育者の役割分担を決め、協力し合う。
◎園庭では、一人一人が興味のある場所であそんでいるので、安全に過ごせるように保育者間で声をかけ合う。

10月末の評価・反省

◎気温が下がり、鼻水やせきが出るなど体調を崩す子が増えた。一人一人の体調に合わせた生活を考慮したり、衣服を調節したりしていく。
◎子ども同士のかかわりで、自分の要求や気持ちを言葉で主張するようになってきた。ものの取り合いなども増えているので、気持ちを受け止めながら丁寧な言葉かけをして対応していきたい。

個別の計画

	Tちゃん（1歳7か月・女児）	Kちゃん（1歳9か月・男児）
前月末の子どもの姿	●自分のスプーンと介助用スプーンを両手に持って食べようとする。 ●"自分で"の気持ちが強くなり、一人で靴下や靴をはこうとする。 ●保育者の言葉を聞き、まねをして言う。 ●友達の隣で砂場の砂をすくい、料理のつもりであそぶ。 ●園庭のアスレチック遊具や乗用玩具に興味をもち、やってみようとする。	●食事の好き嫌いが出てきている。 ●友達が転ぶと、駆け寄って「ばーばーぶ？（だいじょうぶ？）」と声をかける。 ●園庭でドングリを見つけ、砂場用の皿に入れて大事に持ち歩く。 ●歌に合わせて、太鼓をたたいてあそぶ。
保育の内容	①スプーンを使って食べようとする。 ②保育者や友達にかかわろうとする。 ③興味のあるものやことで満足するまであそぶ。 ④わらべうたの楽しさを感じる。	①いろいろな食材を食べようとする。 ②身の回りのことを自分でやってみようとする。 ③したいことや欲しいもの、見つけたことなどを言葉で伝えようとする。 ④自然物にふれてあそぶ。
養護的な側面を含めた配慮	●食材をすくいやすい大きさにしたり、スプーンを持つ手にさりげなく手を添えたりして、スプーンを使いたい気持ちに応え、満足感を得られるようにする。また、食事の介助をする保育者を選ぶときには、本児の気持ちを尊重し、安心して食事に向かえるようにする。① ●安心して周囲とかかわれるように、十分に楽しめる環境を整え、本児の思いに応える。また、思うとおりにいかないと、いら立った様子を見せるので、思いを代弁しながら一緒にあそぶようにする。保育者がかける言葉をそのまままねて返すことがあるが、言葉への興味が出てきている姿と捉え、本児の思いをイメージしながら、丁寧にかかわっていく。② ●いろいろなあそびに興味をもって、"やってみよう"とする気持ちを受け止め、安全にあそべるよう、そばで見守る。また、絵の具やクレヨンなどを使ってあそぶ機会を作り、手を動かすと紙に跡がつくことを楽しめるようにする。③ ●わらべうたを繰り返し楽しむ機会を作り、言葉のおもしろさを感じられるようにする。④	●好き嫌いが出てきた姿を否定的に捉えず、「○○、ほくほくしておいしいね」「甘いよ」など、食材のおいしさが伝わるような言葉をかけ、"食べてみよう"という気持ちがもてるようにする。また、野菜や果物が出てくる絵本などを用意し、食材への興味が広がるよう働きかける。① ●着脱や手洗いなど、身の回りのことを自分でしようとする気持ちを認めながら、やり方を丁寧に伝えたり、さりげなく手伝ったりして自分でできた喜びを味わえるようにする。② ●知っている言葉や、興味のあるものの名前などを言葉にして楽しむ時期であることから、本児がよく知っている動物や、散歩先で見つけた木の実や花、特に興味を示しているものなどの写真をはっておき、言葉でのやり取りがさらに楽しくなるようにする。③ ●実がなっている樹木がある散歩先を選び、本児の気づきに共感したり、園庭でドングリやオシロイバナの種などを集めて一緒にあそんだりして、自然物に興味をもてるようにする。④
子育て支援	●言葉への興味が高まってきていることを喜び合い、共通認識の下でかかわれるようにする。	●着脱などを少しずつ自分でしようとする姿が見られるが、やってもらいたがることもあるので、そのときどきの気持ちに寄り添い、対応することの大切さを共有する。
評価・反省	●身の回りのことを自分でしようとするが、やってもらいたがるときもある。そのときどきの気持ちを受け止めながら、援助していきたい。 ●こだわりがあり、日によってかかわる保育者を選んでいる。自己主張がはっきりしている姿と受け止め、応答的にかかわっていく。	●生活の流れを徐々に理解し、自分から身の回りのことをしようとしている。意欲を受け止め、本児のペースを保障していけるような援助を心がけたい。 ●友達の名前を覚えて呼んだり、自分の気持ちを言葉で伝えたりなど、言葉でやり取りする姿が見られるようになってきた。伝わるうれしさに共感しながら、やり取りを楽しんでいきたい。

＊「評価・反省」は10月末の内容です。

指導計画（10月）

	Yちゃん（2歳2か月・女児）	Sちゃん（2歳5か月・男児）
前月末の子どもの姿	●着脱では、靴やズボンに自分から足を入れる。 ●友達とかかわってあそぶより、一人でじっくりあそぶことのほうが多い。 ●あそびを邪魔されると、「やめて」と何度も言葉で伝えようとする。 ●園庭で年上の子と追いかけっこをして楽しんでいる。	●トイレに行くのを嫌がることがある。 ●「いかない」「やだ」など、保育者や友達に言葉で思いを伝えようとする。 ●ブロックで車を作るなど、じっくりあそぶ。 ●園庭では虫探しや草木など、自然とのふれあいを楽しんでいる。 ●たんぽに絵の具をつけ、ぽんぽんと跡を付けて楽しんでいる。
保育の内容	①友達と一緒に楽しく食べる。 ②保育者に仲立ちしてもらいながら、友達とかかわろうとする。 ③自分の思いを簡単な言葉で伝える。 ④音楽に合わせて身体を動かしてあそぶ。	①便座にすわってみる。 ②身の回りのことを、意欲的にやろうとする。 ③全身を使ってあそぶ。 ④保育者や友達と一緒にみたてたり、つもりになったりしてあそぶ。
養護的な側面を含めた配慮	●「誰と一緒に食べる？」と聞いたり、午前中の様子に配慮したりしながら食事の席を決め、楽しい雰囲気の中で、友達とかかわりながら食事を進められるようにする。また、進んで食べようとする姿を尊重し、援助するタイミングや言葉のかけ方に配慮する。①② ●本児の様子を見ながら、「○○ちゃん、楽しそうだね」などと言葉をかけ、友達に興味をもち、かかわりがもてるよう、あそびに誘っていく。また、一人でじっくりとあそんでいるときには、時間や空間を保障しながら見守る。② ●さまざまなやり取りの様子を通して本児の気持ちを読み取り、その気持ちを言葉で補っていくことで、思いが伝わるうれしさが高まるようにする。③ ●リズミカルな曲に合わせて身体を動かす機会を作り、楽しさを共有していく。また、友達と同じ動きを楽しむ経験につながるように配慮する。④②	●排尿したことを伝えてきたときには、認める言葉をかけ、次につながるようにする。また、おむつ交換時に、さりげなくトイレに誘い、便座にすわってみるよう働きかける。出ないときには「また今度、座ってみようね」と言葉をかけ、長引かせないようにする。① ●自分でやりたい気持ちを認めながら見守り、先回りした援助にならないように気をつけ、自分でできた満足感を味わえるようにする。難しいところは、やり方を知らせたり、「お手伝いしてもいいかな」と声をかけてから手伝ったりする。② ●走る、上る、跳ぶ、ぶら下がるなど、いろいろな身体の動きを楽しめるよう、あそびの内容や環境を工夫する。全身のバランスを調整したり、危険を察知したりする力はまだ弱いので、安全面に十分に配慮し、すぐに手が差し伸べられる位置に立つ。③ ●本児の様子や求めに応じて、ときには保育者も仲間に加わり、友達とのやり取りを仲立ちするなど、あそびが広がったり、深まったりするように援助する。④
子育て支援	●安全面に配慮しながら、いろいろなことを自分でしようとする気持ちを大切にし、見守っていくことについて共通認識を図る。	●保護者がトイレットトレーニングを気にしているので、まずは本児が安心して排せつできるように、保護者の焦りを丁寧に受け止め、排せつに関する園でのかかわり方やさまざまな事例を伝えていく。
評価・反省	●季節の変わり目で体調を崩しがちだった。体力が落ちているのか、室内ではごろごろし、散歩では歩く姿が減っている。本児の体調に合わせた生活を送れるように配慮していきたい。 ●友達と靴下の柄を見せ合うなど、かかわる姿が見られる一方で、友達が大きな声を出すと、「うるさい」と言う姿があった。友達と心地よいかかわりができるよう仲立ちしていきたい。	●母親が出産を間近に控え、甘えたり、ぐずったりする姿がよく見られるようになっている。本児の不安感を受け止め、寄り添いながらかかわっていく。 ●一本橋などバランスを取る遊具に挑戦し、身体を動かすことを楽しんでいた。今後も本児の"○○してみたい"という気持ちを受け止められるよう、発達に合わせた環境を整えていきたい。

＊「評価・反省」は10月末の内容です。

ねこふんじゃった

絵／せな けいこ
ポプラ社

ようい どん

作／わたなべ しげお
絵／おおとも やすお
福音館書店

なっとうさんがね・・

作／とよた かずひこ
童心社

りんご ころころ

作／松谷 みよ子　絵／とよた かずひこ
童心社

さつまのおいも

作／中川 ひろたか　絵／村上 康成
童心社

たまごのあかちゃん

作／かんざわ としこ
絵／やぎゅう げんいちろう
福音館書店

 歌

「きのこ」(作詞／まど・みちお　作曲／くらかけ昭二)	「くまさんくまさん」(わらべうた)
「どんぐりころころ」(作詞／青木存義　作曲／梁田貞)	「でんしゃがでんでん」(作詞／福尾野歩　作曲／中川ひろたか)
「やきいもグーチーパー」(作詞／阪田寛夫　作曲／山本直純)	「ねこふんじゃった」(外国曲　作詞／阪田寛夫)
「山の音楽家」(ドイツ民謡　訳詞／水田詩仙)	

指導計画（10月）

11月

前月末の子どもの姿

◎気温が下がり、鼻水やせきが出るなど、体調を崩す子が増えた。

◎したいことやしてほしいこと、また、自分の気持ちを言葉で主張するようになってきた。ものの取り合いも増えている。

◎クレヨンで描くことを楽しんでいる。往復線を描く子もいれば、ぐるぐると丸を描く子もいる。

今月のねらい

◎簡単な身の回りのことを進んでやってみる。

◎戸外あそびを通して秋の自然にふれ、探索を楽しむ。

保育の内容

健康＝●　人間関係＝◆　環境＝▲　言葉＝■　表現＝★

●▲スプーンを使って食べる。

●いろいろな食材を進んで食べる。

●◆保育者に手伝ってもらいながら、身の回りのことをしようとする。

●全身を動かす心地よさを味わう。

▲★秋の自然にふれながら、探索する。

■◆保育者と言葉でやり取りする。

★▲興味のある素材や道具を使って、自分なりに表現する。

養護的な側面を含めた配慮

◎季節の変わり目なので、健康観察を丁寧に行い、一人一人が体調に合わせた生活を送れるように配慮する。また、保護者と子どもの様子をこまめに伝え合い、変化が見られたら、早めに対応していけるようにする。

◎こぼしながらもスプーンですくって食べようとする姿を認め、すくいやすいように食材を集めるなど援助して、自分で食べられた満足感を味わえるようにする。また、子どもの意思を確認しながら、様子に応じて手を添え、スプーンの使い方が安定するように配慮する。

◎散歩先や園庭で、木の実や落ち葉を探したり集めたりして、探索を楽しめるようにする。また、拾ったものを砂あそびに取り入れるなど、自然物に親しめるように環境作りを工夫する。

◎ものの取り合いについては、それぞれの気持ちを言葉にして共感するとともに、待つほうも、待たせるほうも気持ちよく過ごせるように配慮する。また、おもちゃの数や種類、スペースなどについては、子どもの関心をその都度踏まえ、見直しを行う。

◎知っているもの、知らないものについて、何度も指さしをして聞く様子があるので、質問には満足いくまで応えるようにする。また、子どもの発言や行動を言葉にするだけでなく、保育者の行動や発見したことも言葉にして伝えていく。

◎クレヨンでの描画や、新聞紙を使ったあそびなどを楽しむ環境を整え、興味をもった子がその子なりに表現する世界に心を寄せながら、さらにその表現が豊かになっていくように援助する。

保育者等の連携

◎子どもたちの様子やその日の天気に合わせて、戸外であそぶ時間や場所などを臨機応変に決めていけるよう連携する。

11月末の評価・反省

◎戸外では、高月齢児を中心に集まってあそぶ姿が多くある。いざこざが起きやすくなっているので、仲立ちしながらかかわり方を伝えていく。

◎大型遊具で活発に楽しんでいる。保育者の立ち位置に気をつけ、声をかけ合いながら安全にあそべるようにしていく。

個別の計画

	Tちゃん（1歳8か月・女児）	Kちゃん（1歳10か月・男児）
前月末の子どもの姿	●こだわりがあり、日によってかかわる保育者を自分で選ぼうとする。 ●友達への関心が高まり、友達の顔や髪をつまむことがある。 ●自分の思いを片言や身ぶりで伝えようとする。 ●クレヨンを紙に打ち付け、点々を描き、音が鳴るのを楽しんでいる。	●生活の流れを徐々に理解し、自分から身の回りのことをしようとしている。 ●友達の名前を覚えて呼んでいる。 ●保育者に「おいで」と言ったり、手を引いたりして、自分のあそびに誘おうとする。 ●ままごとでおもちゃの食べ物を皿に並べたり、コップで"かんぱーい"をしたりする。
保育の内容	①安心して身の回りのことをしようとする。 ②保育者に仲立ちしてもらい、いろいろな場面で友達とかかわる。 ③保育者と好きなおもちゃであそぶ。 ④紙芝居などに興味をもち、見ようとする。	①保育者に見守られながら、自分で着脱しようとする。 ②保育者や友達と言葉でやり取りしながらあそぶ。 ③全身を動かしてあそぶ。
養護的な側面を含めた配慮	●かかわる保育者を自分で決めたい気持ちを受け止め、応答的にかかわれるように保育者間で連携する。また、着脱などを「やって」と言うときには、本児ができそうな部分は残しておくなど、援助を工夫し、自分でできたという思いをもてるようにする。① ●友達に興味を示す姿を大切にしながら、「『○○ちゃん、あそぼう』だね」など、本児の気持ちを言葉に置き換えて、友達にかかわりたい気持ちが満たされるように仲立ちする。② ●好きなあそびを楽しむ場面では、できるだけいろいろな保育者とやり取りしながら、楽しい経験を重ねていけるようにする。③ ●数人で紙芝居などを楽しむ場面では、話をする保育者とは別の保育者が本児のそばに座り、落ち着いて話が聞けるように配慮する。④	●身の回りのことを自分でしようとする意欲を大切にし、本児のペースで行えるよう時間や場を保障する。靴や靴下の脱ぎはきでは、やりやすいように台を用意したり、本児ができそうなことを一緒にやってみたりして、興味をもてるようにする。① ●ままごとあそびでは、「ちょうだい」「どうぞ」「おいしい」などの言葉やしぐさのやり取りを友達と楽しめるよう、仲立ちしていく。また、言葉で伝えようとする気持ちをくみ取り、応答的にかかわったり、伝わるうれしさに共感したりしながら、やり取りを楽しめるようにする。② ●追いかけっこや乗用玩具でのあそびなど、のびのびと全身を動かす心地よさに共感し、たっぷり楽しめるようにかかわる。園庭のアスレチック遊具にも興味をもちはじめているので、安全にあそべるようそばで見守る。③
子育て支援	●本児の好きな絵本や、言葉のおもしろい絵本などを紹介し、家庭で楽しむときの参考になるようにする。	●体力がついてきて、動きも活発になっているが、まだ危険を察知する力や体勢をコントロールする力は未熟なので、見守ることの大切さについて確認し合う。
評価・反省	●友達の名前を覚えて言うが、かかわってあそぶ姿は少ない。一方で、朝の集まりなど、クラスでの活動には喜んで参加するようになってきた。保育者も一緒にあそぶ中で、友達とやり取りしていけるよう仲立ちしていきたい。	●言葉が増え、会話を楽しんでいる。興味を示したものやことについて、本児の驚きやうれしさなどの気持ちに共感し、応答的にかかわっていきたい。 ●気に入ったおもちゃを持ち歩いたり、好きな衣服にこだわったりする姿がある。こだわりの様子を探りながら、まずは本児の気持ちを受け入れていきたい。

セリフ：〇〇ちゃんあそぼう、だね／Tちゃんが一緒にあそびたいって

セリフ：お散歩に行こうね

＊「評価・反省」は11月末の内容です。

指導計画（11月）

	Yちゃん（2歳3か月・女児）	Sちゃん（2歳6か月・男児）
前月末の子どもの姿	●体調を崩しがちで、室内ではごろごろしていることが多い。 ●なんでも自分でやってみようとするが、思うようにいかず、かんしゃくを起こすことがある。 ●友達が大きな声を出すと「うるさい」と言うことがあるが、別の場面では「いる（使う）？」と聞いて友達を気遣うこともある。 ●クレヨンの色を選びながら、ぐるぐると丸を描いている。	●苦手な食べ物も自分から食べてみようとする。 ●園庭で乗用玩具に乗って、友達と一緒にあそんでいる。 ●母親の出産に伴う環境の変化から、保育者に甘えたり、ぐずったりすることが増えている。 ●クレヨンでぐるぐると丸を描き、「しょうぼうしゃ」と命名したり、「ちょうちょできた」と話したりする。
保育の内容	①保育者に見守られながら、身の回りのことをしようとする。 ②散歩に出掛け、身体を動かしたり、自然にふれたりする。 ③身近なものの大きさや形、色などに興味をもつ。	①手を洗ったり、鼻水を拭いたりして清潔にする心地よさを感じる。 ②安心して自分を出し、受け止められて過ごす。 ③友達と一緒にあそぶ楽しさを味わう。 ④気に入ったおもちゃを使いながら、イメージを膨らませてあそぶ。
養護的な側面を含めた配慮	●身の回りのことを自分でやろうとする意欲を認める言葉をかけながら、見守ったり、さりげなく手伝ったりして、自分でやりたい気持ちが満たされるようにする。思うようにできずにいら立っているときには、言葉やアイコンタクトで見守っていることを伝えたり、手伝ったりしながら気持ちを受け止め、安心感を得て、葛藤を乗り越えていけるよう援助する。① ●散歩先は走り回れる広い場所や木の実を拾える場所を選ぶ。また、車が通らない安全な場所で好きな友達と手をつないで歩く機会を作ったり、「曲がった所にいつものワンワンいるかな？」など、声をかけたりしながら、歩くことが楽しくなるような働きかけを工夫する。② ●2つのことを比べる力が育ってきているので、大小や多少に気がつくようなおもちゃや絵本を用意する。違いに気づいて伝えようとする姿に応答的にかかわり、あそびや生活の中で興味をもって探索していく力を育んでいけるようにする。③	●手を洗ったり、鼻水を拭こうとしたりする姿を見守りながら、様子に応じてやり方を伝えたり、一緒に行ったりする。終わったら「きれいになったね」「さっぱりしたね」など、清潔にする心地よさを感じられるような言葉をかける。① ●母親の出産に伴い、甘えたり、ぐずったりして表す本児の不安感を丁寧に受け止め、保育者とゆっくりふれあう時間を確保しながら、安心して過ごせるようにする。② ●友達とかかわろうとする姿を見守りながら、様子に合わせて仲立ちし、一緒にあそぶ楽しさに共感する。また、ゆったりあそべるような場を保障したり、おもちゃなどを補充したりして援助する。③ ●描画でイメージしたり、井形ブロックで作ったものを車にみたてたりしているので、さらにイメージを膨らませて楽しめるように、おもちゃなどの環境を整える。また、本児のイメージを言葉で補うなど、あそびが広がるように援助する。④
子育て支援	●登園時の健康観察と保護者からの聞き取りを丁寧に行い、その日の園での過ごし方についてイメージを共有できるように応対する。	●本児の様子を心配する保護者の気持ちに寄り添いながら、園で友達と楽しくあそぶ姿などを伝え、不安が和らぐようにする。
評価・反省	●保育者や友達と一緒に食事をすることが楽しみになり、苦手な野菜を食べることも増えている。これからも楽しい雰囲気を作りながら、意欲的に食べられるようにしたい。 ●遊具の順番を待とうとするなど、友達と場面に応じたやり取りをするようになってきた。これからもかかわりが広がるよう仲立ちしていきたい。	●嫌なことがあると、友達に手を出したり、唾を吐いたりして、保育者の様子をうかがっていることがある。環境の変化に伴う本児の精一杯の表現であり、その都度いけないことは伝えながらも、安心した環境の中で膝の上に抱いたり、寄り添ったりできるよう、職員間の連携を図る。

＊「評価・反省」は11月末の内容です。

絵本

かぜ びゅんびゅん
作／新井 洋行
童心社

なーんだ なんだ
作／カズコ G・ストーン
童心社

ぼうしを とって ちょうだいな
作／松谷 みよ子　絵／上野 紀子
偕成社

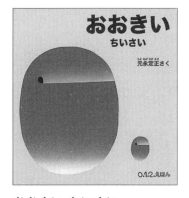

おおきい ちいさい
作／元永 定正
福音館書店

いろいろいろのほん
作／エルヴェ・テュレ
訳／たにかわ しゅんたろう
ポプラ社

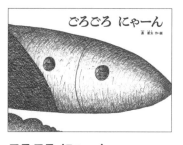

ごろごろ にゃーん
作／長 新太
福音館書店

 歌

「みんなでおどろう」（作詞／大井数雄　作曲／丸山亜季）

「小ぎつね」（ドイツ民謡　訳詞／勝承夫）

「どんぐりころちゃん」（わらべうた）

「オバケなんてないさ」（作詞／まきみのり　作曲／峯陽）

「ひとやまこえて」（わらべうた）

「おてぶし てぶし」（わらべうた）

「クマさんクマさん」（作詞・作曲／二本松はじめ）

「せんべ せんべ やけた」（わらべうた）

12月

クラスの計画

前月末の子どもの姿

◎着脱や手洗いを自分でしようとする。保育者の手伝いを嫌がるときもある。

◎戸外では高月齢児を中心に集まってあそぶことが多いが、取り合いなど、いざこざもある。

◎アスレチック遊具や乗用玩具で喜んであそんでいる。

◎ままごとでお弁当を作ったり、人形の世話をしたりしてあそぶ。

今月のねらい

◎身の回りのことを自分でする喜びを味わう。

◎園庭で身体を動かしたり、散歩に出掛けたりして、戸外の活動を楽しむ。

保育の内容　　健康＝●　人間関係＝◆　環境＝▲　言葉＝■　表現＝★

●◆友達と一緒に楽しく食事をする。

●◆保育者に見守られながら、自分で着脱しようとする。

●◆保育者に手伝ってもらいながら、おしぼりで口の周りを拭く、手を洗う、ティッシュペーパーで鼻水を拭くなどを自分でしようとする。

●▲固定遊具や巧技台を使い、全身を動かしてあそぶ。

◆■保育者や友達とみたてたり、つもりになったりしてあそぶ。

▲周囲のものやことを見聞きしながら、ゆったりと散歩する。

★●音楽に合わせて身体を動かしてあそぶ。

★◆わらべうたなどを通して、保育者や友達と一緒にあそぶ楽しさを感じる。

養護的な側面を含めた配慮

◎感染症がはやる時期なので、丁寧に健康観察を行い、手洗いやこまめな換気などで予防に努める。

◎子どもが一緒に食べたい友達を選ぶ場面では、その気持ちを受け止め、安心して食事に向かい、友達と一緒に食べる喜びを味わえるようにかかわる。

◎身の回りのことを"自分でしたい"という気持ちを受け止め、落ち着いた雰囲気の中で取り組めるよう、時間や場を保障する。難しいところはさりげなく手伝いながら、自分でできたことを一緒に喜ぶ。

◎友達と思いを主張し合う中で、いざこざが起きるときは、双方の思いを丁寧に聞き取り、受け止めたうえで、相手の思いを伝えたり、かかわり方を根気強く伝えたりして仲立ちする。

◎固定遊具や巧技台などであそぶときには保育者の立ち位置に気をつけ、声をかけ合いながら安全に楽しめるようにする。

◎周囲のさまざまなことやものを見たり、聞いたりしながら、ゆったりと散歩を楽しめるコースを選び、子どもの気づきや驚きに共感し、応答的にかかわる。

◎保育者や友達と一緒に、しぐさやみたてを楽しむわらべうたを取り入れ、子どもの様子に応じて、アレンジしながら繰り返すようにする。

保育者等の連携

◎3期の保育を振り返るとともに、一人一人の発達について話し合い、4期の保育に生かしていけるようにする。

12月末の評価・反省

◎身の回りのことを自分でしようとすることもあれば、これまで自分でしていたことを「できない」と言い、手伝いを求めることもある。そのときどきの子どもの気持ちに寄り添い、援助していきたい。

◎井形ブロックで、高月齢児はイメージしたものを作り、低月齢児は横につなげることを楽しんでいる。一人一人が思いのままに表現しようとする過程を見守り、あそびが広がるよう働きかけていきたい。

個別の計画

	Tちゃん（1歳9か月・女児）	Kちゃん（1歳11か月・男児）
前月末の子どもの姿	●身の回りのことをほとんど自分でやろうとする。 ●友達の名前を覚えて言うが、かかわってあそぶことは少ない。 ●アスレチック遊具にあるネットを上ろうとする。 ●音楽に合わせて身体を動かしたり、歌ったりする。	●午睡後も眠そうにしていたり、食事の前に眠ったりすることがある。 ●張り切って靴下をはいて保育者に見せにくる。 ●言葉が増え、会話を楽しんだり、自分の気持ちを言葉で伝えようとしたりしている。 ●気に入ったおもちゃを持ち歩いたり、好きな衣服にこだわったりする。 ●カップに砂を詰め、プリンを作り、ドングリを飾ってあそぶ。
保育の内容	①身の回りを清潔にする心地よさを感じる。 ②保育者に仲立ちしてもらい、いろいろな場面で友達とかかわる。 ③保育者と言葉でやり取りしようとする。	①本児の生活リズムで心地よく過ごす。 ②興味のある身の回りのことを自分でしようとする。 ③絵本や紙芝居に出てくる言葉をまねしてあそぶ。 ④手指を使ってあそぶ。
養護的な側面を含めた配慮	●食後の口の周りの汚れや鼻水に気づいていけるように働きかけ、行為に言葉を添えながら一緒に行う。終わったら、「きれいになったね」と言葉をかけ、心地よさを感じていけるようにする。① ●友達に親しみを感じている姿を共感的に見守りながら、ちょっとした場面で友達とやり取りしていけるよう仲立ちする。また、食事の席を、よく名前を言う友達のそばにするなど、友達とのかかわりを意識した援助を行う。② ●本児の言葉を聞き逃さないようにゆったりとかかわり、気持ちに添いながら語りかける。また、覚えた言葉を表現する楽しさを感じられるように、子どもが興味を示していることやものに共感し、気持ちを代弁していく。③	●家庭での睡眠時間や起床時間を把握し、その日の様子によっては少し早めに午睡に誘うなど、十分に睡眠が取れるよう、柔軟に対応する。① ●靴下をはいたり、鼻水を拭いたり、友達の様子を見ながら、自分もやってみようとする姿を見守り、うれしい気持ちに共感する。自分で衣服を脱ごうとすることが予想されるので、時間に余裕をもって、本児の思いに応えるようにする。② ●言葉の音やリズムの響きがおもしろい絵本を選び、繰り返し読んだり、言葉をまねしたりすることを楽しめるようにする。車や虫、サンタクロースなど、本児が興味をもっているものにちなんだ絵本や図鑑も用意してみる。③ ●ねじる、たたく、通すなど、手指を使うおもちゃを用意し、落ち着いてあそべる環境を整える。また、ままごとの中で、れんげですくったり、おもちゃの包丁で切ったりなど、道具を使うことを楽しめるようにする。一人でのあそびをじっくり楽しんでいるのか、保育者とのやり取りを求めているのか、そのときどきのあそび方を見極めて援助していく。④
子育て支援	●着脱を自分でしようとする気持ちに共感し、温かく見守る大切さを共有する。また、本児の意欲に応えていけるよう、着脱のしやすい防寒着について知らせ、準備するときの参考になるようにする。	●こだわる姿については成長の過程であることを共有し、家庭でかかわるときの参考になるように、園での様子や対応例を伝える。
評価・反省	●体調を崩し、月の前半は欠席が多かった。その後の登園を嫌がることはなくスムーズだったが、動きがゆっくりで体力が落ちている様子が見られた。引き続き、健康観察を丁寧に行い、本児のペースで過ごしていく。 ●「やだ」と泣いたり、寝転がったりして思いを訴えている。本児の思いに寄り添い、受け止めていくとともに、どのように対応していったらよいかについて、保育者間で認識を共有していきたい。	●「いや」と反抗するなど、自己主張するようになってきた。思いを受け止めながら、自分で選んで行動できるように配慮し、自我の育ちを支えていきたい。 ●園庭のアスレチック遊具のネットを上ろうとして、繰り返し挑戦している。本児のやりたい気持ちを受け止めながら、けがに気をつけていく。

おはな

まっかなお花だね

みて！

＊「評価・反省」は12月末の内容です。

指導計画（12月）

185

	Yちゃん（2歳4か月・女児）	Sちゃん（2歳7か月・男児）
前月末の子どもの姿	●保育者や友達と一緒に食事をすることを楽しみ、苦手な野菜も食べようとする。 ●友達とやり取りすることが増えるが、自分の思いどおりにならないと「○○ちゃん、きらい」と言うことがある。 ●散歩では、友達と手をつないで喜んで歩くこともあれば、散歩車に乗りたがったり、地面に座り込んだりすることもある。 ●ままごとで料理をし、保育者や友達にごちそうすることを楽しんでいる。	●保育者に誘われてトイレに行き、便器で排尿することがある。 ●嫌なことがあると友達に手を出したり、唾を吐いたりしながら、保育者の様子をうかがっていることがある。 ●井形ブロックを使い、イメージした車を作ったり、友達とフープで電車ごっこをしたりする。 ●新聞紙を丸めた果物作りを喜んで行う。
保育の内容	①いろいろな食材を進んで食べる。 ②自分の思いを言葉で伝えようとする。 ③保育者や友達と一緒にみたてたり、つもりになったりしてあそぶ。 ④音楽に合わせて身体を動かしてあそぶ。	①身の回りのことを自分から進んで行おうとする。 ②自分の思いを保育者に受け止めてもらい、安心して過ごす。 ③保育者に仲立ちしてもらいながら、友達とやり取りしてあそぶ。
養護的な側面を含めた配慮	●楽しい雰囲気の中で食事を進め、苦手なものを一口でも食べたときには、認める言葉をかけ、自信や "次も食べてみよう" という意欲につながるようにする。また、食べることへの意欲が高まるよう、食事や食材が題材となった絵本や紙芝居などを一緒に楽しむ。① ●自分の思いを言葉でうまく表せなかったり、いざこざになったりしている場面では、双方の思いを受け止め代弁することで、言葉で思いを伝えたり、相手の気持ちに気づいたりすることにつなげる。② ●本児のイメージに合わせて小道具を準備したり、友達とのやり取りを仲立ちしたりして一緒にあそび、みたて・つもりの世界を十分に楽しめるようにする。③ ●保育者も一緒に音楽に合わせて体操をするなど、身体を動かす楽しさを味わえるように配慮する。また、いろいろな動きを獲得していく時期なので、ジャンプや、ストップ＆ゴーなど、新しい動きを取り入れていく。④	●生活の見通しをもちながら取り組めるように本児の様子を見守り、先回りして声をかけすぎないように気をつける。靴も自分で履こうとするので、保育者が左右を確認し、正しく履いた感覚を覚えていけるようにする。① ●友達に手を出したり、唾を吐いたりする姿については、いけないことと伝えるとともに、母親の出産による環境の変化に伴う本児の精一杯の表現と理解してかかわっていく。自分の気持ちを受け止められていることを感じ、安心して過ごせるように、だっこやスキンシップなどでかかわりを深めていく。② ●イメージを膨らませてあそぶ姿を見守りながら、本児のあそびに友達を誘い、仲立ちするなどして、友達とやり取りしながらあそべるよう援助する。③
子育て支援	●動きが活発になってきて、いろいろな動きに挑戦しようとするが、一方でまだ危険を察知する力が未熟なので、具体例を挙げながら、見守りが大事なことを共有する。	●感染症がはやりやすい時期なので、必要な情報を伝えたり、健康状態をこまめに伝え合ったりする。
評価・反省	●保育者の動きをまねするあそびや体操などを通して、身体を動かすことに、意欲的に参加する姿が出てきた。いろいろなあそびに興味をもてるよう働きかけていきたい。 ●あそんでいるおもちゃを「Yちゃんの！」と激しく主張することがある。"自分のもの" がはっきりする時期なので、同じ種類のおもちゃを十分に用意したい。	●食事中、席を離れるなど、"自分を見てほしい" という気持ちを表している。引き続き、本児の気持ちに寄り添い、受け止めるかかわりをしていきたい。 ●友達と一緒にイメージを共有してあそぶ姿が出てきた。それぞれのイメージを言葉に置き換えるなどして、やり取りが広がるようにする。

＊「評価・反省」は12月末の内容です。

絵本

ピン・ポン・バス

作／竹下 文子　絵／鈴木 まもる
偕成社

クリスマス・オールスター

作／中川 ひろたか　絵／村上 康成
童心社

おおきなかぶ

再話／A. トルストイ　訳／内田 莉莎子
絵／佐藤 忠良
福音館書店

いちご

作／こが ようこ
大日本図書

おめんです

作／いしかわ こうじ
偕成社

さんかくサンタ

作／tupera tupera
絵本館

歌

「北風小僧の寒太郎」（作詞／井出隆夫　作曲／福田和禾子）

「ゆき」（文部省唱歌）

「あわてん坊のサンタクロース」（作詞／吉岡治　作曲／小林亜星）

「ふしぎなサンタクロース」（作詞／鈴木翼　作曲／中川ひろたか）

「あかいぼうし」（作詞／渡辺佳子　作曲／若松歓）

「やぎさんゆうびん」（作詞／まど・みちお　作曲／團伊玖磨）

「うさぎ野原のクリスマス」（作詞／新沢としひこ　作曲／中川ひろたか）

指導計画（12月）

1月

クラスの計画

前月末の子どもの姿

◎スプーンでこぼさずに食べる。支え持ちをする子もいる。
◎身の回りのことを自分でしようとすることもあれば、これまで自分でしていたことを「できない」と言うこともある。
◎歩いての散歩を楽しんでいる。
◎井形ブロックでイメージしたものを作ったり、横につなげたりしてあそぶ。

今月のねらい

◎自分のペースで、身の回りのことをしようとする。
◎全身を使ったあそびを楽しむ。

保育の内容　　健康＝●　人間関係＝◆　環境＝▲　言葉＝■　表現＝★

●苦手なものも食べてみようとする。
●◆保育者に見守られたり、手伝ってもらったりしながら、身の回りのことをしようとする。
●さまざまな身体の動きを楽しむ。
◆▲気に入った道具を使って、保育者や友達とみたてたり、つもりになったりしてあそぶ。
▲冬の自然にふれながら、探索する。
▲★手指を使ってあそぶ。
■◆自分の思いを言葉で伝えようとする。

養護的な側面を含めた配慮

◎年末年始の休み明けで、生活リズムが崩れていることが予測されるので、休息や睡眠を十分に取りながら徐々に生活リズムを整え、健康的な生活を送れるようにする。また、丁寧に健康観察を行い、体調の変化に早めに気づけるようにする。
◎身の回りのことについては、そのときどきの子どもの気持ちに寄り添い、子どものペースで取り組めるような援助を心がける。手伝いを求めるときには、自分でできそうな部分を残しながら援助し、"自分でできた"という思いをもてるようにする。
◎走る、跳ぶ、上る、くぐるなど、さまざまな身体の動きを取り入れたあそびを工夫する。獲得している力の個人差に配慮して、その子なりのおもしろさや達成感を味わえるように配慮する。
◎乗用玩具であそぶことを好んでいるので、道路にみたてた線を園庭に描いて、イメージが膨らむように援助する。また、ままごとでいろいろなものにみたてられる積み木やチェーンリングなどの素材を増やして、あそびが広がるよう工夫する。
◎手指を使ってあそぶコーナーを、つい立てなどではっきりと仕切り、じっくりあそべる環境を作る。また、少し複雑な形のパズルや、ピースの多いパズル、シールを使った製作などを楽しめるようにする。

保育者等の連携

◎今月から入園する子がいるので、できるだけ同じ保育者がかかわり、安心して過ごせるよう保育者間で協力する。
◎来月予定されている発表会について、子どもたちが親しんでいるあそびから内容を考えたり、進め方を話し合ったりする。

1月末の評価・反省

◎スプーンの持ち方については個人差が大きい。一人一人の様子に合わせて、無理なく支え持ちに移行していけるよう、引き続き、手指や手首を使うあそびを充実させていく。
◎自己主張が強くなり、友達と言い合う姿がよく見られる。様子を見守ったり、思いを代弁したりして、場面に応じた援助を心がけていきたい。

個別の計画

	Tちゃん（1歳10か月・女児）	Kちゃん（2歳・男児）
前月末の子どもの姿	●欠席する日が多かったせいか、動きがゆっくりで体力が落ちている。 ●「やだ」と言ったり、泣いたり、寝転がったりして思いを訴える。 ●「これは？」「Tちゃんも」と言う。 ●乗用玩具にのり、園庭を探索する。 ●パズルを好み、楽しんでいる。	●ミカンの皮を自分でむいて食べる。 ●ズボンやシャツを自分で脱ごうとする。 ●「いや」と反抗するなど、自己主張する。 ●園庭のアスレチック遊具のネットに上る友達の姿を見て、同じように上ろうとする。
保育の内容	①自分のペースでゆったりと過ごす。 ②保育者と言葉のやり取りをしようとする。 ③保育者と一緒に、気に入ったわらべうたを繰り返しうたう。	①便座にすわってみる。 ②友達と一緒にあそぶ。 ③全身を使ってあそぶ。
養護的な側面を含めた配慮	●安心できる環境の中で、徐々に体力を回復していけるように、本児のペースで過ごす場や時間を保障する。食事も無理なく食べられる量を盛り付けるなど、おいしさを味わい、満足して終えられるように調理室と連携する。① ●発する言葉の数は少ないが、理解している言葉の数はどんどん増えている時期なので、本児が注目していることに添いながら言葉をかけていく。また、本児が発する言葉に、もう一言加えて返すなど、やり取りがつながるように配慮する。② ●本児の好きなわらべうたや、「うちのうらの」など、しぐさが楽しいわらべうたを繰り返し行い、楽しさを共有していく。③ ●自分の思いを主張するが、かかわる保育者によっては気持ちの切り替えが早いこともある。その場を収めることよりも、思いに寄り添い、受け止めつつ、どうしたらよいかを本児と一緒に考えていくことの大切さを保育者間で共有し、自分で気持ちの切り替えをしていけるように援助する。	●おむつ替えのときにトイレに誘い、興味をもつようであれば、便座にすわってみるよう働きかける。出ないときは、座ったことを認める言葉をかけて切り上げ、長引かないようにする。① ●友達に興味をもち、同じあそびをしようとするので、隣であそべるよう環境を整えたり、仲立ちしたりし、"一緒にあそびたい"思いが満たされるようにする。また、友達のあそびに本児を誘い、楽しさを共有していけるよう援助する。② ●一本橋やトンネルなどを準備し、全身を動かす環境を整えて一緒にあそぶ。少し難しいことにも挑戦しようとするので、やりたい気持ちを大切にしながら、安全面に配慮する。③ ●「いや」と自己主張するときには、思いを受け止めながら、どうしたいのか尋ねたり、選択肢を示したりして、自分で選んで行動できるように配慮する。また、自己主張することが予測される場面では、本児が見通しをもてるよう、少し前から声をかけるなど、かかわりを工夫する。
子育て支援	●自己主張する姿について、対応に戸惑う保護者の気持ちに寄り添いながら、子どもの思いを受け止めることと、受け入れることの違いについて一緒に考えていく。	●家庭でもトイレットトレーニングを始めているようなので、排せつの自立に向けて、ポイントを共有したり、様子を伝え合ったりするなど、連携して進めていく。
評価・反省	●散歩では保育者とではなく、友達と手をつなぎたがる。友達とかかわりたい気持ちを受け止め、言葉に置き換えたり、仲立ちしたりしていきたい。 ●わらべうたに興味を示すが、身体を動かすことは少ない。見て楽しんでいる姿を共感的に見守り、自分から動くのを待ちたい。	●年末年始の休み明けのせいか、「ママがいい」と、突然泣くことがあった。午睡前に泣くことが多いので、そばにつき、安心して眠りにつけるよう、様子を見守っていきたい。 ●保育者と友達がままごとなどをしていると仲間に加わろうとする。本児の思いに寄り添って言葉をかけたり、友達とイメージを共有していけるよう仲立ちしたりしていきたい。

＊「評価・反省」は1月末の内容です。

指導計画（1月）

	Yちゃん（2歳5か月・女児）	Sちゃん（2歳8か月・男児）
前月末の子どもの姿	●意欲的に食べる。 ●砂場でままごとの料理をしている友達を見て、「Yちゃんもつくる」と言い、隣であそぶ。 ●あそんでいるおもちゃに友達が手を伸ばすと、「Yちゃんの！」と激しく主張することがある。 ●歌あそびや体操では、保育者の動きをまねして、身体を動かすことを楽しんでいる。 「Yちゃんの！」	●苦手なものも、友達が食べる姿を見て食べてみようとする。 ●自分で着脱するときもあれば、「やって」と言うこともある。 ●食事中にふざけたり、突然席を離れたりすることがある。 ●嫌なことがあると、泣いて怒る姿が見られるが、気持ちを受け止めると落ち着く。 ●段差を乗り物にみたてたり、縄跳びの縄を釣りざおにみたてたりしてあそぶ。 おさかなつれるかな
保育の内容	①身の回りを清潔にし、心地よさを感じる。 ②冬の自然に興味をもち、かかわろうとする。 ③身体を動かすことを楽しむ。 ④手指を使ってあそぶ。	①友達と楽しんで食事をする。 ②保育者とかかわる中で、安定感をもって過ごす。 ③保育者に仲立ちしてもらい、友達とイメージを共有してあそぶ。
養護的な側面を含めた配慮	●手を洗ったり、鼻水や口の周りを拭いたりするときは、一緒に行いながら、やり方を丁寧に伝えていく。また、自分からしようとするときには認める言葉をかけ、意欲を育めるようにする。① ●戸外で氷や霜柱を探したり、触ったり、踏んだりして、冬ならではの自然を一緒に楽しむ。また、本児の気づきに共感的にかかわり、自然への興味・関心が膨らむようにする。② ●身体を動かすあそびに興味をもち、参加するようになってきているので、身体を動かす心地よさを感じられるよう、追いかけっこやかくれんぼのようなあそびを一緒に楽しむ。また、アスレチック遊具やぶらんこ、すべりだいなどの固定遊具を楽しむときには、安全にあそべるようそばで見守る。③ ●少人数の落ち着いた環境の中で、シールを使って、節分の三方作りを楽しめるようにする。また、色紙を丸めて豆にみたてるなど、季節にちなんだあそびを楽しめるように工夫する。④ 	●一緒に食べる友達を選んで、やり取りしながら楽しく食事を進められるよう見守り、身体も気持ちも満たされて食事を終えられるようにする。また、苦手なものについては、本児に食べる量を聞きながら盛り付け、一口でも食べられたときは、自信につながるよう、認める言葉をかける。① ●食事中にふざけたり、席を離れたりする姿の背後にある"自分を見てほしい"という思いに心を寄せ、否定的な対応にならないように気をつける。また、わらべうたや絵本など、1対1で楽しむ時間を設け、本児が安定的に過ごせるように配慮する。② ♪せんべせんべ ♪やけた ●どんどん膨らむ本児のイメージに共感的にかかわりながら、一緒にあそぶ。また、イメージを言葉に置き換え、友達と共有したり、やり取りが広がったりするように援助する。③
子育て支援	●食事をする中で、好き嫌いが出てきていることを心配する保護者の話を聞くとともに、園での食事の様子を伝え、かかわり方のポイントなどを共有する。	●不安定な姿を見せることがあるので、家庭での様子をそれとなく聞き、保護者の思いを受け止める。また、友達と一緒に食事をしたり、あそんだりするなど、人とのかかわりが広がってきている様子を伝え、成長をともに喜ぶ。
評価・反省	●自分でできる身の回りのことが増え、衣服や靴下を選んでいる姿も見られる。食後には、自分で口の周りをぬらして、きれいにしようとする。本児の様子をよく見ながら、先回りして声をかけすぎないように気をつける。 ●散歩車に乗らずに歩いて散歩に出掛けるようになってきた。一緒に手をつなぐなど、そのときどきの本児の気持ちに寄り添いながら、歩くことを楽しんでいきたい。	●朝、産休中の母親が送ってくるようになり、甘える様子が出てきた。本児の気持ちをイメージして言葉にするなど、"受け止めてもらっている"と安心できるかかわりを考えていく。 ●食事では苦手なものも保育者や友達に励まされて、食べようとする姿が増えている。食材への興味が膨らむよう、言葉のやり取りをしたり、食べ物に関する絵本や紙芝居などを取り入れたりしていきたい。

＊「評価・反省」は1月末の内容です。

絵本

おしくら・まんじゅう

作／かがくい ひろし
ブロンズ新社

あかたろうの1・2・3の3・4・5

作／きたやま ようこ
偕成社

ねずみくんとゆきだるま

作／なかえ よしを　絵／上野 紀子
ポプラ社

きんぎょが にげた

作／五味 太郎
福音館書店

いただきますあそび

作／きむら ゆういち
偕成社

はっぱのおうち

作／征矢 清　絵／林 明子
福音館書店

 歌

「**お正月**」（作詞／東くめ　作曲／滝廉太郎）

「**豆まき**」（作詞・作曲／日本教育音楽協会）

「**たこの歌**」（文部省唱歌）

「**もちつき**」（作詞／天野蝶　作曲／一宮道子）

「**たこたこあがれ**」（わらべうた）

「**こんこんクシャンのうた**」（作詞／香山美子　作曲／湯山昭）

「**いとまきのうた**」（作詞／香山美子　作曲／小森昭宏）

「**ドロップスのうた**」（作詞／まど・みちお　作曲／大中恩）

指導計画（1月）

クラスの計画

前月末の子どもの姿

◎タイミングが合うと、便器で排尿することがある。
◎脱いだ衣服を自分のマークの場所へ片づけようとする一方、戸外に出掛ける準備の際、走り回ることが増えている。
◎ままごとやブロックで友達と同じイメージをもってあそんでいる。
◎自己主張が強くなり、友達と言い合うことがよくある。

今月のねらい

◎保育者に見守られながら、身の回りのことを進んで行おうとする。
◎保育者や友達と一緒にみたて・つもりあそびを楽しむ。

保育の内容　　健康＝●　人間関係＝◆　環境＝▲　言葉＝■　表現＝★

●▲スプーンを支え持ちで使おうとする。
●戸外に出掛ける身支度を自分でしようとする。
◆▲友達とイメージを膨らませながら、みたてたり、つもりになったりしてあそぶ。
◆■保育者に仲立ちしてもらいながら、友達とかかわってあそぶ。

▲●自然にふれながら、歩いて散歩に出掛ける。
★●保育者や友達と一緒に、音楽に合わせて身体を動かしてあそぶ。
★▲絵の具を使ってあそぶ。
★■わらべうたの楽しさを友達と一緒に感じる。

養護的な側面を含めた配慮

◎スプーンの持ち方については個人差が大きいので、様子を見ながら持ち方を丁寧に伝えていく。また、わらべうたやシールあそび、パズルなど、手指や手首を使うあそびを充実させ、無理なく支え持ちに移行していけるよう援助する。
◎戸外に出掛ける身支度について、「靴下をはく→上着をきる→靴を履く→帽子をかぶる」という見通しをもって取り組めるように環境を見直す。また、一人一人の姿に応じて、適切な援助を行えるように配慮する。
◎子どものイメージを受け止めたり、言葉にして返したりし、みたてやつもりが広がるようにかかわる。また、友達と同じイメージをもちやすいよう、おもちゃや素材を豊富に用意し、仲立ちしていく。
◎自分の思いを友達に伝えようとしている場面では、様子を見守ったり、思いを代弁したりして、姿に応じた援助を心がける。また、順番をめぐってぶつかることもあるが、順番の理解には個人差があるので、子どもの様子に合わせて対応する。
◎「かもつれっしゃ」（作詞／山川啓介　作曲／若松正司）や「こどもの王様」（イギリス民謡　訳詞／不詳）などの歌あそびを繰り返し取り入れ、保育者や友達と楽しさを共有していけるようにする。
◎発表会では、子どもたちがふだんから親しんでいるあそびを行い、無理なく参加できるよう配慮する。
◎絵の具でのスタンプあそびを楽しむ機会を設ける。何を使ってスタンプするか、何色の色画用紙を使うかなどを子どもが選べるように環境を整える。
◎わらべうたの言葉のおもしろさや、お手玉のような小物を使った動きを友達と一緒に繰り返し楽しめるように、ちょっとした時間を利用する。

保育者等の連携

◎園全体で行う発表会に向けて、準備や当日の動き、流れなどについて話し合い、協力していく。
◎戸外に出掛ける準備について、どこに誰がつくかや、適切な援助について話し合う。

2月末の評価・反省

◎午睡前に、落ち着かない姿が続いている。一人一人の様子や起床時間などを踏まえて、食事の開始時間や入眠時間をずらし、落ち着いて過ごせるように配慮したい。
◎戸外に出掛ける準備の流れや環境を見直したことで、子どもたちは見通しをもって身支度に取り組むようになった。流れや環境をときどき見直しつつ、援助していきたい。

個別の計画

	Tちゃん（1歳11か月・女児）	Kちゃん（2歳1か月・男児）
前月末の子どもの姿	●一度に多くの量を頬張り、詰め込むように食べることがある。 ●散歩では保育者とではなく、友達と手をつなぎたがる。 ●わらべうたや手あそびでは、保育者や友達がするのを見て楽しんでいる。 ●シールはりなど、手指を使ったあそびにじっくり取り組む。	●便器で排尿や排便をすることがある。 ●午睡前などに、「ママがいい」と泣くことがある。 ●保育者と友達がままごとをしていると、仲間に加わろうとする。 ●保育者の動きをまねしながら、体操を楽しんでいる。
保育の内容	①保育者のまねをしながらよくかみ、楽しく食べる。 ②保育者に仲立ちしてもらい、友達とかかわってあそぶ。 ③保育者と言葉をやり取りする楽しさを感じる。 ④手指を使ってあそぶ。	①スプーンを使って自分で食べようとする。 ②保育者に気持ちを受け止めてもらい、安心して過ごす。 ③全身を動かしてあそぶ。 ④保育者や友達と一緒にみたてたり、つもりになったりしてあそぶ。
養護的な側面を含めた配慮	●“自分で食べたい”という気持ちを受け止めながら、食器によそう量を調節したり、スプーンを使用したりして、一口量を知らせる。また、かむ動作を見せたり、咀嚼を意識する言葉をかけたりする。① ●友達にかかわりたい気持ちを受け止め、言葉に置き換えたり、仲立ちしたりして、一緒にあそぶ楽しさを感じられるようにする。② ●自分の思いを伝えようとするときには、目と目を合わせて話を聞き、本児の言葉を繰り返したり、一言添えたりして、会話する楽しさを感じられるように働きかけていく。また、本児が興味をもっているものが出てくる絵本や写真を用意して一緒に見るなどし、本児のうれしさや驚きに共感していく。③ ●ねじる、つまむなど、手指を使うさまざまなおもちゃを用意し、落ち着いてあそべる環境を整える。また、本児の様子に合わせてパズルのピース数を変えていくなど、達成感を味わえるように配慮する。④	●肘が上がってきて、手首を柔らかく動かしているので、スプーンを真っすぐ口に入れられるように、支え持ちへの移行を働きかける。ままごとや砂あそびなどでもスプーンを用意したり、手首の柔らかさを楽しめるわらべうたを一緒に楽しんだりする。① ●不安な気持ちを受け止め、1対1でふれあいあそびをするなど、本児の求めに応じてスキンシップを取るように配慮する。特に、入眠時にはそばにつき、歌をうたったり、身体にふれたりして安心して眠れるようにする。② ●追いかけっこやボールを使ったあそびなどを一緒に行い、楽しさを共有する中で、全身を使ってあそべるように援助する。③ ●友達のあそびに加わり、同じようにあそべるよう、十分な数や種類のままごと道具を用意する。また、友達がもっているイメージを伝えるなどしながら仲立ちし、楽しさを共有していけるようにする。④
子育て支援	●咀嚼について、園でのかかわりの様子を具体的に伝えるとともに、本児のペースに合わせながら食事を楽しむことに取り組めるようにしていく。	●成長していくプロセスで、自立したい気持ちと母親や保育者に依存したい気持ちの両方を抱え、葛藤する姿があることを共有し、どう受け止め、応えていくかを一緒に考えていく。
評価・反省	●身の回りのことを自分でしようとするが、できることも手伝いを求めてくることがある。そのときどきの思いを受け止め、援助していきたい。 ●「ぞうさん」「ワンワン」など指さしをしながら、ものの名前を言うことが増えてきた。今後も言葉を使ったやり取りを楽しんでいきたい。	●鼻水が出ると保育者に伝え、ティッシュペーパーを探そうとする。一緒にティッシュペーパーを取りにいったり、様子に応じて拭き方を伝えたりして、清潔にする心地よさを共有していく。 ●追いかけっこなどに誘うと喜んで加わり、友達ともかかわってあそんでいる。友達とあそぶ楽しさが一層膨らむように、あそびに誘ったり、仲立ちしたりしていきたい。

＊「評価・反省」は2月末の内容です。

指導計画（2月）

	Yちゃん（2歳6か月・女児）	Sちゃん（2歳9か月・男児）
前月末の子どもの姿	●食後に、自分で口の周りをぬらし、きれいにしようとする。 ●着脱の際に衣服や靴下を自分で選び、着たり、はいたりしようとする。 ●散歩車に乗らず、歩いて散歩に出掛けるようになってきた。 ●エプロンを着けて、赤ちゃんにみたてた人形をあやしてあそんでいる。	●登園時、母親から離れようとせず、甘える様子が見られる。 ●食事では苦手なものも保育者や友達に励まされて、食べようとする。 ●おむつに排尿すると「おしっこ、でた」と保育者に伝えることがある。 ●友達とのかかわりを喜び、「おにだぞ」「にげろー」などと言いながら、追いかけっこをしてあそんでいる。 
保育の内容	①友達と一緒に楽しく食事をする。 ②身の回りのことを自分から意欲的にしようとする。 ③散歩の途中でいろいろなものを見つけて、興味や関心をもつ。	①尿意を感じ、便器で排尿しようとする。 ②友達とかかわりながら、満足するまであそぶ。 ③音楽に合わせて身体を動かしたり、手あそびをしたりする。
養護的な側面を含めた配慮	●温かな食事の雰囲気を作り、友達と一緒に食事をすることを楽しめるように配慮する。また、2歳児と一緒に食事をするときは、いつもと違う雰囲気に戸惑うことがないよう、同じテーブルに座る友達や保育者の位置などに配慮する。① ●身の回りのことについて、"○○をしたら△△"と見通しをもちながら意欲的に取り組めるよう、ゆったりと見守り、先回りして声をかけすぎないように気をつける。また、靴の左右は保育者が確認し、正しく履いた感覚を意識していけるようにする。②  ●"散歩車に乗らずに、歩こう"という意欲が出てきている。そのときどきの本児の気持ちに寄り添いながら、保育者と手をつないだり、本児が手をつなぐ友達を選んだりして、散歩を楽しめるようにする。また、散歩中の気づきや発見を楽しむ「道草散歩」で、本児が興味や関心をもったことに心を寄せ、共感する。③	●排尿間隔を把握してタイミングよくトイレに誘ったり、排尿の素振りを見逃さないようにしたりして、便器で排尿していけるようにする。また、尿意を感じて、自分からトイレに行くことにつながるよう、声のかけすぎに気をつける。①  ●友達とやり取りしながらあそんでいるときにはそばで見守ったり、場面によっては保育者も仲間に加わって仲立ちしたりして、友達と楽しさを共有していけるようにする。② ●保育者も一緒に音楽に合わせて身体を動かしたり、本児の好きな手あそびを繰り返し行ったりして、音楽に親しみ、表現することを楽しめるようにする。また、友達がしていることを見て楽しんでいるときには、本児なりの参加の仕方を尊重する。③ ●登園時には、母親に甘えたい本児の気持ちを受け止める言葉をかけながら引き受けたり、一日を通して1対1でのかかわりを多くもったりして、安心感につなげていく。
子育て支援	●体調を崩しやすいので、感染症の情報を伝えたり、機嫌や食欲など、体調を伝え合ったりして健康に過ごせるようにする。	●園での楽しんでいる様子や、喜ぶ姿、また本児の優しさが見られる姿などを丁寧に伝えることで、園生活について安心感をもてるようにする。また、家庭での様子についても聞き取りながら保育に生かしていく。
評価・反省	●食事やおやつのとき、「へらして」と言ってくることがある。量を調節しながら、引き続き様子を見ていきたい。 ●自分でできることが増えているが、場面によっては、やろうとしないことがある。甘えたい気持ちを受け止めたり、できたときにはうれしい気持ちを共有したりして、そのときどきの様子に合わせて援助していきたい。	●食事ではスプーンを支え持ちでもっているが、食べにくそうにしている。安定した持ち方につながるよう、手指を使うあそびを充実させたい。 ●午睡の入眠時間が遅くなり、まったく寝ない日もある。午前中にたくさん身体を動かしてあそべるようにしたり、食事の開始時間を遅くしたりして工夫し、心地よく眠れるようにする。

＊「評価・反省」は2月末の内容です。

絵本

スノーマン
作／レイモンド・ブリッグズ
評論社

わにわにのごちそう
作／小風 さち　絵／山口 マオ
福音館書店

タンタンのしろくまくん
作／いわむら かずお
偕成社

せんろはつづく
作／竹下 文子　絵／鈴木 まもる
金の星社

歌

おでかけのまえに
作／筒井 頼子　絵／林 明子
福音館書店

いろいろバス
作／tupera tupera
大日本図書

「つくしがでたよ」（作詞・作曲／丸山亜季）

「オニはうちでひきうけた」（作詞／新沢としひこ　作曲／中川ひろたか）

「こめついたら」（わらべうた）

「うれしいひなまつり」（作詞／サトウハチロー　作曲／河村光陽）

「かもつれっしゃ」（作詞／山川啓介　作曲／若松正司）

「はらぺこあおむし」（作詞・作曲／二本松はじめ）

「あずきちょ」（わらべうた）

指導計画（2月）

3月

クラスの計画

前月末の子どもの姿

◎食事中にスプーンの持ち方を保育者に確かめたり、皿に手を添えたりする。
◎午睡前に、大きな声を出したり、走り回ったりして落ち着かない姿が続いている。
◎戸外に出掛ける際、見通しをもって身支度をしようとする。
◎友達数人と、同じイメージをもってあそぶ姿が増えている。

今月のねらい

◎進級する雰囲気を感じ取り、心地よく安心して生活する。
◎友達に関心をもち、一緒にあそぶことを楽しむ。

保育の内容　　健康=● 人間関係=◆ 環境=▲ 言葉=■ 表現=★

●見通しをもって、食事や睡眠、身の回りのことをしようとする。
●姿勢を保とうとしたり、バランスを取ろうとしたりして、全身を使ってあそぶ。
◆▲保育者に気持ちを受け止めてもらいながら、進級後の環境であそぶ。
◆年上の子のあそびに興味をもち、まねしようとする。

◆★友達と同じイメージをもちながら、生活やあそびの中で体験したことを再現しようとする。
▲●少し長い距離の散歩に出掛け、周囲のものへの興味・関心を広げる。
■◆保育者を仲立ちとして、友達と言葉でやり取りしようとする。

養護的な側面を含めた配慮

◎食事やおやつの前の手洗い、戸外に出掛けるための身支度などを自分からしようとする姿を大切にし、先回りした援助をすることがないように心がける。また、子どもの様子を観察して、流れや環境をその都度、見直していく。
◎午睡の入眠時刻が遅くなっている子は、食事や午睡の時間を見直し、必要に応じて遅めにするなどして、自分から布団に向かい、眠りにつけるようにする。
◎ダイナミックなあそびや、少し難しい動きのあそびなどを取り入れ、姿勢保持やバランスを取るおもしろさを味わえるようにする。獲得している力の個人差を考慮して、一人一人が達成感を得られるように援助する。
◎進級に向けて不安にならないよう、一人一人の様子を観察したり、気持ちに寄り添ったりして丁寧にかかわる。また、次年度の担任とかかわる時間を作ったり、2歳児クラスのおもちゃであそんだりして、進級に期待をもてるようにする。保護者に対しても、進級について丁寧に伝え、相談や質問に応えるようにする。
◎再現あそびが広がるように、子どもたちのイメージに合わせておもちゃを用意したり、働きかけたりしながら一緒にあそび、楽しさを共有していく。
◎散歩に出掛け、いろいろなものに出合う中で、発見したり、感じたりする姿に共感的にかかわり、興味・関心がさらに広がるようにする。距離のある散歩については、子どものさまざまな姿を想定して、保育者間で事前に役割分担などを話し合う。
◎自分の表現したい言葉がなかなか見つからない場面では、伝えたい気持ちを受け止め、ゆっくり話を聞いたり、言葉を補って仲立ちしたりする。その際、保育者が言葉を先取りしすぎないように留意する。また、一緒にあそびながら、ものやこと、行動に言葉を添えていく。

保育者等の連携

◎移行について職員間で話し合い、無理なく新しい環境に慣れていけるように連携する。
◎1年間の保育や子どもの様子について振り返り、継続した援助をしていけるように、次年度の担任に引き継ぎを行う。

3月末の評価・反省

◎一人一人の生活リズムに合わせて食事や午睡の時間を見直したことで、午睡前の時間を落ち着いて過ごせるようになった。
◎進級に向けての環境整備など、準備を進めていくと、不安そうな様子を見せる姿があった。職員間だけでなく、保護者とも情報交換をして子どもの様子を共有し、安心感をもてるように努めた。

個別の計画

	Tちゃん（2歳・女児）	Kちゃん（2歳2か月・男児）
前月末の子どもの姿	●入眠までに時間がかかり、保育者がそばにいないと布団から出てあそびだす。 ●身の回りのことを自分でしようとするが、できることでも手伝いを求めてくることがある。 ●絵本を読んでいると、「ぞうさん」「ワンワン」など、指さしをしながら、ものの名前を言う。 ●絵の具を使ったスタンプあそびを喜んでする。	●保育者に声をかけられると、スプーンを支え持ちで使おうとする。 ●鼻水が出たことを保育者に伝え、ティッシュペーパーを探す。 ●自分の思いを通そうとして、友達とぶつかることがある。 ●保育者や友達と追いかけっこを楽しんでいる。 ●友達がヒーローごっこをしていると、同じおもちゃを持って、まねしてあそぶ。
保育の内容	①本児の生活リズムで心地よく過ごす。 ②保育者に見守られたり、手伝ってもらったりしながら、身の回りのことをしようとする。 ③友達と一緒にあそぶ。 ④周囲のものやことに関心をもち、発見や驚きを保育者に伝えようとする。	①保育者と一緒に、鼻水を拭こうとする。 ②いろいろな姿勢になり、全身を使ってあそぶ。 ③保育者に仲立ちしてもらい、友達と一緒にあそぶ楽しさを味わう。
養護的な側面を含めた配慮	●体力がついてきて、入眠までに時間がかかることがあるので、起床時間などを参考にしながら睡眠のリズムを見直す。また、たっぷりあそんで心地よく眠りにつけるように、午前中の過ごし方を工夫する。① ●身の回りのことについては、自分でやり遂げる達成感よりも、やってもらうことを求めるときがある姿を肯定的に受け止め、そのときどきの気持ちに寄り添った援助を心がける。また、全てをやってしまうのではなく、本児ができそうな部分は残しながら援助し、"自分でできた" という思いをもてるようにする。② ●友達のあそびに本児を誘い、仲立ちしながら一緒にあそんで、楽しさを共有していけるよう援助する。また、かかわりが見られる友達と食事のテーブルを一緒にしたり、散歩のときに手をつなげるようにしたりして、かかわりが深まるように配慮する。③ ●本児の驚きや発見したうれしさに共感し、伝えたいことをくみ取りながら、言葉を補足する。また、"Yes・No" で答えられるような質問をしながら、言葉のやり取りの楽しさを感じられるようにする。④	●鼻水が出ていることに気づき、拭こうとするときには、認める言葉をかけながら、やり方を丁寧に伝え、清潔にする心地よさを共有する。また、ティッシュペーパーやごみ箱は子どもの手が届く場所にいつも置いておくようにする。① ●本児の発達に合わせ、走る、跳ぶ、上る、ぶら下がるなど、いろいろな姿勢を楽しめるような環境を整え、挑戦したり、諦めないで試してみたりする気持ちを育めるようにする。② ●友達のあそびに興味をもち、一緒にあそぼうとする気持ちを受け止めて、友達のイメージを言葉にして伝えたり、仲間に加わって一緒にあそんだりなどして、援助する。また、自己主張する姿がますます増えてきているので、双方の思いをわかりやすい言葉で代弁し、繰り返し仲立ちしていく。③
子育て支援	●はじめての進級に不安を抱く保護者の気持ちに寄り添い、移行や進級時の園での対応について詳しく伝え、安心感を得られるようにする。	●自己主張が強まることについて、発達のプロセスとして大事な姿であることを共有する。また、ともに育てる思いを伝えながら、互いに気がついたことや援助のポイントなど、情報を交換できるようにかかわる。
評価・反省	●"これがいい" と、着る服にこだわる姿が見られるようになってきた。自我が膨らむ時期なので、丁寧なやり取りを心がけていきたい。 ●転んだ友達を心配するなど、友達への関心が高まってきている。友達と心地よいかかわりをしていけるよう援助していきたい。	●自分が使っていたものを友達に取られたり、友達が使っていたものを使いたかったりすると「Kちゃんの」と主張する。手が出ることもあるので、様子をよく観察し、タイミングよく仲立ちしていきたい。 ●アスレチック遊具のネットに上ろうとするが、うまく身体を使えないでいる。目を離さないように見守っていく。

吹き出し：〇〇ちゃんと手をつなぐ？

＊ 「評価・反省」は3月末の内容です。

指導計画（3月）

197

	Yちゃん（2歳7か月・女児）	Sちゃん（2歳10か月・男児）
前月末の子どもの姿	●食事やおやつのとき、「へらして」と言ってくることがある。 ●身の回りのことについて、自分でできることが増えているものの、やろうとしないこともある。 ●段差のある所から、跳び下りようとする。 ●友達と一緒に1冊の絵本を楽しそうに見ている。	●食事の際、スプーンを支え持ちで使おうとするが、食べにくそうにしている。 ●午睡の入眠時間が遅くなり、寝ない日もある。 ●『三びきのこぶた』の好きな場面のやり取りを、保育者や友達と楽しんでいる。 ●保育者と砂場で山を作ってあそぶ。
保育の内容	①友達と食事を楽しみ、満足感を味わう。 ②身の回りのことを進んでしようとする。 ③友達とのかかわりや、やり取りを楽しもうとする。	①安定した持ち方でスプーンを使う。 ②保育者に見守られながら、自分から眠ろうとする。 ③保育者や友達と絵本の中のしぐさや言葉をやり取りし、楽しさを共有する。
養護的な側面を含めた配慮	●様子に応じて盛り付け量を調節したり、食材のおいしさを伝えたりするなどの援助をし、心も身体も満たされて、食事やおやつを終えられるようにする。① ●自分でできることが増え、ボタンを自分ではめようとしたり、防寒着を着脱しようとしたりするので、時間や場を保障しながらやり終えるまで見守り、自分でできた喜びを感じられるようにする。また、甘えたい気持ちを表すときには受け止めるなど、そのときどきの様子に合わせて援助する。便器での排尿も増えてきているので、うれしさに共感し、次につなげるようにする。② ●友達とのかかわりや、やり取りを十分に楽しめるように、そばで見守ったり、必要に応じて仲立ちしたりして援助する。また、本児の思いと友達の思いがすれ違い、ぶつかり合うことも予想されるので、双方の思いを受け止め、代弁するなどして、相手にも思いがあることに気づいていけるようにする。③	●スプーンを使うときの手首の返しなどをよく観察するとともに、シールやパズル、洗濯ばさみのおもちゃなど、手指を使うあそびを充実させ、スプーンの安定した持ち方につながるようにする。食べにくく、上手持ちになっていても、楽しく食べることを大切にし、無理に支え持ちをすすめることがないよう気をつける。① ●登園時間が遅くなり、身体を動かす量が少ないからか、あるいは、満足するまであそべていないからなのかなど、入眠までに時間がかかる理由を探るとともに、食事の開始時間を遅くして、入眠時間をずらし、自分から"眠ろう"という気持ちをもてるように配慮する。② ●本児の好きな絵本を満足するまで繰り返し読むようにする。特に気に入った場面がある場合は、その場面をイメージするようなものを保育室に置いたり、はったりして、絵本の世界を楽しめるようにする。③
子育て支援	●生活やあそびにおいて、自分でできることが増えてきているので、やりたい気持ちを大切にし、見守ることの大切さについて共有する。	●体調の変化の兆しが見られたときには、どんなことでも伝え合い、健康に過ごせるよう園と家庭で連携する。
評価・反省	●保育者に確認しながら、支え持ちでスプーンを使おうとしている。うまくすくえないと、上手持ちにもち替えているので、食材を集めたり、さりげなく手を添えたりして援助していきたい。 ●移行で次年度の担任が加わると、現担任から離れられずにいた。本児の気持ちを受け止めながら、少しずつ慣れていけるようにしたい。	●食事と午睡の時間をずらしたことで、スムーズに眠れるようになった。 ●登園時、母親から離れなかったり、泣いたりすることがときどきある。安定感をもって過ごせるように、次年度の担任に丁寧に引き継ぎをしていきたい。

＊「評価・反省」は3月末の内容です。

さよなら さんかく またきて しかく

作／松谷 みよ子　絵／上野 紀子
偕成社

ねずみさんのながいパン

作／多田 ヒロシ
こぐま社

りんごがドスーン

作／多田 ヒロシ
文研出版

うたえほん

絵／つちだ よしはる
グランまま社

せんろはつづく まだつづく

作／竹下 文子　絵／鈴木 まもる
金の星社

きょだいな きょだいな

作／長谷川 摂子　絵／降矢 なな
福音館書店

「**はるがきたんだ**」(作詞／小春久一郎　作曲／矢田部宏)

「**つくしんぼ**」(作詞・作曲／鶴川ききょう保育園)

「**森から森へ**」(作詞／中江隆介　作曲／関忠亮)

「**おはながわらった**」(作詞／保富庚午　作曲／湯山昭)

「**さんぽ**」(作詞／中川李枝子　作曲／久石譲)

「**春がきたんだ**」(作詞／ともろぎゆきお　作曲／峯陽)

「**おはぎがおよめに**」(わらべうた)

「**おふねがぎっちらこ**」(わらべうた)

指導計画（3月）

199

CD-ROMで、 **ダウンロードで、**

必要なデータに クイックアクセス！

本書に掲載されている指導計画（P.147〜199）、保育イラスト（P.201〜228）のデータは、付録のCD-ROMに収録されています。また、データはWebサイトからダウンロードもできるので、使いやすいほうをご利用ください。

●CD−ROMでデータを使う場合

巻末付録のCD-ROMをドライブにセットして使います。データを使用する前に、必ずP.229〜239を参照してください。

●Webサイトからダウンロードしたデータを使う場合

① パソコンのブラウザを立ち上げ、下記のダウンロードページにアクセスします。

https://hoikucan.jp/book/012saijinohoiku/1saijinohoiku/

② 下記のID、パスワードを入力します。

ID　1saijinohoiku　　　パスワード　1sun

③ 指導計画か保育イラスト、必要なデータを選んでクリックします。ダウンロードの方法についてはサイトをご覧ください。

●データはご購入された個人、または法人、団体が私的利用の範囲内で使用できます。IDとパスワードの共有、譲渡は禁止しています。

データに関して、次のような用途での使用、行為は禁じています。
○園や施設の広告　　　　　　　　　　○ホームページ、SNSなどネット上での使用*
○園や施設のポスター、パンフレット　○イラストや指導計画の販売
○物品に印刷しての利用　　　　　　　○ID、パスワードの販売
○企業のPR、広告、マークなど

＊制作したおたよりをPDFなどの形式で、園のホームページなどに掲載することはできます。

0・1・2歳児の
保育イラスト

園だより、クラスだよりから、掲示やお知らせ、シアター、プレゼント作りまで、保育のさまざまな場面で役立つイラスト集です。付録のCD-ROMには、カラーデータ、モノクロデータの両方が収録されています。モノクロイラストは、このイラスト集をコピーして使うこともできます。

●保育イラストのデータは下記からダウンロードして使うこともできます。

1歳児の
保育

https://hoikucan.jp/book/012saijinohoiku/1saijinohoiku/
ID　1saijinohoiku　パスワード　1sun
※データの使用に際しては、P.229以降を必すお読みください。

●ファイル名の頭には、カラーには「c-」、モノクロデータには「m-」が入っています。

202-01

202-02

202-03

202-04

202-05

202-06

202-07

202-08

202-09

202-10

202-11

202-12

202-13

202-14

202-15

202-16

203-01

203-02

203-03

203-04

203-05

203-06

204-01

204-02

204-03

204-04

204-05

204-06

204-07

204-08

204-09

204-10

204-11

204-12

204-13

204-14

204-15

204-16

204-17

204-18

204-19

204-20

204-21

205-01

205-02

205-03

205-04

205-05

205-06

205-07

205-08

205-09

205-10

205-11

205-12

205-13

205-14

205-15

205-16

205-17

205-18

205-19

6月、7月、8月向けのイラストです。

206-01

206-02

206-03

206-04

206-05

206-06

206-07

206-08

206-09

206-10

206-11

206-12

206-13

206-14

206-15

206-16

207-01

207-02

207-03

207-04

207-05

207-06

208-01

208-02

208-03

208-04

208-05

208-06

208-07

208-08

208-09

208-10

208-11

208-12

208-13

208-14

208-15

208-16

208-17

208-18

208-19

208-20

208-21

208-22

208-23

209-01

209-02

209-03

209-04

209-05

209-06

209-07

209-08

209-09

209-10

209-11

209-12

209-13

209-14

209-15

209-16

209-17

209-18

209-19

209-20

209-21

保育イラスト

210-01

210-05

210-02

210-06

210-03

210-07

210-04

210-08

210-09

210-10

210-11

210-12

210-13

210-14

210-15

211-01

211-02

211-03

211-04

211-05

211-06

212-01

212-02

212-03

212-04

212-05

212-06

212-07

212-08

212-09

212-10

212-11

212-12

212-13

212-14

212-15

212-16

212-17

212-18

212-19

212-20

212-21

212-22

212-23

212-24

213-01

213-02

213-03

213-04

213-05

213-06

213-07

213-08

213-09

213-10

213-11

213-12

213-13

213-14

213-15

213-16

213-17

213-18

213-19

保育イラスト

214-01

214-02

214-03

214-04

214-05

214-06

214-07

214-08

214-09

214-10

214-11

214-12

214-13

214-14

214-15

215-01

215-02

215-03

215-04

215-05

215-06

02_保育
イラスト
カラー
04_
季節・冬
c-214-01
モノクロ
04_
季節・冬
m-214-01

保育イラスト

216-01

216-02

216-03

216-04

216-05

216-06

216-07

216-08

216-09

216-10

216-11

216-12

216-13

216-14

216-15

216-16

216-17

216-18

216-19

216-20

216-21

216-22

216-23

216-24

217-01

217-02

217-03

217-04

217-05

217-06

217-07

217-08

217-09

217-10

217-11

217-12

217-13

217-14

217-15

217-16

217-17

217-18

217-19

217-20

217-21

217-22

217-23

保育イラスト

218-01

218-02

218-03

218-04

218-05

218-06

218-07

218-08

218-09

218-10

218-11

218-12

218-13

218-14

218-15

218-16

218-17

218-18

218-19

218-20

219-01　　219-02　　219-03　　219-04　　219-05

219-06　　219-07　　219-08　　219-09　　219-10

219-11　　219-12　　219-13　　219-14　　219-15

219-16　　219-17　　219-18　　219-19　　219-20

219-21　　219-22　　219-23　　219-24　　219-25

219-26　　219-27　　219-28　　219-29

保育イラスト

220-01

220-02

220-03

220-04

220-05

220-06

220-07

220-08

220-09

220-10

220-11

220-12

220-13

220-14

220-15

221-01

221-02

221-03

221-04

221-05

221-06

221-07

221-08

221-09

221-10

221-11

221-12

221-13

221-14

221-15

221-16

221-17

221-18

221-19

保育イラスト

222-01

222-02

222-03

222-04

222-05

222-06

222-07

222-08

222-09

222-10

222-11

222-12

222-13

222-14

222-15

222-16

222-17

222-18

223-01　　223-02　　223-03　　223-04

223-05

223-06

223-07

223-08

224-01

224-02

224-03

224-04

224-05

224-06

224-07

224-08

224-09

224-10

224-11

224-12

224-13

224-14

224-15

224-16

224-17

224-18

224-19

224-20

224-21

225-01　　225-02　　225-03　　225-04　　225-05

225-06　　225-07　　225-08　　225-09　　225-10

225-11　　225-12　　225-13　　225-14　　225-15

225-16　　225-17　　225-18　　225-19　　225-20

225-21　　225-22　　225-23　　225-24　　225-25

225-26　　225-27　　225-28　　225-29　　225-30

保育イラスト

226-01

226-02

226-03

226-04

226-05

226-06

226-07

226-08

226-09

226-10

226-11

226-12

226-13

226-14

226-15

226-16

226-17

226-18

226-19

227-01

227-02

227-03

227-04

227-05

227-06

227-07

227-08

227-09

227-10

227-11

227-12

227-13

227-14

227-15

227-16

227-17

227-18

227-19

227-20

227-21

227-22

227-23

227-24

227-25

227-26

227-27

227-28

227-29

227-30

保育イラスト

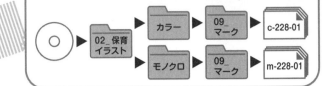

228-01

228-02

228-03

228-04

228-05

228-06

228-07

228-08

228-09

228-10

228-11

228-12

228-13

228-14

228-15

228-16

228-17

228-18

228-19

228-20

228-21

228-22

228-23

228-24

228-25

228-26

228-27

228-28

228-29

228-30

指導計画・
保育イラストデータの
使い方

指導計画（P.147〜199）、保育イラスト（P.201〜228）で紹介した内容は付録のCD-ROMにデータが収録されています。ここでは、それらのデータの使い方を解説します。データを使う前に、必ずお読みください。

●指導計画・保育イラストのデータは下記からダウンロードして使うこともできます。

 1歳児の保育　https://hoikucan.jp/book/012saijinohoiku/1saijinohoiku/
ID　1saijinohoiku　パスワード　1sun

データをお使いになる前に必ずお読みください

●データの使用許諾と禁止事項

■本CD-ROMに収録されているデータやサイトからダウンロードしたデータは、ご購入された個人または法人・団体が、その私的利用の範囲内で使用することができます。

■園児などの募集広告、施設や園バスのデザイン、施設や団体のPR、物品に印刷しての販促への利用や販売など、営利を目的とした配布物や掲示物には使用できません。また、不特定多数の方に向けた配布物や広報誌、業者に発注して作る大量部数の印刷物に使用することもできません。

■ホームページやSNSなどのインターネット上（私的利用を含む）など、すべてのウェブサイトに使用することはできません（制作したおたよりをPDFなどの形式で園のホームページ等に掲載することはできます）。

■使用権者であっても、本CD-ROMに収録されているデータやサイトからダウンロードしたデータを複製し、転載・貸与・譲渡・販売・頒布（インターネットを通じた提供も含む）することを禁止します。また、イラストデータを変形・加工して利用することも同様に禁止とします。

■本CD-ROMは図書館およびそれに準ずる施設において、館外へ貸し出すことはできません。

●著作権

■弊社は、本CD-ROMに収録されているデータや、サイトからダウンロードしたデータのすべての著作権を管理しています。

●免責

■弊社は、本CD-ROMに収録されているデータや、サイトからダウンロードしたデータの使用により発生した直接的、間接的または波及効果によるいかなる損害や事態に対して、一切の責任を負わないものとします。

●動作環境について

■OS：Microsoft Windows 10 以上推奨

ソフトウェア：Microsoft Word 2016以上

ドライブ：CD-ROMの読み込みが可能なドライブ

アプリケーション：JPG形式、BMP形式のデータが扱えるアプリケーションソフト

●「指導計画」のWord文書データについて

■「指導計画」は、Microsoft Word 2016に最適化されています。お使いのパソコンの環境やアプリケーションのバージョンによっては、レイアウトが崩れる可能性があります。

●「保育イラスト」の画像データについて

■Windowsで使用できる画像データが収録されています。

■カラーデータは「JPG」、モノクロデータは「BMP」のファイル形式で収録されています。

■画像を拡大しすぎると、線や輪郭が粗くなることがあります。

●説明画面について

■P.232～239の操作方法や操作画面は、「Microsoft Windows10」上で、「Microsoft Word 2016」を使って紹介しています。お使いのパソコンの環境によって操作方法や操作画面が異なる場合がありますので、ご了承ください。

■その他、パソコンについての基礎知識、Windowsの基本操作は、それぞれの解説書をご覧ください。

●CD-ROM取り扱い上の注意

■CD-ROMは一般のオーディオプレーヤーでは再生しないでください。パソコンのCD-ROMドライブのみでお使いください。

■CD-ROMを取り扱う際は、細心の注意を払ってください。傷をつけたりするとデータが読み取れなくなることがあります。

■CD-ROMは、パソコンのCD-ROMドライブに正しくセットし、各パソコンの操作方法に従ってください。トレイに正しく載せなかったり、強い力で押し込んだりすると、CD-ROMドライブが壊れるおそれがあります。その場合も一切の責任を負いませんのでご注意ください。

※Microsoft、Windows、Wordは、米国Microsoft Corporationの米国およびその他の国における登録商標、または商標です。
※本文中では®マークおよび™マークは省略しております。

CD-ROM 収録データ一覧

付録の CD-ROM には、以下のデータが収録されています。

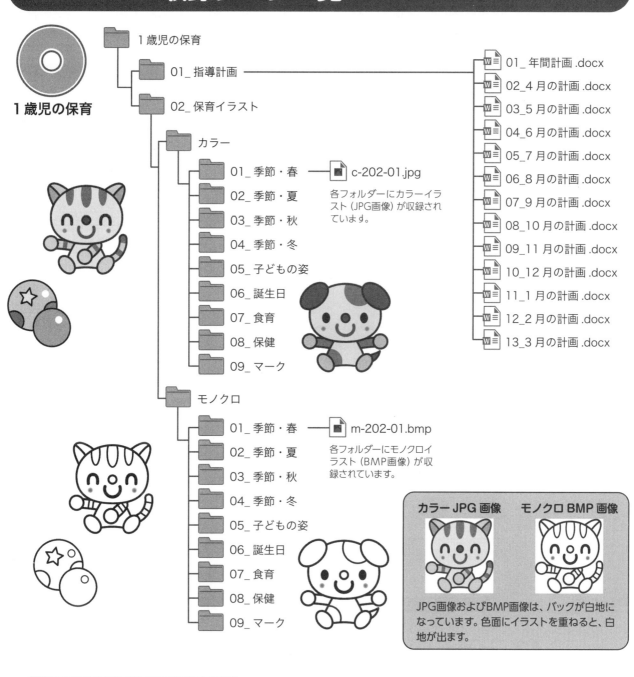

1歳児の保育

- 1歳児の保育
  - 01_ 指導計画
    - 01_ 年間計画 .docx
    - 02_4 月の計画 .docx
    - 03_5 月の計画 .docx
    - 04_6 月の計画 .docx
    - 05_7 月の計画 .docx
    - 06_8 月の計画 .docx
    - 07_9 月の計画 .docx
    - 08_10 月の計画 .docx
    - 09_11 月の計画 .docx
    - 10_12 月の計画 .docx
    - 11_1 月の計画 .docx
    - 12_2 月の計画 .docx
    - 13_3 月の計画 .docx
  - 02_ 保育イラスト
    - カラー
      - 01_ 季節・春 — c-202-01.jpg

        各フォルダーにカラーイラスト（JPG画像）が収録されています。
      - 02_ 季節・夏
      - 03_ 季節・秋
      - 04_ 季節・冬
      - 05_ 子どもの姿
      - 06_ 誕生日
      - 07_ 食育
      - 08_ 保健
      - 09_ マーク
    - モノクロ
      - 01_ 季節・春 — m-202-01.bmp

        各フォルダーにモノクロイラスト（BMP画像）が収録されています。
      - 02_ 季節・夏
      - 03_ 季節・秋
      - 04_ 季節・冬
      - 05_ 子どもの姿
      - 06_ 誕生日
      - 07_ 食育
      - 08_ 保健
      - 09_ マーク

カラー JPG 画像　　モノクロ BMP 画像

JPG画像およびBMP画像は、バックが白地になっています。色面にイラストを重ねると、白地が出ます。

マウスの使い方

クリック
左ボタンを1回カチッと押します。ファイルやフォルダー、またはメニューを選択する場合などに使用します。

ダブルクリック
左ボタンを素早く2回続けてカチカチッと押します。プログラムの起動や、ファイルやフォルダーを開く場合に使用します。

右クリック
右ボタンを1回カチッと押します。右クリックすると、操作可能なメニューが表示されます。

ドラッグ
左ボタンを押しながらマウスを動かし、移動先でボタンを離す一連の操作をいいます。文章を選択する場合などに使用します。

データの使い方

指導計画データの使い方

❶ファイルの基本操作

1 ファイルを開く

①CD-ROMをドライブにセットします。

②「自動再生」画面が表示された場合は、その画面をクリックし、自動的に開かない場合は、画面下タスクバーの「エクスプローラー」をクリックします。

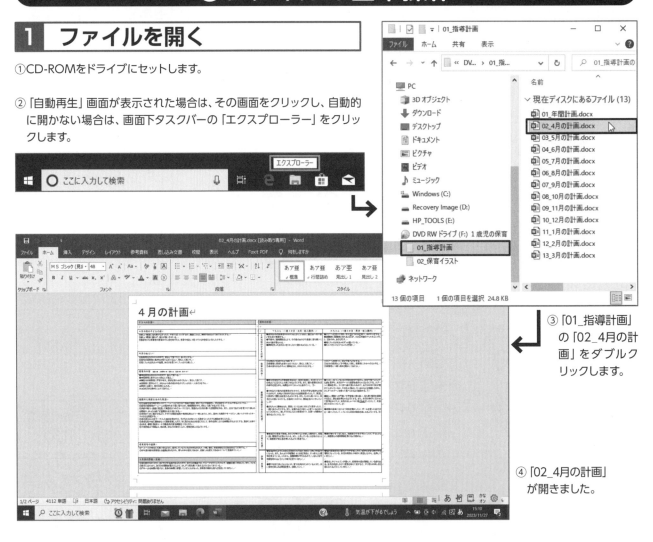

③「01_指導計画」の「02_4月の計画」をダブルクリックします。

④「02_4月の計画」が開きました。

2 名前を付けて保存する

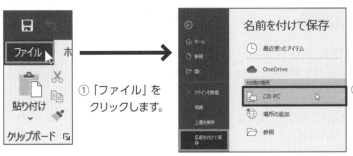

①「ファイル」をクリックします。

②「名前を付けて保存」をクリックし、保存先を選択します。

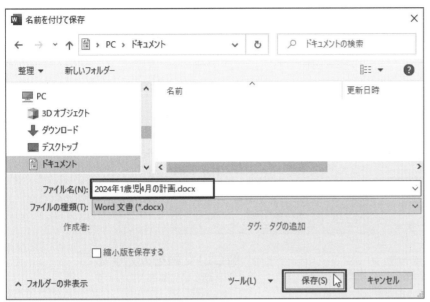

③ファイル名を入力し、「保存」を
クリックします。

3 印刷する

① 「ファイル」を
クリックします。

③枚数を入力します。

④ 「印刷」をクリックします。

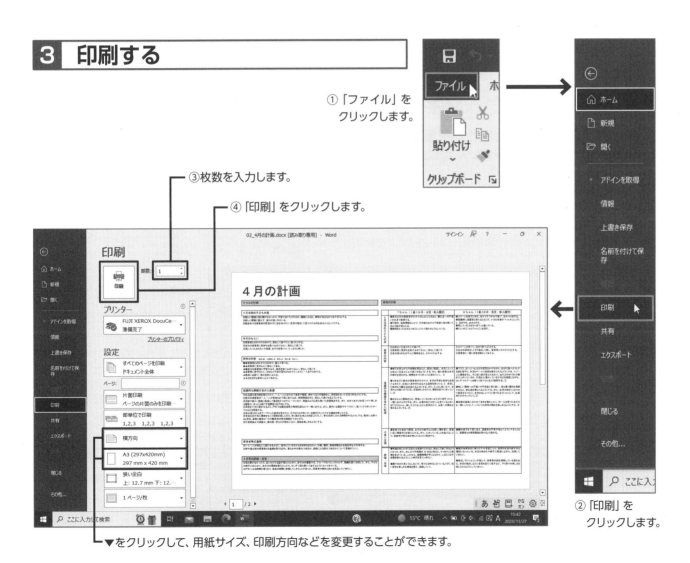

▼をクリックして、用紙サイズ、印刷方向などを変更することができます。

② 「印刷」を
クリックします。

❷文章を変更する

1　文章を変更する

ここにカーソルを合わせて、変更したい所までドラッグします。

①変更したい文章を選択する

変更したい文章の最初の文字の前にカーソルを合わせてクリックし、ドラッグして変更したい文章の範囲を選択します。

ここでマウスを離すと、クリックした所からここまでの文章が選択されます。

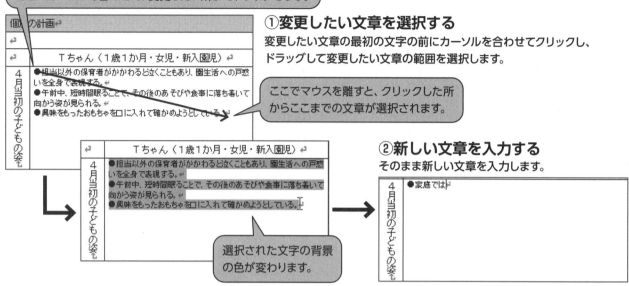

②新しい文章を入力する

そのまま新しい文章を入力します。

選択された文字の背景の色が変わります。

2　書体や大きさ、文字列の方向、行間、文字の配置を変える

①文字の「書体」や「大きさ」を変える

文字を好きな書体（フォント）に変えたり、大きさ（フォントサイズ）を変えたりしてみましょう。まず、「**1**-①変更したい文章を選択する」と同じ方法で、変更したい文章の範囲を選択します。
次に「ホーム」タブのフォントやフォントサイズの右側「▼」をクリックし、書体とサイズを選びます。

※フォントサイズ横の「フォントサイズの拡大」「フォントサイズの縮小」ボタンをクリックすると、少しずつサイズを変更できます。

フォント

使うことのできるフォントの種類は、お使いのパソコンにどんなフォントがインストールされているかによって異なります。

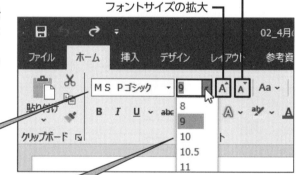

フォントサイズの縮小
フォントサイズの拡大

フォントサイズ

フォントサイズは、数字が大きくなるほどサイズが大きくなります。
フォントサイズを8以下にしたい場合は、手動で数値を入力します。

下の例のように、文章が新しい書体と大きさに変わりました。

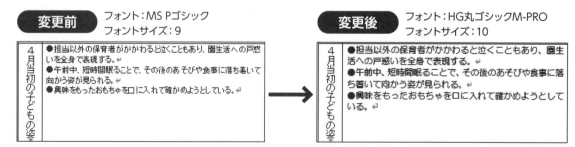

変更前　フォント：MS Pゴシック
フォントサイズ：9

変更後　フォント：HG丸ゴシックM-PRO
フォントサイズ：10

②文字列の方向・配置を変更する

変更したいセルを選択し、「表ツール」の「レイアウト」タブの「配置」から文字列の配置や方向を設定します。

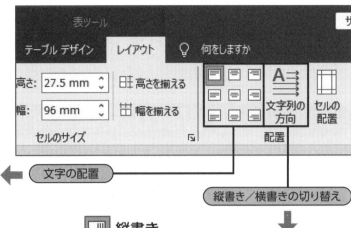

文字の配置

縦書き/横書きの切り替え

左端揃え（上）

4月当初の子どもの姿
●担当以外の保育者がかかわると泣くこともあり、園生活への戸惑いを全身で表現する。
●午前中、短時間眠ることで、その後のあそびや食事に落ち着いて向かう姿が見られる。
●興味をもったおもちゃを口に入れて確かめようとしている。

中央揃え（中央）

4月当初の子どもの姿
●担当以外の保育者がかかわると泣くこともあり、園生活への戸惑いを全身で表現する。
●午前中、短時間眠ることで、その後のあそびや食事に落ち着いて向かう姿が見られる。
●興味をもったおもちゃを口に入れて確かめようとしている。

両端揃え（下）

4月当初の子どもの姿
●担当以外の保育者がかかわると泣くこともあり、園生活への戸惑いを全身で表現する。
●午前中、短時間眠ることで、その後のあそびや食事に落ち着いて向かう姿が見られる。
●興味をもったおもちゃを口に入れて確かめようとしている。

縦書き

変更したいセルを選択し、「文字列の方向」ボタンをクリックすると、縦書きの「両端揃え（右）」の配置になります。

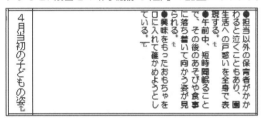

配置も縦書きに変わります。下図は、文字の配置を「両端揃え（中央）」に設定しています。

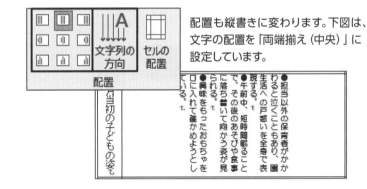

---

③「行間」を調整する

行と行の間隔を変更したい段落を選択して、「ホーム」タブの「段落」にある「行と段落の間隔」のボタンをクリックして、数値にマウスポインタを移動させると、ライブプレビュー機能により、結果を確認することができます。行間の数値をクリックすると決定します。

変更前 行間1

変更後 行間1.15

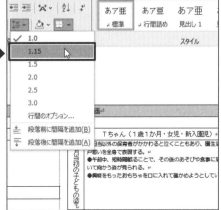

保育イラストデータの使い方

❶ Word 文書にイラストを入れる

1 「Word」を開く

「Word」を起動し、スタート画面の「新規」から「白紙の文書」を選択して、Word 文書を開きます。

2 用紙の設定をする

画面左上の「レイアウト」のタブをクリックし、「サイズ」「印刷の向き」「余白」ボタンをクリックして、用紙の大きさや余白などを設定します。

3 イラストを挿入する

① 「挿入」タブの「画像」ボタンをクリックし、「このデバイス…」を選びます。

▼をクリックし、「中アイコン」以上を選ぶと、プレビュー表示になります。

③ 「m-202-06」を選択し、「挿入」をクリックします。

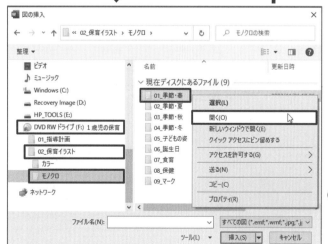

② 「図の挿入」画面が表示されたら、「1歳児の保育」→「02_保育イラスト」→「モノクロ」→「01_季節・春」の順に選択して開きます（フォルダーをダブルクリック、または右クリックで「開く」を選択すると開きます）。

❷イラストの大きさや位置を変える

1 イラストの書式設定をする

イラストが選択された状態で、画面上部の「図ツール」の「図の形式」タブをクリックします。「文字列の折り返し」で、「行内」以外を選びます。「行内」以外に設定すれば、画面上でイラストを自由に移動できるようになります。ここでは「背面」を選択。「背面」にすると、イラストの上に文字列を配置できます。

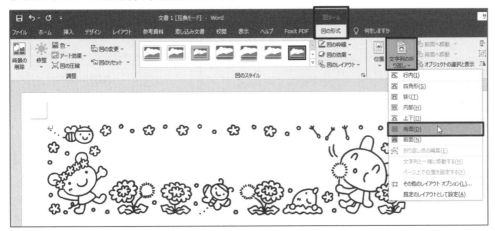

※「文字列の折り返し」では、挿入したイラストと入力した文字列などの配置関係を設定できます。「行内」以外に設定すれば、イラストを画面上で自由に移動できるようになります。「行内」に設定すると、イラストを移動できなくなるので、注意してください。その他の設定については、Wordの説明書をよく読んで、目的に合った設定をしてください。

2 イラストを拡大・縮小する

挿入されたイラストをクリックして選択すると、イラストの周囲に○が表示されます。四隅の○印のうちの一つにマウスポインタを合わせて両矢印になったら、対角線上の内側や外側に向かってドラッグします。ドラッグ中は、マウスポインタの形は十字になります。

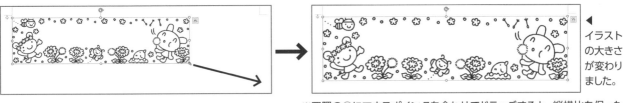

◀ イラストの大きさが変わりました。

※P.44〜45で紹介しているメダルとペープサートの絵人形も、同様にして大きさを調節して作ってください。

※四隅の○にマウスポインタを合わせてドラッグすると、縦横比を保ったまま拡大・縮小できますが、上下左右の中央にある○にマウスポインタを合わせてドラッグすると、その方向に伸縮し、イラストが変形してしまいます。イラストの拡大・縮小は、四隅の○をドラッグしましょう。

3 イラストを移動する

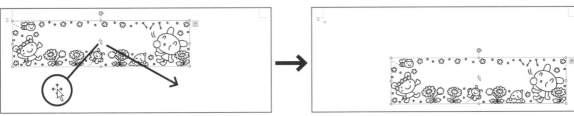

選択したイラストの上にマウスポインタを合わせると、マウスポインタの形は十字矢印になります。そのまま動かしたい方向へドラッグします。

▲マウスボタンから指を離すと、イラストはその位置に移動します。

❸テキストボックスを作って文字を入れる

1 テキストボックスを作る

①「挿入」タブの「テキストボックス」をクリックします。

③文字を入れたい場所
の始点から終点まで
をドラッグします。

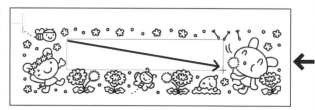

2 文字を入力する

テキストボックス内に
カーソルを合わせて
から、文字を入力し、
Enter キーを押します。

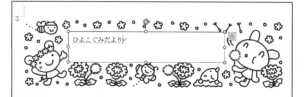

②表示された画面の下部にある「横書
きテキスト ボックスの描画」または、
「縦書きテキスト ボックスの描画」
をクリックします。ここでは、「横書
きテキスト ボックスの描画」を選択。

3 文字の書体や大きさを変える

①入力した文字列をドラッグして選択
します。画面上部の「ホーム」タブ
をクリックし、フォントの▼をクリッ
クして文字の書体を選び、フォント
サイズの▼をクリックして文字の大
きさを設定します。

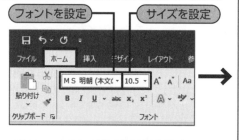

②ここでは、フォントを
「HGP創英角ポップ
体」、サイズを「28」
に設定。

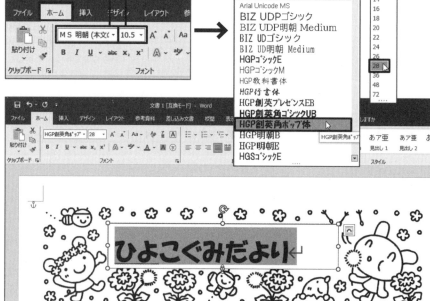

❹テキストボックスを設定する

1 テキストボックスの形を変える

①文字の上にマウスポインタを置いてクリックし、テキストボックスを選択します。マウスポインタを枠の下の中央や右中央の○に合わせて、両矢印になったら、外側へドラッグして枠を広げます。

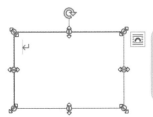

テキストボックスを選択した状態で、マウスポインタを四隅や上下左右の○に合わせて、両矢印になったら、その方向へドラッグすると、大きさや形が変わります。

②また、文字列をドラッグして選択し、Ctrl キーを押しながら [キー（全角では「 キー）を押すと、文字が少しずつ小さくなり、Ctrl キーを押しながら] キー（全角では」キー）を押すと、少しずつ大きくなります。サイズ「33」で、ちょうどいい大きさになりました。

2 テキストボックスの色と線を設定する

①テキストボックスをクリックして選択し、上部「描画ツール」の「図形の書式」タブで「図形のスタイル」の「図形の塗りつぶし」をクリックして、枠内の色を選びます。色をつけないなら「塗りつぶしなし」をクリックします。

②同じく「図形のスタイル」の「図形の枠線」をクリックし、枠線の色や太さを指定します。線をつけないなら「枠線なし」をクリックします。

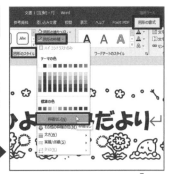

③マウスポインタをテキストボックスの外側に置いてクリックすると、図のように枠線が消えます。

3 テキストボックスを移動する

①テキストボックスを選択し、マウスポインタをテキストボックスの枠線上に合わせます。十字矢印に変わったら、動かしたい方向へドラッグすると自由に移動できます。

②移動できました。テキストボックスを選択した状態で Ctrl キーを押しながら ↑ ↓ ← → キーを押すと、矢印の方向に少しずつ移動できます。ちょうどいい位置になりました。

データの使い方

1歳児の保育

CD-ROM&ダウンロードデータ付き
あそび・生活・発達・健康・指導計画・保育のアイディア・保育イラスト

指導・監修

帆足英一　帆足暁子　鈴木みゆき　源証香　山中龍宏

STAFF

表紙・CDレーベルデザイン ● 長谷川由美

表紙イラスト ● 市川彰子

本文デザイン ● 小早川真澄　高橋陽子　千葉匠子　長谷川由美　福田みよこ
柳田尚美（N/Y graphics）

製作 ● 会田暁子　浅沼聖子　池田かえる　くらたみちこ　田村由香　やべりえ　リボングラス

イラスト ● 青木菜穂子　浅沼聖子　有栖サチコ　井坂愛　石川えり子　石崎伸子　いとうみき
おのでらえいこ　かまたいくよ　菊地清美　工藤亜沙子　くらたみちこ　コダイラヒロミ
小早川真澄　しぶたにゆかり　菅谷暁美　セキ・ウサコ　たかぎ＊のぶこ　高橋美紀
田中なおこ　仲川かな　中小路ムツヨ　原裕子　ひのあけみ　町塚かおり
村東ナナ　ヤマハチ　わたなべふみ　わたべ仁美

楽譜制作 ● 石川ゆかり

協力 ● 小杉眞紀　谷村安子　おおぎ第二こども園
広英保育園　しらかば保育園　世田谷はっと保育園　西川島保育園
ひなどり保育園　町田わかくさ保育園　ゆたか保育園

おたより文例 ● 磯亜矢子

撮影 ● 戸高康博　冨樫東正

イラストデータ制作 ● 蟻末治　小早川真澄

DTP制作 ● 明昌堂

データ校閲 ● 佐々木智子

校閲 ● 草樹社　学研校閲課

編集・制作 ● ほいくりえいと（中村美也子　後藤知恵）
リボングラス
（若尾さや子　加藤めぐみ　篠﨑頼子　三浦律江子　森川比果里　矢野寿美子）

【館外貸出不可】
※本書に付属のCD-ROMは、図書館およびそれに準ずる施設において、
　館外へ貸し出すことはできません。

240